U0165920

圖解
系列

三大特色

● 一讀就懂的電視編導入門知識
● 文字敘述簡明易懂、標題清楚
● 圖表方式快速理解、加強記憶

圖解
電視節目編導

莊克仁 著

閱讀文字

理解內容

觀看圖表

五南圖書出版公司 印行

本書目錄

本書目錄

本書目錄

第 1 章

電視概念

.... 章節體系結構 ▼

UNIT 1-1
電視系統組成

從功能和作用看，廣播電視是作爲通訊技術的一部分、新聞事業的一部分、輿論宣傳和社會教育事業的一部分、文化藝術事業的一部分、資訊產業的一部分。

從純技術和物理性能看，廣播電視是一種電子通訊手段，它是透過電磁波和有線路傳導方式傳送聲音和圖像的電子資訊傳播媒介。

電視廣播系統現已發展成爲多形態、多環節、多功能、多層次的、規模龐大的系統，成爲多種專業分工合作，具有現代化大量生產性質的社會經濟事業和文化事業。廣播電視系統主要由三部分組成：訊號源、傳輸系統及接收端。

一、訊號源

訊號源包括節目製作系統和節目播出系統。其主要任務是製作並播出符合一定標準的電視節目。製作工作主要在節目製作部門完成，而播出工作在節目製播中心或電視中心完成。這裡是各種節目來源的彙集中心和發布中心，是播出電視的第一個環節。

二、傳輸系統

傳輸系統部分將播出的電視節目以可靠的方式，經適當的傳輸通道傳送到接收端。傳輸通道主要有地面無線電、太空衛星、有線網路。傳輸方式可分爲有線方式和無線方式。

有線方式是指傳輸媒介爲有線通道，如電纜、光纖等。無線方式是指傳輸媒介爲無線電波，如衛星轉發、微波中繼、地面超短波覆蓋等。電視傳輸過程使用兩種迥然不同的傳輸系統：影像發射機（visual transmitter）與聲音發射機（aural transmitter）。影像發射機的操作與調幅廣播發射機一樣，所不同的，只是將射頻載波（RF）與攝影棚攝影機和其他影像來源的影像訊號，加以調變，然後，再將影像訊號經過功率放大，送至適合的天線那裡。

三、接收端

接收端的任務是利用適當的接收設備接收傳輸通道送來的電視訊號，並正確重現出原始的圖像和「低載波」調變（FM）。就無線電視接收器而言，它是二者合一的接收器，包括接收影像訊號的調幅廣播接收器及接收聲音訊號的調頻廣播接收器。

通常電視訊號乃是被天線所接收。這種天線是經廣泛設計，用來對廣大頻率或頻道作出反應的一種天線。

接收器的頻道選擇器（調諧器「tuner」）僅針對進入接收器內頻道的影像與聲音訊號，加以選擇、分開與處理。經解調後的影像訊號，被送入電視映像管（picture tube），重新構造原來的影像。而被解調後的聲音訊號，則被送入電視機的揚聲器（speaker），以便將原來的聲音重現。由於影像與聲音訊號是同時產生、傳輸與接收，它們乃是在絲毫不差的同步情況下，彼此相隨，形影不離。

廣播電視節目製作的目的是爲了播出。自答錄機、錄影機開始廣泛應用以來，在現代電視台中，除現場直播以外，節目的播出和節目製作基本上是分開的，成爲一個獨立的子系統。

電視系統組成（對外）

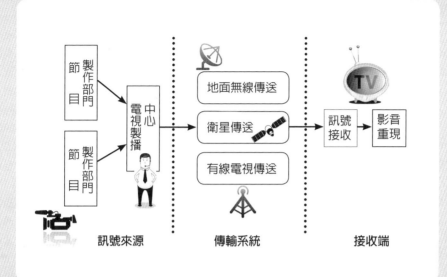

訊號來源　　　　傳輸系統　　　　接收端

電視系統組成（對內）

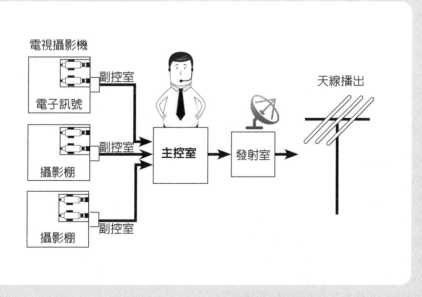

UNIT 1-2
電視掃描基本原理

電視節目的一個畫面必須分為無數個點來傳送，這些點經過連續傳送而成線再合成面，此過程稱為掃描。

一、掃描

進一步說，電視是透過串聯式影像組合元素，完成畫面的傳遞，其基本原理就是電視的掃描與傳輸，接著以連續的點構成平面，這些點皆屬於電視畫面的影像基本元素。

在黑白電視系統上，如同拍攝普通照相原理一樣，一個主題物的形象，經過鏡頭的焦點，投影到攝影管內（camera tube），管內的前端有一塊標靶或稱槍靶子（target），靶上布滿了一排一排平行的光電感應點子，由於投射到靶子的形象本身明暗不等，靶上的點子也就隨著反應出強弱不等的電流。攝影管內的後端有電子槍，受到電熱就會產生掃描電子束（scanning beam），連續不斷的向靶上的光電感應點子掃描，掃描的次序是一行一行的由左至右，由上往下，同時又把掃描的點子電流送回後段。這些由掃描拾回來的強弱不等的電流，由後端輸出，就是影像的訊號，或稱電視波。

二、同步掃描

在黑白電視接收機或監視機上，有一支影像管（picture tube, kinescope），它的前端玻璃幕上塗上一層螢光粉，而後端有一支電子槍（electron gun），電熱後即產生掃描電子束，射向前端的感光面（light-sensitive surface）或螢光幕。接收機裡面影像管的掃描順序，和攝影管裡面的掃描順序，完全是「同步」的，由左至右，由上往下；而且為了保持一定的寬度，並為避免畫面閃動，掃描時先掃單數線，後掃雙數線。由於輸入的「影像訊號」的電視波強弱不等，投向螢光幕的掃描電子束也隨之強弱不等，因而螢光幕上就顯出明暗不同的點子，整體來看就是原來所拍攝的主體形象。換句話說，前述電子訊號也能絲毫不差地將影像重生，但僅限於黑白畫面。

由於掃描過程是在每一秒鐘內連續不斷地重複，因此，圖景內的動作，就像電影影片的過程一樣，被一連串極為快速的連續影像所再生出來。美國式的技術標準，每幅（格）畫面 525 條掃描線，每秒鐘要掃描 30 幅畫面。歐洲的技術標準，每幅畫面 625 條線，每秒鐘要掃描 50 幅畫面。

三、彩色轉換模式

彩色轉換的方式，基本上與黑白影像轉換相同，只不過方法比較複雜。攝影棚裡的攝影機對準一個圖景，這時攝影機的鏡頭，將圖景的光線反射出去，並將圖景影像的確實光線，投影進入攝影機濾光（濾光圓盤「diachronic filter」）系統裡面。這個光線便被分為紅、藍、綠三成分，於是，每一支拾取管等於是影像的分開頻道，展示其單一色彩成分。這三支拾取管中每一支的輸出部分，代表它被電子槍掃描時，經由單一色彩過濾器所顯示圖景的一個電子訊號。

電視掃描原理

> 我國與美國、日本所用的電視掃描系統是以 525 條掃描線組成一個畫面。

▶ 順序掃描：由左而右，由上而下。

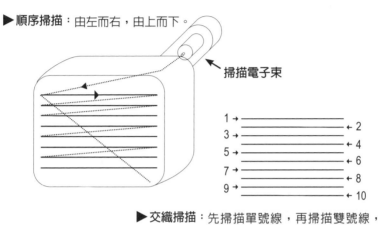

掃描電子束

1 →
3 →
5 →
7 →
9 →
← 2
← 4
← 6
← 8
← 10

▶ 交織掃描：先掃描單號線，再掃描雙號線，兩次掃描的結果，構成一個畫面。

彩色轉換與影像同步

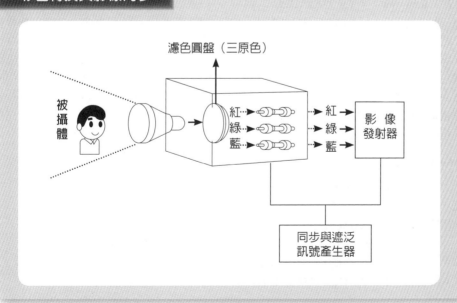

濾色圓盤（三原色）

被攝體

紅…
綠…
藍…

→ 紅
→ 綠
→ 藍

影　像
發射器

同步與遮泛
訊號產生器

UNIT 1-3
電視影像訊號

就影像的（黑白）亮度與視頻而言，彩色電視機的操作，與黑白電視機一模一樣。然而，彩色電視機另外加上彩色映像管與處理彩色的電路。彩色電視機將彩色副載波解調，然後將三原色訊號分開。接著，這三個分開的彩色訊號被送入在彩色映像管裡的分開的電子槍，經由色彩混合，將原來的色彩重新製造出來。同步與遮沒訊號則控制住所有三支電子槍的掃描，以便步調一致地操作。

一、三色組

一般而言，彩色電視機都是屬於三槍映像管型式（雖然還有其他的型式）。彩色電視機的映像管和黑白電視機的映像管一樣，但是構造較為複雜。彩色映像管包含三支電子槍，每一支代表一種原色。此外，映像管的螢幕含有一層微小的彩色磷光點三色組（trid），或彩色組（cluster）。每一個三色組包含了不同的三種磷光點。

當磷光點被電子射束擊中時，一個磷光點便發出紅色，一個藍色，另一個則是綠色。一個映像管的螢幕表面，大約包含 25 萬個三色組，每一個三色組包含同樣的三色磷光點，或者 75 萬個整齊劃一地以三色組模式排列的彩色點。

二、陰蔽罩

在電子槍與映像管螢幕表面之間的，是一個有 25 萬個小孔，每一個孔有一個三色組的陰蔽罩（shadow mask）。

電子槍與在映像管表面三色組有關的陰蔽罩之間的搭配，是經由所有的三支電子槍，從同一個小孔射出一連串的電子射束而促成。由紅色訊號引發的電子槍，將擊中所有三色組裡的紅色磷光點，而藍色電子槍則射藍色磷光點，綠色電子槍則打綠色磷光點。

假如這三種電子射束的力量都相等的話，那麼經由混合的結果，三色組便變成白色。假如這三種電子射束的力量不同，那麼，三色組便會經由混合，產生出適當的色彩。假如沒有一種電子射束打中三色組的話，那麼，它將會保持不亮或呈現黑色。因此，紅、藍、綠訊號力量的相互混合，決定了三色組將要顯現的色彩。

三、圖景元素

電子槍是一起進行掃描的，每一支電子槍在同一時間，經由同一個屏孔，對準每一個三色組裡與其相關磷光點的顏色，進行瞄準，同時，各個彩色訊號也控制每一個三色組的色彩混合及其變化。換句話說，這三支拾取管中的每一支電子槍會產生出代表不同原色圖景的電子訊號，並且彼此進行絲毫不差的同步掃描作用。攝影機三個分開輸出部分的總和，乃是三個同步（sync）電子訊號的連續流通，也代表某一時刻裡被分為紅、藍、綠成分的圖景元素。

彩色影像訊號

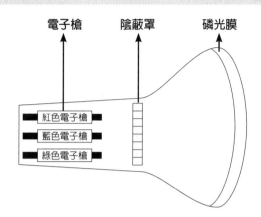

電子槍　　陰蔽罩　　磷光膜

紅色電子槍
藍色電子槍
綠色電子槍

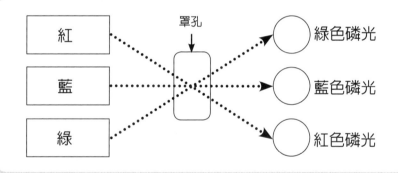

罩孔

紅
藍
綠

綠色磷光
藍色磷光
紅色磷光

彩色重建

彩色磷光點　三色組

螢幕

UNIT 1-4
彩色電視系統

首先介紹電視機，再來介紹彩色電視系統。

一、電視機的構造

電視機接收的原理與收音機大致相似，主要的構造可分為下列幾項：

1. 天線：接收電視台所發射無線電波的設備。

2. 調諧器：亦即選台器，用以選擇特定電視台的頻率。

3. 檢波裝置：將節目訊號由調變波中檢出，分離成影像和聲音訊號。

4. 放大裝置：檢波出來的訊號過於微弱，必須利用放大裝置，包括聲音訊號的放大與影像訊號的放大。

5. 偏向電路：使電子束能做垂直偏向和水平偏向，以利掃描。

6. 同步電路：由錄影器材發出同步訊號，使攝影機中的映像管傳出的影像訊號和電視機內的影像管所接收的影像訊號能一致。

7. 揚聲器（喇叭）：將放大後的聲音訊號經由揚聲器還原成聲音播放。

8. 映像管：電子學稱為陰極射線管，又稱映像管（Cathode-Ray Tube,CRT），是將放大後的影像訊號顯現出來。目前全世界已經停止生產陰極射線管製作電視機，過去有純平 CRT、超平 CRT、超薄 CRT 等。不管亮度或者對比度都很高，可視角度大、反應速度快，色彩還原也很好。但是它的螢幕最大也就是 34 英寸左右而已，並且很厚很笨重，還費電，不過與數位電視機相較，價格較為便宜。

二、彩色電視系統

當時的電子系統，尚未發展出能將所有色彩直接感測與重生出來，所以最好的辦法，就是利用電子方式，將圖景區分為三原色（primary colors），將這三原色以電波運送，並將這三原色以原來的比例組合之後，重新建構圖景，以達成原來多重的色彩。

畫家能將不同數量的紅、藍、黃三原色，加以混合，以造出任何其他色彩的基本技巧，是眾人周知的。這種技巧也被彩色電視所利用，只不過略有不同罷了。紅、藍、黃三原色，在減色法（subtractive）中，被巧妙地運用，但是，在電磁混色（electromagnetic mixing）（色彩乃電磁能）中的三原色，則必須是紅、藍與綠。因此，為了完成電視裡的色彩分解與混合，每一個圖景必須被分解為紅、綠、藍三原色。然後，再將這三原色分開、處理並傳輸到接收器，同時，加以適當地組合，以便為觀眾在電視螢幕上重新製造出原來圖景的色彩。

彩色電視基本原理乃使彩色影像予以三原色分解，由電視攝影機內紅（Red,R）、綠（Green,G）及藍（Blue,B）之映像管分別轉成不同比例之影像訊號，經過載波傳遞，天線接收送入映像管內之各部回路處理，使電波訊號分別由三色電子槍打出，在螢幕上重現彩色影像。

彩色電視機方塊圖

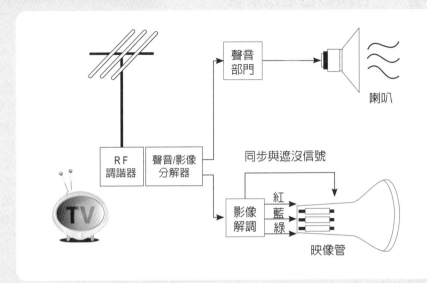

彩色電視攝影與顯像原理

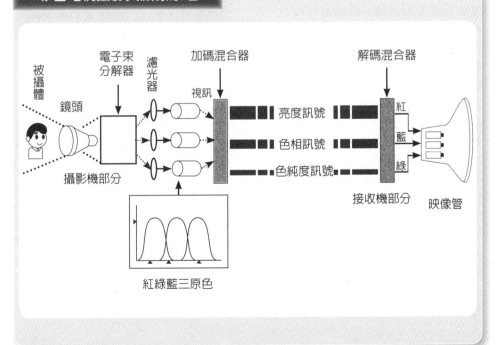

UNIT 1-5
各國彩色電視系統

在電視訊號的傳遞過程中，將彩色的三原色：紅、綠、藍分解與組合成為電視訊號時，有些國家則各自採用了不相同的方式，這便導致了彩色電視系統的不同。目前，世界上用於廣播的彩色電視系統有三種，分別是：美國國家電視標準委員會 NTSC（National Television Systems Committee）、西歐 PAL（Phase Alternating Line）、法國 SECAM（Sequential Couleur Avec Memoire）等三種系統，起源年代、制訂國家、掃描線數、每秒圖像數、使用國家等都不相同，分述如下。

一、美國 NTSC 制

第一種用於 1953 年，美國的 NTSC 制。美國 RCA 公司在 1940 年，首先完成彩色電視的試驗。經過再三改良，美國聯邦傳播通訊委員會（FCC,Federal Communications Commission）在 1941 年所頒行的 NTSC 系統，並於 1948 年開始正式播送，該系統明定每幅畫面必須具備 525 條「掃描線」及每秒鐘必須播映 30 張「畫面」（或稱之為圖框，frame）。1953 年美國「國家電視標準委員會（NTSC）」在審查數種彩色技術後，向政府建議沿用 RCA 公司的彩色技術規格，這就是現在通稱的美規 NTSC 系統。由於時值二次大戰後不久，於是凡與美國友好或戰後接受美援的國家，大都跟著美國採用 525 條掃描線的 NTSC 彩色系統，包括了台灣、南韓、日本和菲律賓等國家。這種制式電視機成本較低，兼容性能也較好，缺點是彩色不穩定。

二、西歐 PAL 制

第二種是 1952 年由英國、德國、瑞士等西歐國家研發的 PAL 制。前述國家針對美國 NTSC 系統的缺失加以改進，又發明了自己的彩色規格：phase alternation line（相位交錯掃描線式，簡稱 PAL 系統），制訂出 625 條掃描線及每秒 25 幅畫面。到了 1960 年代，英國自己放棄了 405 線黑白系統而跟隨西德的 625 線 PAL 彩色系統。事實上，除了東歐共產國家，當時整個歐洲各國還包括了拉丁美洲和非洲，皆採用了 PAL 系統。

三、法國 SECAM 制

法國於 1949 年第二次世界大戰結束之後，在 1966 年研發成功 SECAM（賽康）制（法文 SEQUENTAIL COULEUR A ME MOIRE，「順序傳送彩色與儲存」的縮寫）。法國的此一彩色電視系統，則一如以往，完全與西歐各國大異其趣，開創出法國獨有的彩色技術。SECAM 系統制訂了 819 條掃描線及每秒 25 幅畫面。採用此系統的國家有蘇聯及東歐集團。當時這種系統並沒有比其他系統好。其主要缺點為成本較高，兼容性能又差。

值得指出的是，現行的三種系統都不能真正適應衛星和電纜所提供新的傳播方式而將被淘汰。21 世紀將推行的數位高畫質技術，又帶來了新的傳播系統問題。

黑色區塊為實行 SECAM 規格的國家

黑色區塊為實行 PAL or PAL/SECAM
規格的國家

黑色區塊為實行NTSC規格的國家

UNIT 1-6
數位電視機的成像原理

配合無線數位播放的技術，目前在各界快速流行起來的薄型顯示器（display），與過去的映像管（CRT）最大的差異，在於畫面的大小與內部的結構。

映像管的影像技術，是從後方的電子槍中發出電子束，電子束在真空管內前進，然後依序照射在真空管表面的螢光體上，螢光體發光後便產生畫面。因為過程中，要使直線前進的電子束轉彎，才能顯示大畫面，所以難以將映像管變得輕巧，且整體結構都是用強化玻璃製成的，所以顯得又大又笨重。

高畫質彩色電視機分為高畫質電視（HDTV）、增強解析度電視（EDTV）和標準解析度電視（SDTV）三種，包括映像管式（CRT）電視機、液晶電視、電漿電視以及利用投影式（前投影及背投影）之數位投影電視機。目前市面上尚有推出「3D電視機」、「手機電視」、「4K電視機」（「4K」又稱「4K解析度：4K RESOLUTION」），即其水平方向的畫素數，常見的解析度，有3840×2160 和 4096×2160 畫素二種規格以及可以連結網路之複合式「聯網電視機」（又稱「智慧電視」）等。下面簡單介紹一下液晶電視、電漿電視的成像原理。

一、液晶電視的成像原理

所謂的液晶電視（Liquid Crystal Display Television, LCD TV）顯像原理是透過背面的背光模組進行發光，透過前方的液晶板過濾光源，形成影像，同時，再由電晶體控制每個像素液晶分子的透光程度。

根據奇美電子所公布的液晶顯示原理指出，液晶電視的螢光燈管先投射出光源，

光經過偏光板、液晶分子；而液晶分子的排列會改變，穿透液晶的光線角度，然後透過濾光玻璃及配向膜，產生彩色畫面。這時候，底層的薄膜式晶體，會以改變液晶的電壓值，造成光線強度和色彩變化，讓面板組合深淺不同的顏色。

換句話說，液晶電視的顯像原理是透過背面的背光模組進行發光，再由電晶體控制每個像素液晶分子的透光程度。但它有兩個缺點，第一，無法達到全黑。第二，它的速度上遠遠不及自己放電發光的電漿電視。

二、電漿電視的成像原理

電漿電視（Plasma Display Panel Television, PDP TV）是利用前後兩塊玻璃基板之間的氣體（而非液晶）來顯現出色彩豐富而生動的畫面。

電漿電視的螢幕所發出來的光（可見光），是由「電漿放電」所產生紫外線照射螢光體後造成的發光現象。電漿電視裡發光的一個畫素，是由與一般家用日光（螢光）燈相同原理的微小螢光燈製成的。

電漿放電裡所謂的電漿，是指電子從原子中分離開來之後，所形成的電氣，經由加熱後使溫度上升，或者是用施加電壓的方式獲得能量，就會變成電漿狀態，當電漿狀態下的原子（正電荷）與電子（負電荷）想要再次結合，回到原本的狀態下時，會釋放出所獲得的能量（電漿放電），因而產生紫外線。這種紫外線照射在塗布於玻璃基板內側的次畫素 RGB（紅綠藍）螢光體上時，就會成為眼睛可以看到的彩色光線（可見光）。

液晶電視的結構

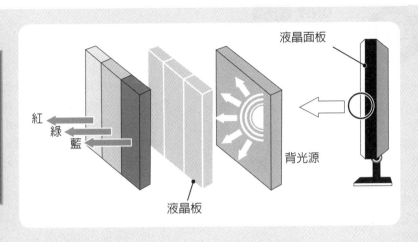

液晶面板

紅
綠
藍

液晶板

背光源

電漿電視的結構

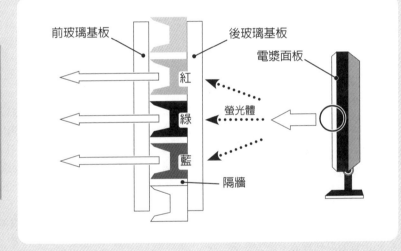

前玻璃基板

後玻璃基板

電漿面板

紅
綠
藍

螢光體

隔牆

視聽距離

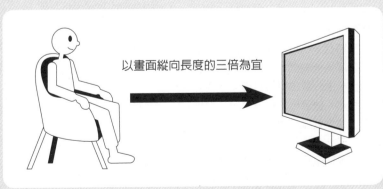

以畫面縱向長度的三倍為宜

UNIT 1-7
數位電視與高畫質電視

一、數位電視

數位電視與數位電視機不是一個概念，前者是一整套系統，後者僅是一種接收顯示裝置。數位電視是從節目攝製、編輯、發射、傳輸到訊號接收、處理、顯示完全數位化的系統。數位電視採用科學的壓縮竿碼、解碼技術，使原來傳送一套類比電視節目的訊號頻寬可以傳送五套數位電視節目。

數位電視與類比電視相較，具有以下優勢：

1. 高品質的音畫效果、高清晰度的電視畫面：可以與 DVD 相媲美（最低：1280×720，最高：1920×1080）；「低載波」調變（FM）可以達到 CD 品質。

2. 節目內容豐富、自由選擇：提供大量的影視、圖文資訊、互動節目，用戶可選擇收看個性化的內容。

3. 服務領域極大拓寬：提供電子節目指南、股票、電視簡訊、遊戲等多種服務。

4. 強大的抗干擾能力：不易受外界干擾，避免了串台、串音、雜訊等影響。

5. 頻道資源得到釋放：過去傳送一套類比電視節目的空間，現在可傳送六至八套數位電視節目。

在類比時代，採取的是「我播你看」的方式，觀眾只能被動地「看」電視。在數位化時代，由於數位電視具備了雙向互動功能。因此，觀眾可以根據自己的個性需求，自主地去選擇或收看所需的資訊服務或娛樂，充分滿足其對廣播電視節目和多種資訊、多種服務的需求，進而成爲名符其實的「用戶」。

數位電視與類比電視最大的區別是：數位電視的圖像清晰而穩定，在覆蓋區域內，圖像品質不會因訊號傳輸距離的遠近而有所變化。在訊號傳輸整個過程中，外界的雜訊干擾都不會影響電視圖像。而類比電視會隨著訊號傳輸距離加大，影像品質變差。此外，資訊社會的快速發展，要求數位電視必須具有網路終端顯示的功能，成爲家庭資訊化的終端。

二、數位化高畫質電視

高畫質電視是指 1000 條以上的掃描線畫質，畫面寬高之比是 16：9，聲音是多軌立體音質。用比較通俗的說法是指與 35 釐米電影化的品質相近，而音質和 CD 相同。同時觀看的角度是 110 度廣角，觀看的距離也從離電視五倍縮三成。高畫質電視代表高品質圖像和杜比數位環繞身歷聲；DTV（Digital Television）是數位電視的縮寫，代表任何數位化電視訊號的傳輸。

數位高畫質電視是數位電視（DTV）標準中最高級的一種，英文爲 High Definition Television，簡稱爲 HDTV。在高畫質電視市場上，首先推出的是日本廣播協會研究的成果：1125 線、60 圖場／每秒、2：1 間插掃描（Interlaced Scanning）。後來歐美各國也推出自己的標準。目前世界上存在著三種 HDTV 制度，它們的技術參數各不相同。

數位化收視用戶示意圖

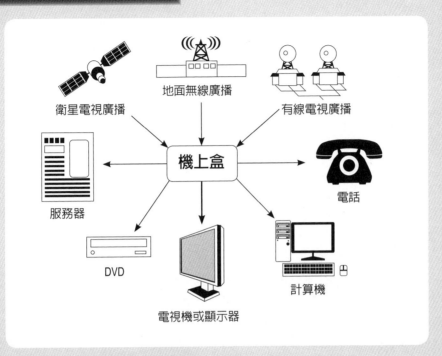

機上盒信號接收處理流程

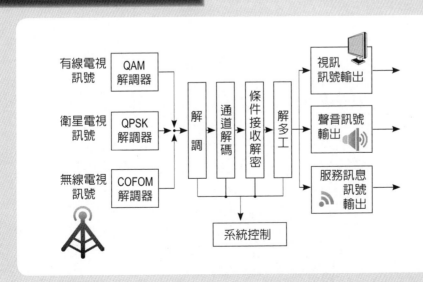

第 **2** 章

電視節目概念

. . . . 章節體系結構 ▼

UNIT 2-1
電視製作技術的發展歷史

電視（television）是 20 世紀人類最偉大的發明之一，它凝聚了無數科學家和電視人的智慧和心血。

1907 年，電視這個名詞首先出現在《科學的美國人》雜誌。

1925 年，英國科學家貝爾德（John Logie Baird）採用電視掃描盤成功地將一個人的臉部清晰地成像在電視螢光幕上並且完成了發送，因此他被稱爲「電視之父」。

1929 年，英國貝爾德的實驗電視，經常的在英國廣播公司（BBC）倫敦電台播出。

1930 年，美國貝爾公司於紐約大戲院作示範表演。

1936 年，英國廣播公司（BBC）建立了世界上第一個電視發射台，並於當年 11 月 2 日在倫敦郊外的亞歷山大宮開辦世界上第一座正規的電視台並定期播出節目，使這一天成爲世界公認的電視事業誕生日。

1936 年，柏林奧運會進行第一次電視轉播。

1939 年 2 月，美國開始試播彩色電視訊號。先進國家開始逐步淘汰黑白電視，彩色電視進入快速的普及成熟期。

1941 年 5 月 28 日，美國哥倫比亞廣播公司（CBS）開始播出彩色電視節目。

1954 年，美國研製出第一台全電晶體電視接收機；1966 年，美國又研製出積體電路電視機。電視朝著小型化的方向開始邁進。

1956 年，磁帶錄影機成功問世，電視節目製作的方式從此發生了重大變化。

1962 年，美國發射了「電星一號」通信衛星，並用它向世界 40 多個國家轉播了美國太空人登月的全部過程，約有 7.2 億觀眾從電視上看到了這一偉大的時刻。

1964 年，東京奧運會運用通訊衛星首次完成了向全世界直播奧運會。同一年，日本 NHK 科技實驗室開始研究高畫質電視。

1973 年，數位技術開始運用於電視廣播。

1979 年，英國倫敦開播有線電視。

1981 年，日本廣播公司首次推出高畫質電視，成爲另一個電視發展史上的里程碑。

1987 年，日本成功研發了世界上第一台液晶彩色電視，其色彩和清晰度都可以與映像管電視機媲美。

1998 年，對高清電視的研究晚於日本的美國，最先開播高畫質電視節目。進入 21 世紀，美國四大商業廣播電視網都播出了高畫質電視節目。至 2009 年，美國終結類比電視訊號的歷史，全部使用高畫質電視節目的製作、傳輸和接收。日本則在 2011 年結束類比電視訊號的播出，完成對高畫質電視節目的徹底普及。

20 世紀 90 年代，電視向輕薄、高畫質的方向繼續發展。通訊衛星技巧的廣泛運用，使得電視節目透過衛星直播愈來愈輕鬆。

電視製作技術發展史

英國科學家貝爾德發明電視的掃描盤

AERIAL
WIRELESS TRANSMITTER
D.C MOTOR
A.C GENERATOR
C
B
A
E
D
TRANSMITTER
A-THE OBJECT TO BE TRANSMITTED
B-A REVOLVING DISC WITHLENSES

1962年，美國發射「電星一號」通訊衛星

世界第一家電視台英國廣播公司 BBC 大樓

1987年，日本成功研發第一部液晶彩色電視機

EPSON

美國開始播放彩色電視

CBS
TELEVISION NETWORK

磁帶錄影機問世，改變電視節目製作方式

UNIT 2-2
台灣電視發展史

1962 年 2 月 14 日，教育實驗電視台開始以實驗方式播出，是我國第一座電視廣播電台。

1962 年 4 月 28 日，中日合資創辦台灣電視公司。

1962 年 10 月 10 日，由蔣宋美齡女士按鈕啓用開播儀式。

1963 年 12 月 1 日，教育電視台開播，僅北部可以收看。

1969 年 10 月 31 日，中視開播。並首先推出台灣的第一部國語連續劇「晶晶」。

1969 年 12 月 7 日，試播了第一次的彩色現場節目，名爲「群星會」。

1970 年 4 月 12 日，「群星會」成爲台視以彩色做現場播出的第一個節目。

1971 年 10 月 31 日，中華電視台開播。

1972 年 12 月 7 日，爲政策需求，華視實施節目改革，其中將「望你早歸」連續劇由閩南語改爲國語，首創閩南語演員演出國語劇。

1974 年 7 月 1 日，國防部委由華視頻道製作之莒光日軍中教學節目，開始播出。

1976 年 1 月 8 日，「廣播電視法」公布實施，成爲我國管理及輔導廣播電視事業的第一個經過立法程序的法令。

1976 年 1 月 12 日，三台開始播出「寒流」，創三台聯播之始。「行的安全」也在「寒流」播映之前由三台聯播，約三分鐘。

1982 年 5 月 7 日，台視新聞錄影李師科的鏡頭成爲獨家新聞，當晚的收視率高達 58.1%，成爲台灣電視史上空前的電視新聞收視率。

1984 年 5 月 20 日，三台開始播出公共電視節目，每週五小時播出。

1992 年 12 月 15 日，台視由原來的單音（NOMO）改爲多聲道（MTS）發射試驗完成。

1993 年 8 月 18 日，台視首先跨入台灣區衛星新聞採訪（SNG）新紀元。

1994 年 1 月，政府受理第四家無線電視台的申設，由民間全民電視台脫穎而出，台灣無線電視台由 3 家變爲 4 家。

1995 年 5 月，政府正式開放有線電視台申設，首梯次由 26 家系統業者過關。從此非法的「第四台」自此走入歷史。

1997 年 6 月 11 日，民視公司正式開播，也是第一家民營無線電視台。

1998 年 7 月 1 日，「財團法人公共電視文化事業基金會」正式成立，公共電視台並於同日開播。同時，新聞局推動電視分級制度。

2003 年 7 月，第一家「客家電視台」開播。

2003 年 12 月 9 日，廣電三法在立法院三讀修正通過，明訂政府、政黨、黨務、政務與選任公職人員等，不得投資廣播與電視事業。

2005 年 12 月 26 日，國民黨將中國電視公司的股權，賣給以《中國時報》爲主的「榮麗投資公司」。

2006 年 1 月 3 日，「無線電視公股釋出條例」三讀通過，賦予政府退出台視、華視，併入公視集團的法源。

2006 年 7 月 1 日，公共電視歷經了 18 年的催生歲月，在成立 8 週年之後，公共電視台與成立 35 年的中華電視公司共同合作，正式成立台灣公共廣播電視集團。同年，客家頻道、原住民頻道以及宏觀頻道也加入公共廣播電視集團的行列。

台視推出台灣第一個
彩色現場綜藝節目——群星會

晶晶

女主角 李慧慧

中視推出台灣第一部國語連續劇

保鑣

女主角 張玲

華視頗受歡迎的古裝劇

UNIT 2-3
電視台組織

圖解電視節目編導

　　電視台的組織，一般包括節目部、新聞部、工程部、業務部（或廣告部）及管理部五大部門。

一、節目部門

　　電視台的產品就是節目，因此如果說節目部門為廣播電台的靈魂，似不為過，其重要性不言自明。節目部門可依電台規模大小，再劃分為各個不同的組，例如企劃組、編審組、製作組、編審組、美工組、電影組、管理組、宣傳組……等。節目部的主要工作就是負責節目的策劃、製作與播送。其次是節目的錄製與管制、製作人及撰稿人的遴選與管理、攝影場棚的運用與管制。第三，布景、道具、服裝、化粧的設計、製作與管理。第四，演藝人員的考選、訓練、簽約、運用與管理。第五，樂隊及錄音室的運用與管理。第六，節目外景的攝製與外國節目的選購與運用……等事項。

二、新聞部門

　　電視台的產品，除前述節目之外，就是新聞了，尤其進入衛星電視時代，像美國有線電視台（CNN）更是以每天 24 小時播出新聞為職志的專業新聞頻道。由於新聞節目的製播方式，自成體系，又因為電視台直接面對社會大眾的重要性，因此，一個規模相當大的無線電視台，不將新聞節目製作列為節目部的一個「新聞組」，而是將它擴大並提升為與節目部平行的「新聞部」，甚至有的重視「體育新聞」的無線電視台，將體育新聞播報與業務擴大，乃至於設立「體育部」的。

三、工程部門

　　主要負責電台硬體的單位，下設公務組、副控組、主控組、錄影組、各地區轉播站發射組。由於電台乃利用電波，將新聞、節目及廣告等資訊傳送給聽眾，以便收視和收聽。因此，該部門負責電視微波機、錄影機、發射機、戶外轉播車等機件的裝配、使用、管理與修護。其次，為配合節目製作之攝影、成音、燈光、錄影及圖片字幕等機件的操作、管理與修護。此外，還有各地區轉播發射等機件系統的建立、使用、管理與修護……等事項。

四、業務部門

　　該部門又稱「廣告部門」，下設推廣組、營業組。有人戲稱此部門為電視台的「衣食父母」，因為商業電視台的主要收入來源，均來自廣告。該部門主要職掌為負責廣告的招攬、廣告客戶及代理商的徵信調查與簽約、廣告價格的擬定與調整、廣告費用的核計及帳款的催收、廣告的受理、審查、排檔與廣告進行表的簽訂……等事項。

五、管理部門

　　管理部門又稱行政部門，它就相當於一個陸軍部隊的後勤單位，故其職掌範圍為不屬於節目、工程以外的人事、財務、會計、文書、庶務……等事項。

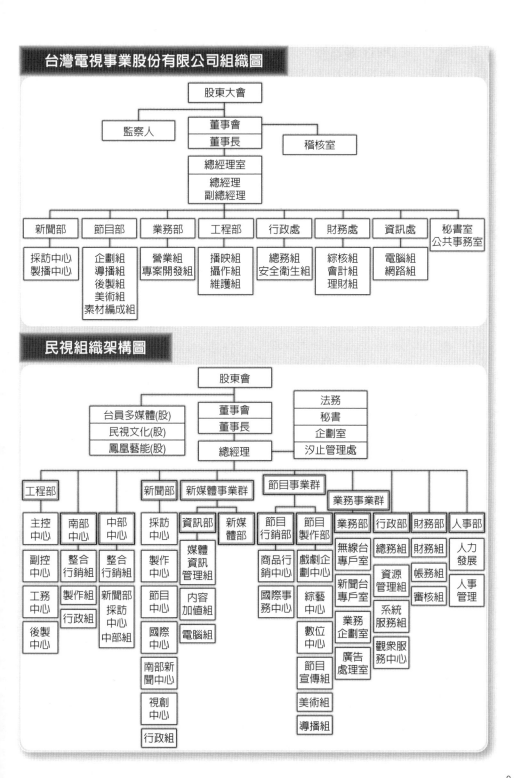

台灣電視事業股份有限公司組織圖

股東大會

監察人

董事會
董事長

稽核室

總經理室
總經理
副總經理

新聞部	節目部	業務部	工程部	行政處	財務處	資訊處	秘書室 公共事務室
採訪中心 製播中心	企劃組 導播組 後製組 美術組 素材編成組	營業組 專案開發組	播映組 攝作組 維護組	總務組 安全衛生組	綜核組 會計組 理財組	電腦組 網路組	

民視組織架構圖

股東會

台員多媒體(股)
民視文化(股)
鳳凰藝能(股)

董事會
董事長

總經理

法務
秘書
企劃室
汐止管理處

工程部

主控中心
副控中心
工務中心
後製中心

南部中心
整合行銷組
製作組
行政組

中部中心
整合行銷組
新聞部採訪中心中部組

新聞部

採訪中心
製作中心
節目中心
國際中心
南部新聞中心
視創中心
行政組

新媒體事業群

資訊部
媒體資訊管理組
內容加值組
電腦組

新媒體部

節目事業群

節目行銷部
商品行銷中心
國際事務中心

節目製作部
戲劇企劃中心
綜藝中心
數位中心
節目宣傳組
美術組
導播組

業務事業群

業務部
無線台專戶室
新聞台專戶室
業務企劃室
廣告處理室

行政部
總務組
資源管理組
系統服務組
觀眾服務中心

財務部
財務組
帳務組
審核組

人事部
人力發展
人事管理

023

UNIT 2-4
電視的製作流程

　　由於電影和電視在記錄材質上的不同，兩者的製作技術和流程既有相同的地方，又有很多區別。電視的製作也是由前期準備、拍攝和後期製作三個階段組成。但由於電影是化學影像記錄，而電視是電子影像記錄，因此在各階段與電影相比有所不同。

一、前期準備階段

　　主要是進行構思創作、拍攝提綱和拍攝計畫的制定。

　　構思階段要確立節目主題，蒐集相關資料，擬訂節目腳本，進行主創人員碰頭會，寫出分鏡頭方案。制定拍攝計畫是必不可少的工作，節目構思完善、拍攝的條件和困難考慮周全，會使節目製作更加順利。根據節目性質選擇導演、演藝人員、主持人和記者；與製片、服裝、美工等初步討論舞台的設計、服裝的要求；確定製作所需設備，配備攝影、錄音、音響、燈光等人員。

二、拍攝階段

　　電視的拍攝同樣開始於攝影機開機的時候。因電視節目類型眾多，因此有多種製作方式，如攝影棚拍攝、現場製作和電子新聞採集。電視的記錄載體是磁帶，器材可以隨時進行觀看。以最常見的攝影棚製作方式為例，其拍攝過程如下：

　　1.初次排練：演員練習走位、動作、表情、溝通，舞台美術和燈光設計按照導演意圖確定完畢，節目所需音響、視頻資料確定完畢，音樂處理確定完畢。

　　2.分鏡表排練：確定鏡頭序列，機位、景別、角度、拍攝技巧、攝影機編號、切換台按鈕編號、提詞器準備。

　　3.攝影棚準備工作：攝影機、錄影機、錄音設備、燈光效果偵錯完成；搖臂、軌道車、音響等設備偵錯完畢；布景、道具、美術製作、配備服裝等工作最終完成；其他附屬設備準備就緒；通信聯絡偵錯完畢；切換台偵錯特技效果，檢查字幕機。

　　4.走場：將上述工作完成後，各製作部門統一偵錯一次。按照導演意圖進行攝、錄工作。

　　5.帶機彩排：演員帶妝正式彩排，攝影棚各製作部門全部做到各部門統一、協調、完美地完成節目拍攝。

　　6.正式錄製：節目正式開始錄製，需要對每個節目段落進行場記工作。

三、後期製作階段

　　在後期製作過程中，電視與電影的主要區別體現在步驟、使用設備以及編輯上。目前電視節目的後期製作大都採用非線性編輯，可直接地進行鏡頭的連接和特技剪輯完成後再進行解說、音樂等製作合成。

　　電視節目的題材形式較多，不同形式的電視節目，其製作流程略有差異。

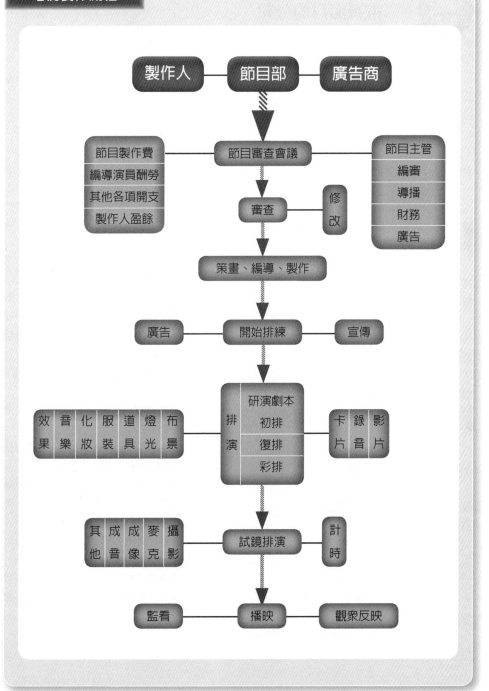

圖解電視節目編導

UNIT 2-5
電視節目的分類

一、依節目內容分類

按現行廣播電視法規定，廣播、電視節目分為下列四類：1.新聞及政令宣導節目。2.教育文化節目。3.公共服務節目。4.大眾娛樂節目。分別細述如下：

1. **新聞節目**：新聞報導、新聞快報、新聞分析及實況轉播。

2. **政令宣導節目**：行政院或新聞局、衛生署等政府單位之政令宣導片。例如防治 SARS、垃圾分類、資源回收等宣導；或有關政府措施與成果之介紹事項。

3. **教育文化節目**：以發揚中華文化、擴展社會教育、輔助學校教學、啟發兒童智能為目的，其標準如下：

（1）配合社會需要，增進國民知識。

（2）闡揚科學新知，指導各種職業技能。

（3）介紹有關生活修養、公共道德、體育、衛生及家事常識，宣導法治觀念及禮讓精神，以協助推行生活教育及倫理教育。

（4）充實史地知識，闡揚固有文化，激發民族精神及國家意識。

（5）評介文學、音樂、美術、戲劇及舞蹈等節目，以陶冶國民性情，提高鑑賞能力。

（6）依教育法令之規定，製作空中教學或輔助教學節目。

4. **公共服務節目**：氣象報告、時刻報告、緊急通告、公共安全及其他有關社會服務等事項，其標準如下：

（1）以義務播送為原則，並對涉及公益之重大問題，予以圓滿答覆。

（2）在播送時間內，每四小時至少報告氣象、時刻一次，電視和電台並應每一整點報時一次，均以主管機關所供給之資料為準。

（3）遇有天然災害、緊急事故時，應隨時隨地插播並報導必要之應變措施。

5. **大眾娛樂節目**：除了上述 1～4 項以外的節目，包括歌唱、音樂、戲劇、小說、故事、笑話、猜謎、舞蹈、技藝、綜藝及其他以娛樂為內容之表演。通常，概括為戲劇、綜藝與影片。

二、依製播技術分類

分別是：1.現場節目（Live）。2.影片節目（Film）。3.錄影節目（VCR 或 VTR）。4.實況轉播節目（O.B.）。5.衛星轉播節目（Satellite）。說明如下：

1. **現場節目（Live）**：如新聞報導、座談性節目、體育競賽、晚會典禮。

2. **影片節目（Film）**：如 HBO 或其他電影台、卡通。

3. **錄影節目（VCR、VTR）**：戲劇節目、綜藝節目或現場節目的重播。

4. **實況轉播節目（O.B.）**：出動轉播車，在電視台以外製作的節目，如金馬獎、金鐘獎頒獎典禮，或是棒球比賽。其中又分為立即轉播（直播）、或是錄影轉播。

5. **衛星轉播節目（Satellite）**：如世界盃足球賽、奧斯卡金像獎頒獎典禮、奧運比賽。

電視節目分類

新聞節目
台視盛竹如播新聞

戶外轉播節目
少棒比賽

戲劇節目
中視星星知我心

武俠連續劇
中視楚留香

男主角
鄭少秋

綜藝節目
華視綜藝一百

教育文化節目
華視教學節目

UNIT 2-6
錄製節目工作人員

一、製作人（Producer）

製作人的職務是影片製作預算的控制、影片品質的監督，以及各職間的工作協調。製作人與導演所負責的工作非常密切，製作人的構想，必須仰賴導演拍攝現場的實際執行。

二、導演（Director）

導演在前製作業開始，就必須參與勘景，以及腳本的討論工作；並且在拍攝階段，除了指導演員動作與談話對白之外，還必須指導攝影構圖。最後，導演要依據節目腳本透過麥克風與其他人員對話。

三、節目導播（Program Director, PD）

一般電視攝影棚作業的總指揮，稱為導播，導播要遵照腳本或導演對切換台進行操作，讓節目的畫面時常切換而不單調。

四、助理導播（Assistant Director, AD）

是導播的左右手，必須能協助處理各項突發狀況，指導道具、燈光、布景等人員配置，以及排演中的對詞、表情、地位與攝影等的關係。

五、現場指導（Floor Director, FD）

依照導演要求進行現場調度。

六、技術指導（Technical Director, TD）

在拍攝節目時，在副控室負責操作控制畫面選擇器與影像訊號播送按鈕，以及特殊效果產生器的技術人員，也稱司鈕。

七、新聞編輯（News Editor）

新聞編輯所要追求的目標，就是要以新聞的眼光，選擇觀眾所關切、感興趣而有價值的事件，將採訪與翻譯所得的新聞完美的播出。

八、主持人（Program Host）

主持人必須常常提醒自己用平常心去主持節目，把觀眾當成是好朋友，用談天的方式閒話家常，這樣才能將彼此間的距離、情緒拉近，現場的氣氛才能熱絡。

九、字幕員（Captioner）

負責節目中提示字幕的製作。

十、音響師（Sound Effects）

控制節目收音，並負責背景音樂和聲音效果。

十一、現場錄音師（Live Sound Engineer/Live Recording Engineer）

負責調整收音麥克風的架設位置。現在，不僅晚會、紀錄片要進行現場錄音，室內劇、肥皂劇，甚至許多單機拍攝的電視劇連續劇，也開始使用現場錄音。

十二、燈光師 / 調光操作員（Light Director/Light Operator）

必須對每盞燈的強度、位置、照射方向等進行調整，同時根據攝影師的攝影環境，進行布光和用光量大小的配置，以達到最佳的效果。

十三、視訊控制人員（Video Controller）

專門掌控每台攝影機的曝光與色彩還原，以便拍攝畫面的視覺上有一致感。

十四、攝影師（Cameraman）

頭戴對講耳麥，根據導演調度和腳本實施拍攝。

十五、美工 / 道具 / 服裝（Art Director）

布景的設計、道具，主持人或來賓的服飾設計。

十六、維護工程師（Maintenance Engineer）

負責導播、攝影棚所有設備的全面維護與技術保障。

十七、化粧師（Makeup）

透過化粧可以使演員符合劇中人的年齡、身分和職業上的要求。

錄製節目工作人員（節錄）

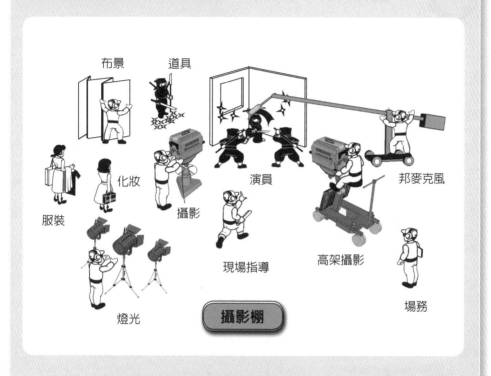

布景　道具

服裝　化妝　攝影　演員　邦麥克風

燈光　現場指導　高架攝影　場務

攝影棚

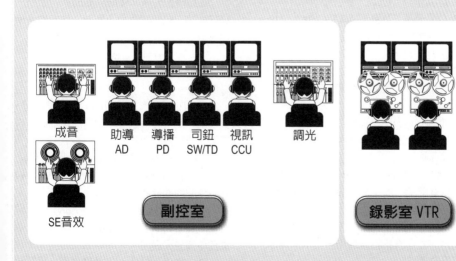

成音　助導　導播　司鈕　視訊　調光
　　　AD　PD　SW/TD　CCU

SE音效

副控室　**錄影室 VTR**

UNIT **2-7**
攝影棚的手勢圖解

一、導播手語

在攝影棚或其他場合現場直播,以及現場錄影製作過程中,是不允許非本節目需要的雜音干擾的。因此,攝製人員互相間不能大聲交談、喊話,只能用手勢來聯絡、指揮。為此,編輯、導播和所有攝製人員,都要學會統一規定的導播手語。

二、手勢內容

1. **準備妥當**（OK）:一手平舉、食指與拇指連接成一圓圈,表示現場準備工作完成。

2. **一分鐘**（1 Minutes to go）:一手平舉、豎食指,表示尚有一分鐘表演即行開始。

3. **三十秒**（30 Seconds to go）:兩手高舉、食指交叉成十字,表示距表演開始時間尚有三十秒。

4. **準備開始**（Stand by）:兩手高舉、掌心向外,通常在表演開始前十五秒時作此手勢。

5. **開始**（Action /Starting）:一臂高舉落下、以食指指向表演人員,表示動作開始。

6. **注意手勢**（Watch me for cue）:現場指揮一手食指頻頻指向自己臉部,以提醒演員注意手勢。

7. **面對鏡頭**（Watch camera）:側向攝影機站立、以手指該攝影機,指示演員應行面對之方向。

8. **向前**（Move forward）:站立攝影機旁、兩臂前伸、兩手掌心向內招動,指示演員需向前移動位置。

9. **向後**（Move backward）:站立攝影機旁、兩臂前伸、兩手掌心向外推送,指示演員需向後移動位置。

10. **向左**（Move left）:右手向前平舉、掌心向外、左手食指指向右指,指示演員需向左移動位置。

11. **向右**（Move right）:左手向前平舉、掌心向外、右手食指指向左指,指示演員需向右移動位置。

12. **靠近**（Move closer together）:兩臂前伸、兩手手掌相向相對移動,指示演員彼此靠攏。

13. **站開**（Move apart）:兩臂前伸、兩手手背相向、掌心向外分開移動,指示演員彼此站開。

14. **起立**（Rise）:兩臂前伸、兩手掌心向上頻頻移動,指示演員起立。

15. **坐下**（Sit down）:兩臂前伸、兩手掌心向下頻頻移動,指示演員坐下。

16. **頭部勿動**（Hold your head steady）:兩手掌心相向、指尖向上、緊貼面頰,指示演員頭部勿動。

17. **移動頭部**（Mover head）:兩手掌心相向、指尖向上、緊貼面頰、擺動頭部,指示演員頭部應行移動之方向。

18. **移開**（Move away）:一手抬起、手掌由裡轉外,指示演員需位置移動。

19. **增加音量**（Raise voice）:張口、兩臂前伸、兩手掌心向上抬動,指示演員增加音量。

20. **降低音量**（Lower voice）:張口、兩臂前伸、兩手掌信向下擺動,指示演員應降低音量。

21. **加速進行**（Speed up）:一臂抬起、以食指在胸前頻畫圓圈,促使演員加快進行速度(或縮短時間)。

22. **減緩速度**（Slow down）:兩臂抬起、雙手十指指尖相觸、各自由內向外伸展,促使演員減緩進行速度(或延伸表演時間)。

23. **暫停**（Cut voice or action）:一臂前屈、掌心向下、食指橫隔於頸部,指示演員暫停發音或表演。

24. **完成**（Stop）:兩臂高攀、手掌向前交叉擺動,表示節目演出完成(或中止)。

攝影棚的手勢圖解

準備妥當	一分鐘	三十秒
準備開始	開始	注意手勢
面對鏡頭	向前	向後
向左	向右	靠近
站開	起立	坐下
頭部勿動	移動頭部	移開
增加音量	降低音量	加速進行
減緩進行	暫停	完成

第 **3** 章

電視節目編導
的職責

· · · · · · · · · · · · · 章節體系結構 ▼

UNIT 3-1
台灣的電視導播制度

一、二導瓜分制度

在舞台、電影、廣播和電視四種媒體上，負責指導節目表演的人，在國外統稱「Director」——「導演」，在台灣卻有不同的稱呼：舞台和電影上的 Director 稱「導演」，廣播節目卻稱為「導播」，電視節目——尤其是戲劇節目，又分成兩半：負責指導排演的 Director 稱為「導演」或「戲劇導演」或「戲劇指導」，負責指導錄製播映的 Director 稱為「導播」。原本是一件導播工作，卻硬性裁成前後兩段，由兩個人負責，遂形成了導演和導播的「二導瓜分制度」。

「二導瓜分制度」的起源，是從 1962 年台灣出現第一家民營電視台「台灣電視公司」以後，才逐漸形成的。那時台灣地區電視人才奇缺，所招募的電視導播，多數並非科班出身，又往往只懂電視技術，而不會戲劇表演藝術。於是另請舞台話劇導演或電影導演來協助，而這些導演只會戲劇表演，卻不懂電視技術。

因此，導演只負責指導演員排戲，排戲完畢再交由導播按電視技術攝影、錄製、播出。這種電視開創初期的臨時權宜辦法，一直沿用至今，似乎積非成是而見怪不怪了。不過，研究電視正規作業的人都知道，這是台灣電視界獨有的「怪現象」，不足為例，在世界各地也找不到先例。

「導播」是電視台內的正式職員，所謂「導演」並非職員，而是由台外請來的臨時人員，或由製作單位帶進來的自由人。

「二導制」最大的好處，一是替不懂戲劇的導播解決指揮演員表演的問題，二是替雖懂戲劇而太忙碌的導播節省排戲的時間。

「二導制」最大的壞處是，將同樣一件表演工作，分由「二導」指揮，若二人意見相合或能互相容忍尊重，尚可相安無事；倘若意見不合、各自為政，二人就難免發生衝突了，那些夾在「二導」中間的演員們更要抱怨「改來改去，究竟該聽誰的？」事實不勝枚舉。

二、完整的導播制度

「二導制」是台灣電視初期因缺乏電視人才而形成的變通辦法，現在由國內外學校正式訓練出來的導播逐年增加，每位導播所負擔的工作量，也逐漸合理化了。因此，我們認為時機已經成熟，為免積久難返，現在就應該開始除弊興利，建立一個合理的、常態的、完整的導播制度，其實所需要的就是把現行「二導制」的工作合而為一，恢復導播本身應盡的職務，使導播的形象完整無缺、名副其實。

當然，導播並非「百事通」，每位導播的專業技能和個人好惡，也各有長短。導播自己熟悉的節目，比較勝任愉快，導播自己陌生的節目，可能就吃力而不討好了。坦白地說，一個不懂戲劇或歌舞的導播，實在不夠資格導播這一類的節目。所以導播必須不斷地學習和磨練，才能創新進步。

電視導播制度

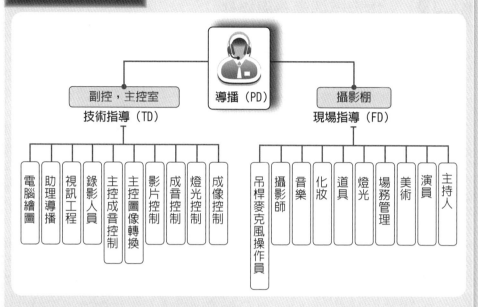

導播（PD）

副控，主控室
技術指導（TD）

攝影棚
現場指導（FD）

技術指導（TD）下屬：
電腦繪圖 / 助理導播 / 視訊工程 / 錄影人員 / 主控成音控制 / 主控圖像轉換 / 影片控制 / 成音控制 / 燈光控制 / 成像控制

現場指導（FD）下屬：
吊桿麥克風操作員 / 攝影師 / 音樂 / 化妝 / 道具 / 燈光 / 場務管理 / 美術 / 演員 / 主持人

電視錄影節目導播指揮示意圖

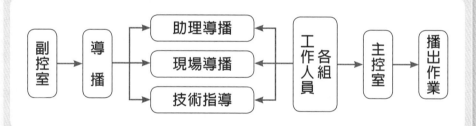

副控室 → 導播 → 助理導播 / 現場導播 / 技術指導 ← 工作人員 各組 → 主控室 → 播出作業

電視台副控室內設備及人員配置示意圖

PRE-VIEW：預視器　VCR：錄影機　攝影機1　攝影機2　攝影機3　影片　影片　影片　影片

調光器　燈光指導

事務桌：助導　導播　司鈕　內部聯絡系統　混音器

錄影機

成音

UNIT **3-2**
電視導播素養與條件

一、導播為達成自己的任務，必須具備的職業素養

1. 深入瞭解他所執導的節目內容。

2. 熟悉作節目所使用的設備和功能。

3. 熟悉畫面構圖的技術，並且熟能生巧、研究創新。

4. 發揮領導統馭和緊急應變的能力。

二、導播應具備的條件

1. **導播要有豐富的專業學識**：做一個導播必須要有豐富的電視專業學識，才能將它完全的運用。導播應當是一個通才中的專才，對於製作電視的各種工具都得瞭解與熟悉，這樣才能物盡其用。

2. **導播要有豐富的知識**：因為電視節目的內容是無所不包的，唱歌、舞蹈、綜藝、戲劇、新聞、政治、體育、歷史、地理、天文……任何一種，都可能同時成為一個電視節目的題材或內容。

3. **導播必須要有隨機應變的能力**：身為導播要有非常敏捷的思想，遇到任何突發狀況都得立即將它「擺平」，而使節目順利進行。如果導播遇到一點失誤，就無法隨機應變的話，那緊接下來就會成為不可收拾的情況了。

4. **導播必須有冷靜與處之泰然的功夫**：一個節目的總指揮，他必須注意到所有的事情：畫面、聲音、燈光……等，這麼多工夫，時間又是這麼急促，如果不能保持冷靜，怎能去應付呢？所以，導播必須保持冷靜的態度，遇到任何狀況都處之泰然！

5. **導播須有領導統馭的才能**：領導統馭的才能，對一個總指揮是非常重要的，

導播如果沒有這種能力，那麼如何來帶領每一位工作人員，為節目的達成而共同努力呢？總之，導播就如同指揮官，絕不能忽視領導統馭的重要性。

6. **導播要有分配與組合的能力**：電視工作是一種聯合性的作業，每個人都有其任務，導播必須將這些組合完整來完成一個節目。其次，導播必要要分配攝影機在什麼位置、演員站在什麼地方。「分配」的好壞，關係節目的水準及工作效率。

7. **導播要有謙虛的態度和寬大的胸襟**：導播雖有至高的權利，但絕不可濫用權威，而要以謙虛的態度來配合。因為謙虛的話語讓人聽了感覺舒服，而願意和你合作，尤其是在連續工作了一段長時間後，如果你說的話又是那麼不客氣，那麼怎能得到大家的合作呢？

8. **導播要有自信心**：身為導播應該要先有信心，為了要讓信心實現，所以導播必須在事先做周詳的計畫與排演，然後胸有成竹地坐上導播台將節目做出來。因此，做任何事情都必須先堅定信心，然後朝著目標努力前進。

9. **導播要有創造的能力**：電視是活的學問，一定要用腦去想，等你學會了之後，還是要不斷地想，把所有的東西儘量發揮，儘量去創造，觀眾是不會滿足的，你必須走在觀眾的前面。

10. **導播須有健康的身體與充沛的體力**：電視工作往往是不斷的進行很長的一段時間，甚至通宵熬夜。導播從頭到尾沒有休息的時間，因此，如果導播沒有充沛的體力，可能就無法完成這份工作了。

電視製作方式

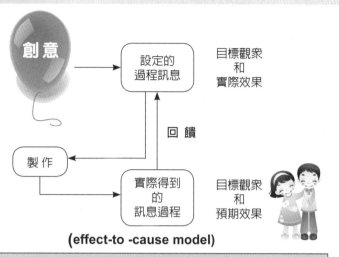

(effect-to -cause model)

果因法：是從最初的創意直接跳到預期的傳播效果的過程訊息，然後再回到
　　　　為製作出設定的過程訊息，所必須的媒體條件、製作元素及其步驟。

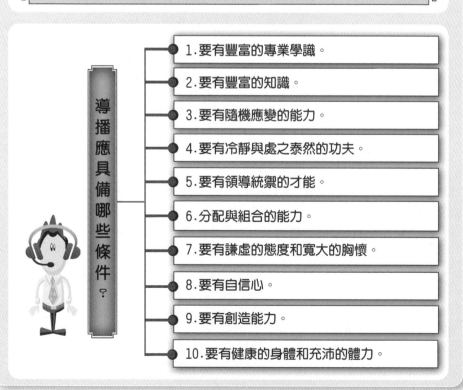

導播應具備哪些條件？

1. 要有豐富的專業學識。

2. 要有豐富的知識。

3. 要有隨機應變的能力。

4. 要有冷靜與處之泰然的功夫。

5. 要有領導統禦的才能。

6. 分配與組合的能力。

7. 要有謙虛的態度和寬大的胸懷。

8. 要有自信心。

9. 要有創造能力。

10. 要有健康的身體和充沛的體力。

UNIT **3-3**
電視導播的工作內容

電視是一種整體性的工作，每一分工都在同時進行，包括：收音、配音、剪接、錄影，甚至是直接現場立即播出。

一、導播必須注視監視器

導播導一個節目並不是在現場指揮，而是坐在副控室裡，經由耳機來指揮現場的工作人員，副控室或許可以看到現場，但導播的眼睛是注視副控室中一整排的監視器上，每一個監視器的畫面來自不同的來源訊號，其中有每一部攝影機所取的畫面，有主控室或放映室所傳送來的影片、圖卡、幻燈片，有 VTR 傳送來的畫面，另外還有預視監視器（Preview monitor）、主監視器（Master monitor）等。預視監視器的作用是導播預做某種特殊效果的畫面，可指示 TD（技術指導），將此畫面送到預視監視器上先行看過，看看有沒有問題、是否需要修改、畫面上是否好看等，如有問題即加以修正，然後再行播出！

二、導播要看腳本

導播的工作就是把文字變成畫面做成電視節目，腳本就如同一座大樓的藍圖，藍圖上畫得清清楚楚，大門在何處、樓梯在什麼位置……導播就依照此藍圖將這座大樓蓋起來。

三、導播必須要聽節目的聲音

導播除了用眼睛來看畫面，還得用耳朵來聽聲音，如果只顧畫面而不管聲音，那麼很可能好的畫面被不良的所破壞了，而你卻不知道。

四、導播必須注意時間

電視是非常注重時間的，每個節目都有其一定的時間長短，務必要在一定的時間開始或結束，而一個節目是否能將時間長短做得剛剛好，就得看導播如何去控制整個節目的進行。

五、導播必須講話

導播必須要張口說話來指揮工作人員，主動使節目播出。在副控室中的工作人員可以直接聽到導播的指揮口令，而現場的工作人員則必須藉由「耳機」來聽導播的指揮。必須用通話系統（Intercom system）來聯絡的，除了攝影棚之外，還有錄影室（VTR room）、放映室（Telecine room），以及主控室（Master control room）等，在製作節目時，導播有時需要與他們聯絡。

例如：導播要 VTR 開始錄影，找剪接點等，這些工作可以由 AD 代勞。攝影棚也有大喇叭（Speaker），導播可將之打開對現場講話，但在錄製節目的當時，現場是保持安靜的，導播就必須以耳機來與現場工作人員聯絡。

導播大部分所講的話是對攝影師而言，指揮攝影師取出所需的畫面，如：Zoom In、Zoom Out，取 Close Up 或取 Long shot 以及攝影機的調度等。

另外，導播還要指示 FD 來代替他指揮現場，比如演員站得太開，使得畫面不佳，此時就只是 FD 去 Cue 演員。

導播還須對 TD 講話，TD 坐在導播旁邊聽導播的口令來操作 Switch，導播換畫面之前要告訴 TD，換畫面的當時也要喊出口令。

導播要對 AE（成音）講話，比如何時將 Mike（麥克風）打開，調整不當的聲音等，另外也要指揮 SE（音效），使配合的效果能與節目進行的畫面相吻合。

現場導播的工作內容

現場導播

就是在攝影現場工作的導播。
他們應當永遠精神百倍，
而且要為導播分擔壓力。

UNIT 3-4
電視導播的任務

圖解電視節目編導

　　根據傳播學者，並富有多年電視製作經驗的趙耀先生表示，電視導播的任務，可從以下四方面來說明：

一、化合作用

　　做為一個電視導播，不應該僅止於選擇圖像，應該進而創造圖框裡的景物與其他。導播與導演，在英文都叫 Director。而我們國人的習慣，在舞台和電影，稱為導演，在廣播與電視，則稱為導播。

　　「綜合」即有合成的意思，而其化合的份量跟輕重必須有一位工程師來負責拿捏，這位工程師即是導演。

二、演藝批評

　　導演是戲劇藝術家，藉著布景、燈光、演員動作和聲音的幫助來表達他的思想。

　　導演是表演藝術最好的批評人，在表演藝術當中，演員即是作家（主體），同時也是作品（客體）。因此表演藝術需要另外一位從旁加以糾正、指導的批評人。這個批評人必須是對戲劇藝術有修養的人，這人便是導演。

　　在創作過程中，導演、編劇、演員和燈光、布景等技術人員對於某一問題的主張（思想）並不一致，所以導演必須把這些不同的主張統一在一個意念之下，統合成為一種整體想法。導演為了達成此項任務，必須嚴格訓練各部門的技能，徹底執行演出的規律，以統一各部門的步驟，消除各部門的矛盾，指揮大家朝著總目標前進。因此導演可說是戰場上的指揮官，為了贏得勝利，戰場上的一兵一卒都得聽指揮官的命令。

三、光影統合

　　電影誕生於 1910 年代，那時科學抬頭，一切講求速度，信賴機械，趨向統合歸一理念。例如：「音樂視覺化」、「燈光照明聽覺化」等等。而電影特別強調科學；電影是科學的新發現。

　　戲劇是集合文學（詩）、音樂、舞蹈、建築、雕刻和繪畫於一爐的藝術。若將這六項分為「韻律藝術（動的藝術）」和「造型藝術（不動的藝術）」，電影，是將這兩種藝術統合之後的作品。換言之，電影就是「動的」造型藝術。

　　電影是由非物質的光影造成活動的畫面，更必須將心靈深處的精神狀況刻劃出來。因此有人說：「電影是靈魂與肉體的統合表現。」又說：「電影是光影直接書寫出來的詩。」

　　從劇本的文字，變成畫面展現在千萬人面前，從拍戲、毛片、剪接、配音、修聲、效果、音樂、Mix 到字幕的完成，對任何一個初識電影的人，每個過程都是奇蹟。一位電影導演對他的作品認真的喜悅與懊惱，一如每位文學家在創作的旅途上，發現最強的敵手是現在的自己與過去的自己以及未來的自己在競賽。

四、策定方針

　　電視節目政策被廣告商操縱，雖是無奈，更是一件可悲的事情。更何況電視公司的負責人，都以盈虧來評論該節目的價值，令人覺得過於市儈。

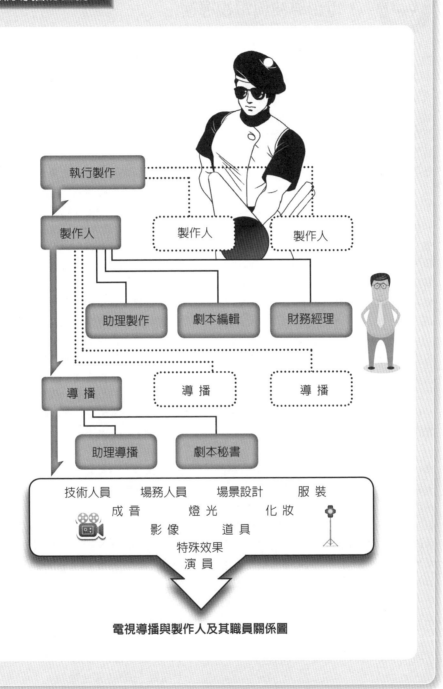

執行製作

製作人

製作人

製作人

助理製作

劇本編輯

財務經理

導　播

導　播

導　播

助理導播

劇本秘書

技術人員　　場務人員　　場景設計　　服　裝
成　音　　　燈　光　　　化　妝
影　像　　　道　具
特殊效果
演　員

電視導播與製作人及其職員關係圖

UNIT 3-5
電影導演與電視導演

一、電影導演

1895 年，電影的發明，給了「導演」展示自己的機會。在這之前，由於攝影的缺乏，導演的戲劇作品都不可能保留下來，而電影的出現，改變了這一狀況，導演的戲劇完全可以透過膠片保留下來。而且從歷史上來看，很多導演也正是這麼做的。

隨著電影的日益發展，在英國、美國等一些國家，導演們很快就創造並運用了一些新的表現形式，他們讓攝影機動了起來，形成了升降、平降、俯仰、軌道移動等多種攝影方法。這樣，攝影機不僅僅是事件旁觀者的形象，而且成了戲劇動作的參與者。他們使得電影完全獨立成了一門新的「第七藝術」。

此時，電影導演和戲劇導演有了很大的區別，除了同戲劇導演一樣需要指揮演員表演外，還要指揮攝影機的移位等。

隨著聲音進入電影，導演除了指揮演員和攝影機之外，還要考慮聲音和畫面之間的關係。

在 20 世紀 30 年代，有聲電影的出現讓一批默片導演很不適應，而從舞台劇請來的一些導演雖然擅長於處理台詞，卻讓電影回到了「劇院式電影」的老路。到了40 年代，出現了包括希區考克在內的一批新導演，這才真正拉開了有聲電影的藝術大門。隨後出現了一大批優秀的電影導演：微爾遜、黑澤明、費穆、安東尼奧尼等，電影藝術也在這一批批優秀導演的推動下，更加輝煌。

二、電視導演

隨著電視的出現，導演也進入了電視行業。但是，由於電視與電影兩種媒介的不同，電視導演與電影導演從工作方法到工作職責上都有一定的差別。整體來看，電影更多的是作為一門藝術，而電視則更多的是作為資訊傳播工具。因此，電影導演更多的是從藝術的角度展開工作，而電視導演則更多的是從資訊傳達的角度進行工作。這也是為什麼我們在看新聞的時候，不會要求從審美的角度來評價電視編導，而更多的是從新聞性的角度入手討論編導的優勢。

同樣，電視和電影分工都十分精細、複雜。在一部影片製作的過程中，涉及的工作人員包括編劇、導演、演員、燈光、攝影、錄音、化妝、美工等。由於電影要求比較高、比較精細，因此要求所有工作人員在業務上必須精通。電視媒體則不同，由於電視螢幕較小，在精度上和電影有很大差別，在光線、攝像、美工等方面的要求不如電影嚴格。

而且，隨著電子可攜式裝置的發明與運用，使電視攝製組減少了人員提供。除電視劇組外，一般只需要 2～3 人即可，且可以身兼數職。導演往往不僅要負責現場的掌控，同時要參與後期剪輯，還要撰寫腳本。電視導演的職責發生了轉變，用「導演」一詞已經很難概括其職責。於是，有人從報紙那裡借用了「編輯」一詞，後來人們逐漸用「編導」一詞來指代。但是，不管用哪一詞彙，要瞭解什麼是電視「編導」，我們不妨根據他們的工作職責、工作內容，為電視「編導」畫一幅素描。

編劇

導演

燈光

演員

攝影師

化妝

美工

技術指導

道具人員

第 3 章

電視節目編導的職責

UNIT 3-6
電視編導與電影導演、電視導播工作之區別

電視編導與電影導演、電視導播都涉及到「導」的工作，但彼此之間的工作仍有區別，說明如下：

一、導演的概念

來自拉丁文 Regre，意指為指揮。

專指對戲、電影、電視劇的指揮者。在電視劇和電影的拍攝現場，導演的一般形象都是手提話筒，這也正是指揮者的典型標誌，導演也叫指導者。一齣電視或電影往往涉及不只一個人或一個部門的通力合作，需要有人負責統一指揮，這就是導演的職責。除了電視劇，電視節目中只有一種節目是有導演的——文藝晚會（導演的任務是現場指揮）。

二、導播的概念

專指那些攝影棚節目或現場直播節目中坐在導播間裡指揮的人。

現場攝影機先把訊號傳輸到導播間的一個個電視螢幕上，導播再根據節目的流程指揮調度攝影機的工作狀態，從中選擇把某一個電視畫面播出去。

例如：在某年舉行的日韓世界杯足球賽轉播中，韓國在球場架設 31 台攝影機，於是就有 31 個畫面傳入導播間，導播則根據比賽的過程選擇畫面播送出去，比如這時候有隊員在底線要傳球，導播就把畫面切到負責底線附近拍攝的攝影機，另外一個時候教練因為亂叫而被警告，這時候導播需要把畫面切到負責拍攝教練席的攝影機。

所以導播須根據節目的流程，負責調度現場各攝影機的機位和運動方式，以及適時的對主持人和參與人員加以現場的指揮。

三、編導的概念

編導是藝術家、技術家與組織者。

提起編導，人們首先想到的是藝術才能。節目拍攝的過程中，更要求編導是一個藝術家。他要能像畫家一樣洞悉每一幅拍攝的畫面，要知道採用什麼角度、什麼位置、什麼樣的構圖，如何處理景別、布光、協調色彩等等。

當然，在藝術之外，編導還應該是一個技術家。一般來說，在節目開始之前，編導就要根據節目的需要，與劇組其他人員商議，並最後確定選用哪些技術設備。當節目開始製作後，編導的技術知識就要從選用設備，變成設備的最優化使用。

最後，編導還是一位組織者。他需要有能力把劇組的人，團結在自己的周圍，並協調好各部門的工作，以使工作最優化。

總之，編與導是兩種不同性質的工作，大致來說，編是組織的涵義，導是指揮的涵義，編和導合在一起，便是對一個電視製作的組織與指揮。

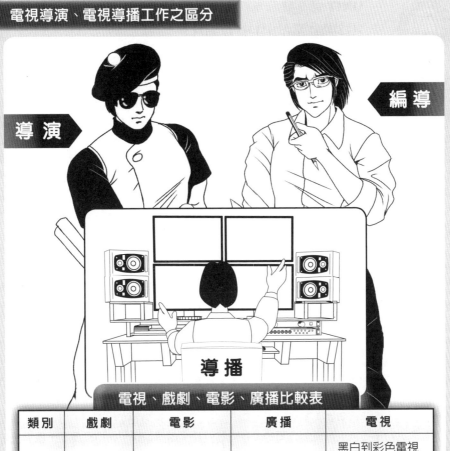

電視導演、電視導播工作之區分

導演

編導

導播

電視、戲劇、電影、廣播比較表

類別	戲劇	電影	廣播	電視
畫面	舞台 高15-25呎 寬30-60呎	銀幕 高10-30呎 寬40-80呎 新藝1：2.55弧形	想像	黑白到彩色電視 6、14、16吋 17、19、21吋 23、27……吋 大尺吋平面電視 高畫質電視
時間	3-2小時	1.5-2小時	1/2小時單位較多	1/2小時到2小時 以1小時較多
空間	空間最小 變化最少	空間較大 儘量變化	空間無限 地點隨便	空間較小 變化要小
導演	注重組合 烘托氣氛	注意場面 製造情景	注意聲效 激發想像	注重畫面 表達生活
表演	整個身體	半身表演 多用中景	聲音表情	面部表情 多用特寫

UNIT 3-7
電視編導的由來及職責

一、電視編導的由來

毫無疑問，「編導」和「導演」有著天然的聯繫，在沒有電視之前，我們常常稱他們為「導演」。然而隨著電視的出現，這一職業發生了變化，他往往既做「編劇」的工作，又做「導演」的事情，因此，習慣俗稱電視行業中的導演為「編導」。所以，我們要追問編導的由來，就得回到電影，甚至更古老的戲劇藝術中去尋找答案。

其實，早在古希臘，隨著悲劇和喜劇的發展，就已存在導演的萌芽了。但是，那時人們很少認識到「導演」的重要性，也沒有人意識到「導演」的存在。隨著戲劇藝術的發展，到了 19 世紀末，出現了現代意義上的導演。它的出現，是順應戲劇行業發展的迫切需要，填補了幾個世紀以來劇作家、演員之外的空白。

導演的出現，在某種程度上促進了戲劇的發展，推動戲劇進入了新紀元。隨著這一職業的正式誕生，理論界開始重視導演。於是，戲劇界出現了兩種不同的聲音：德國的布萊希特（Bertolt Brecht），這位 20 世紀著名的德國戲劇家與詩人卻提出了與康斯坦丁・斯坦尼斯拉夫斯基（Stanislavski Konstantin）——俄國著名戲劇和表演理論家——完全不同的觀點 —— 間離效果（要求表演必須真實，演員要走進角色與體驗角色）。

在這些著名的導演出現之前，戲劇還處在盲目無序的狀態。在他們之後，「導演」正式走上了歷史舞台。

二、電視編導的職責

當我們走進電視製作的現場，無論是外景還是內景，我們總能看到許多拍攝人員向編導徵詢各種問題：諸如機位的擺放、燈光的明暗、現場的布置等。可見，在整個電視節目製作過程中，編導是製作的核心人員。那麼，編導究竟要負責哪些工作呢？

1. **製作前期**：在節目製作的前期，編導一般要根據節目形式（或節目單元）、頻道或其他方面的要求選定一個節目題材（現實中，往往製片人已選好了題材），並著手策劃節目。在此基礎上，編導開始準備文學稿本（在一些電視劇的拍攝過程中，導演拿到的是完成的文學劇本）。在文學稿本得到認可後，編導就開始對文學稿作進一步處理，一般都會列出詳細的分鏡頭劇本，並對每一場景拍攝做出具體的要求。

2. **現場拍攝**：至此，編導就可以向製片人申請拍攝。在拍攝現場，編導是唯一的核心，他一方面要負責指導攝影機，一方面要負責指導場景布置（包括道具、服裝、化妝、燈光布置），還要負責被拍攝物件的動作。更重要的是，編導要對整個片子的品質負責，其他人必須得到編導的認可後，方可展開工作。

3. **製作後期**：現場拍攝完成後，攝影、燈光等其他劇組人員的工作可以說都已完成，剩下的就是編導和剪輯的工作了。編導一般都要親自參與剪輯、後期特技及聲音製作。在後期製作中，剪輯師一般根據編導的意願完成剪輯，甚至一些電視節目的後期製作必須由編導自己完成，比如新聞片、紀錄片、節目片頭、科普片等。

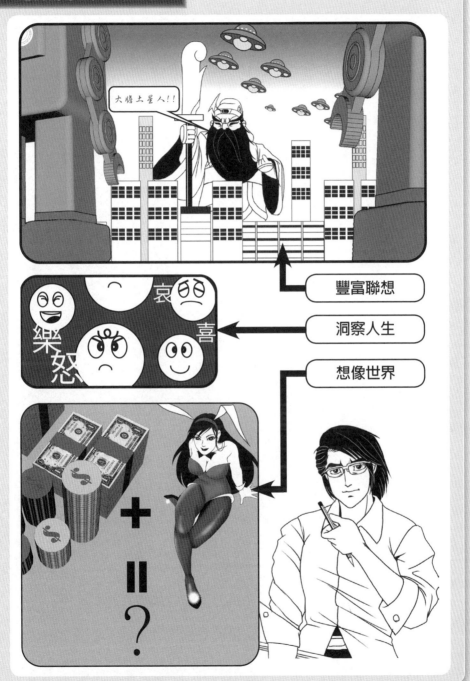

電視編導的由來及職責

豐富聯想

洞察人生

想像世界

第 **4** 章

電視製播設備

TELEVISION

· · · · · · · · · · · · · · · 章節體系結構 ▼

UNIT 4-1
攝影棚的構造

任何人從外面走入攝影棚，首先映入眼簾的，是門上方高掛著中文「工作中」或英文「ON AIR」燈號。如果紅燈亮著，特別是大門也是緊閉的狀況，那就表示攝影棚正在錄製節目，為避免發生噪音或是干擾拍攝，請勿誤闖；一般須和工作人員聯絡後，待其開啟大門才可以進入棚內。

攝影棚的大門，通常都使用隔音門做隔音。打開一層隔音門之後，眼前又高又大的寬敞空間就是所謂的「電視攝影棚」。

一般的攝影棚，高約二至三層樓，甚至有四層樓高者。上面很整齊地掛著一排排的燈桿，各燈桿上有各式的吊燈（有天幕燈、冷光燈、佛式聚光燈……），這些燈都可以利用電腦自動控制，也可以個別以手工操作、旋轉和升降自如。攝影棚上有各種吊桿可以懸掛各種布幕或景片。攝影棚內也有中央控制的空氣調節出口以調節棚內的空氣循環，如此可以保護棚內各種昂貴的燈光設備或攝影器材，也防止拍攝時燈具所引起的高熱，使工作人員在舒服的環境下工作。

攝影棚的牆壁非常厚實，表面貼了一層可以吸收聲音而且又防火的材料，所以棚內通常都非常安靜。攝影場的一頭，連接著兩面牆，合計三面，是經過特別處理的，呈平坦的半圓形，連接著地面，沒有一個死角，這個叫做「天幕」（Cyclerama）；而棚內有一面牆是用雙層玻璃製成的瞭望窗，作用在讓副控室內的導播與工作人員可以透過玻璃看到攝影棚內的狀況。另外，在牆的高處四周有一條工作小道，術語叫做「貓道」（Catwalk）。

攝影棚內的地面設計宜光滑、平坦。一般水泥地面較適合戲劇，塑膠地面較適合綜藝攝影棚。棚內的另一端通常規劃有器材儲藏室，可以放置攝影機、成音器材、燈具及一些其他小道具。大多數的攝影棚皆以此一空間做為調整攝影機的場地。攝影棚的四面一般會有黑布式的大簾幕，可以作為背景。攝影棚外近距離之處宜有演藝人員更衣室、洗手間、服裝室、休息室等等，甚至需有專門放置布景、道具的地方。

在攝影棚的另一邊一定都會有線槽（Wire duct），連接棚內的麥克風、喇叭、監看器、燈光等，以與副控室互相連接。

一般中、大型的攝影棚，副控室在攝影棚的二樓，而在棚內一、二樓一般都會有旋轉樓梯相通，通往副控室。副控室中因為有許多與一樓相連的線路，導播可以非常方便地藉由監看器及監視器瞭解棚內三部攝影機的拍攝狀況，也可以從每個人頭上配戴的對講系統耳機（Intercom）清楚地對棚內的每個人下達口令。

由於大型的攝影棚裡面可能有上百具以上的燈光，燈光迴路因此也有上百條，需要有相當完備的空調系統以及散熱風扇。

為維護平時攝影機、燈光的清潔與安全，攝影棚中都設有攝影機燈光庫房。庫房中可能還有照明設備、延長線、麥克風立架、攝影機電纜收線盤等。如果是綜藝性質的攝影棚，由於所需的效果燈種繁多，也會多設一個燈光庫房。

電視攝影棚一角

攝影棚的作業系統

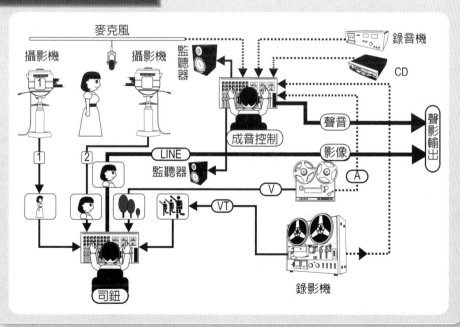

UNIT 4-2
虛擬攝影棚的系統

虛擬攝影棚是視頻技術與電腦結合的產物，把傳統的色鍵技術與電腦圖形圖像處理技術結合起來形成，是一種新穎的、獨特的電視節目製作技術。

事實上，虛擬攝影棚系統可分為三部分：攝影機跟蹤部分、電腦虛擬場景生成部分和視頻合成部分。分述如下：

一、攝影機跟蹤部分

虛擬攝影棚技術與色鍵技術十分相像，它是由前景的主持人為主的畫面和背景畫面，採用色鍵的方法構成一體，產生人物置身於背景的組合畫面。

然而，在真正的虛擬演播室技術中，背景是由電腦產生的，電腦接受攝影機的控制，隨著攝影機的推、拉、搖、移，改變俯仰角度，電腦相應改變畫面的大小和角度，為了正確再現前景與背景的空間透視關係，還需對前景和背景實施空間鎖定，並且這種空間鎖定是透過精確測定攝影機的所有定位參數（包括鏡頭調整參數）來實現的。

換句話說，攝影機跟蹤技術的目的是將攝影機當前的位置方向、鏡頭參數透過 RS-422 或 RS-232 介面輸入電腦，控制電腦將其計算的控制資料輸入到背景製作的計算攝影機中。背景製作的應用軟體根據這些參數來調整虛擬攝影機的位置、方向和鏡頭參數，使虛擬場景產生對應的變化。

二、電腦虛擬場景生成部分

主持人一般是在呈「U」型或「L」型的藍箱裡做著各種表演，實際的或「真實」的前景攝影機對其進行拍攝，背景圖像（畫面裝飾、道具和風光布景）大都是三度空間立體圖，由製作人員預先用電腦生成（即預先著色好），前景與背景圖像在傳輸或錄製過程中混合。這種合成圖像的製作方式即被稱為「虛擬」。

於是，這種圖像攝錄系統也被稱為「虛擬攝影機」，與傳統的藍幕色鍵技術截然不同的是，虛擬攝影棚技術中的真實攝影機（前景圖像）與虛擬攝影機（產生背景圖像）始終保持同步互鎖，為此，必須對真實攝影機的以下參數進行確定：藍幕背景的 X, Y, Z 座標值、攝影機的俯仰、搖移以及可旋轉角度的數值等。

三、視頻合成部分

然後，真實攝影機的所有上述參數都送入電腦分析，系統對與前景圖像相關的虛擬背景圖像發出控制指令。最後，錄有表演者和真實道具的前景圖像與電腦生成的背景圖像在色鍵控制器裡合成為一幅畫面，傳送至視頻切換台輸出。

由此可見，虛擬攝影棚系統可分解為三個部分：攝影機跟蹤部分、電腦虛擬場景生成部分及視頻合成部分。攝影機運動跟蹤系統將獲取的攝影機運動參數進行處理後，去控制背景圖像生成裝置，使生成的背景圖像與前景圖像，保持正確的透視關係。最後攝影機所攝的前景與背景在色鍵合成器中合成並且播出。

虛擬攝影棚

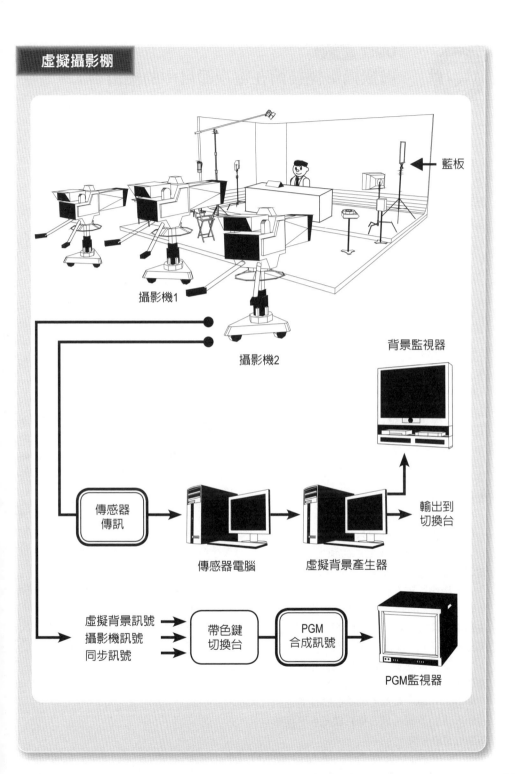

藍板

攝影機1

攝影機2

背景監視器

傳感器傳訊

傳感器電腦

虛擬背景產生器

輸出到切換台

虛擬背景訊號
攝影機訊號
同步訊號

帶色鍵切換台

PGM合成訊號

PGM監視器

第4章

電視製播設備

UNIT **4-3**
虛擬攝影棚技術在電視節目中的應用

一、虛擬場景設計

虛擬場景的製作是在電腦上完成的。其設計的特點是充滿了靈活性和自由性，能從不同的視角生成場景以滿足製作的整體要求。讓主持人置身於一個足球場，甚至是一顆行星大小的場景內。場景的建立完全可以按照編導的想像，房間的桌子、椅子、廣場大樓、人體各器官的模型、山河峽谷等等。基本的步驟是：

將實際物體按比例尺進行建模；給虛擬物體賦予彩色紋理或其他屬性（反射或透明），對虛擬的場景進行燈光設計並且用紋理來描繪或生成，要考慮到前景燈光組合後的情況，虛景和實景的燈光效果要一致，必須具備真實性。

二、電視編導掌握虛擬攝影棚的技術原理

1. 要考慮到主持人、來賓的語言、台詞、動作、體態與同虛擬背景中的動作、變化之間得對列、分配。

2. 編導必須事先規定來賓、主持人的穿著打扮，避免有衣著裝扮和背景色相同、相近的情況。因為這種顏色已經成為進行攝影（色鍵）處理的基準顏色。

3. 影像跟蹤系統：先決條件作用的是要準確判定和即時獲取合理處理攝影機、主體、電腦合成場景之間的相對位置。這項任務可以依靠攝影跟蹤系統來完成。

4. 攝影機運動參數可分為機位參數和鏡頭參數。編導者應在場面調度中考慮所有的機位參數，指導主體活動時注意他們在場面上的位置，以及攝影機配合，便於電腦的最終合成。

5. 編導在策劃虛擬攝影棚場景時應考慮下列四點：

（1）節目類型，不同類型的節目應有不同的場景設計。

（2）節目宗旨。

（3）節目的收視群體。

（4）節目風格、基調，對場景設計提出的色調、畫面影調、布景陳設等。

三、節目實例

虛擬演播室技術適合於新聞、採訪、座談、音樂、綜藝、娛樂、兒童教育、體育報導、天氣預報等多種類型節目製作，能為製作人員提供無限制的創作手段、製作效率高、修改方式靈活多樣。

例如：新聞節目播報新聞時，一般只有播音員，攝影機幾乎不動，使用虛擬演播室新聞節目，可以讓攝影機在演播室裡來回移動，表現更多的動作，記者在做報導時也可以在攝影棚裡走動，而不是坐在那裡不動。

天氣預報節目，動畫資料是可以改變位置和顏色的，所以看天氣預報的觀眾能看見預報員在雨中走動，為節目帶來了更多趣味和創意。

又例如：可透過虛擬攝影棚多元場景變換的功能，使得綜藝或娛樂節目，像跳舞或演奏時，場景更具特色，也更為豐富。

虛擬攝影棚節目製作系統

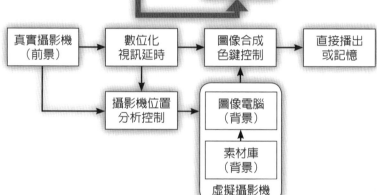

跟蹤系統 /攝影機
位置分析控制

圖像合成 色鍵控制

直接播出 或記憶

真實攝影機 （前景）

快速通訊 單元（PCU）

虛擬攝影機

用戶介面

真實攝影機 （前景）

數位化 視訊延時

圖像合成 色鍵控制

直接播出 或記憶

攝影機位置 分析控制

圖像電腦 （背景）

素材庫 （背景）

虛擬攝影機

虛擬攝影棚節目系統工程流程

創意人員擬出節目製作方案

導演及創意人員為虛擬場景的操作者「說戲」

動畫師或模型師在電腦中創建模型及貼圖

導演與虛擬攝影棚操控者合作直播或錄影

視訊輸出、錄製及後期製作

UNIT 4-4
攝影棚內的攝影機設備

一、標準的棚內攝影機六個主要元件設備

1. **攝影機機身**：因位於整個系統的前端，因此稱為攝影機頭（Camera head）。

2. **電源供應介面**：連接 CCU 的多芯線，透過多芯線將電力供給棚內攝影機運作使用。

3. **同步訊號器**（Sync generator）：透過 CCU 的多芯線將同步訊號提供給棚內攝影機，避免多機作業時產生畫面跳動的不同步情形。

4. **攝影機控制器**（Camera control unit,CCU）：攝影棚內的攝影機取得需要的影像以後，將影像轉換成 R.G.B. 訊號，經由線路傳送到副控室內的三部攝影機控制器。每部攝影機控制器可以控制一架攝影機。攝影機控制器的功能，在於調整攝影機捨去的影像色彩及黑白層次，使影像明暗對比適中。再調整光圈的大小，進而調整攝影機的白平衡及黑平衡，使整個畫面不會失真。

5. **棚內攝影機**：相對於 ENG 攝影機而言，顯得大而笨重，若無升降架或其他支架作為支撐，恐無法操作。棚內攝影機通常用於攝影棚製作，如訪談、新聞、競賽型節目，另外，也用於大型戶外轉播，例如球賽。

6. **腳架**（Camera mounting device）：電視攝影機體積大，重量重，並不易操作，尤其有時因畫面上的需要做攝影機運動時，更是不好控制。為易於使用，於是使用腳架做為輔助工具。在選用腳架時，應先考量該節目特性，是為棚內或戶外作業、節目中使用何種構圖方式以及考慮該角架是否易於轉向、易於運動、易於操作等因素。棚內攝影機有下列各種腳架可供使用：

（1）**三腳架**（Tripod）：電視攝影機所用之三腳架與一般照相機所用之三腳架相似，是所有腳架中最簡單的一種。其與照相機所用者不同之處，在於電視攝影機之三腳架較大，能承受攝影機之重量。且照相機之三腳架多無如攝影機三腳架下的輪子可供移動腳架。

（2）**升降機座**（Pedestal）：是一大型、重量大的攝影機腳架，常用於棚內作業。升降機座易於操作、能平穩地移動、且攝影機之高度易於調整，適合於攝影機上下移動，是這種機座的最大優點。升降機座下有輪子供移動用。惟因重量重，不易移動。

二、ENG/EFP 攝影機改裝

高品質的 ENG/EFP 攝影機常因為相對於棚內攝影機的價格低，又操作容易，常在攝影棚內取代價格昂貴且體積較大的棚內攝影機。為了在棚內可以方便使用，ENG/EFP 攝影機必須換上較大的觀景器，換上適合棚內空間、速度較快的變焦鏡頭，以及連接上對焦和變焦控制所需要的遙控器及線纜。透過相關加裝的設備後，使用的攝影棚建置的成本相對較低。

攝影棚內的攝影機設備

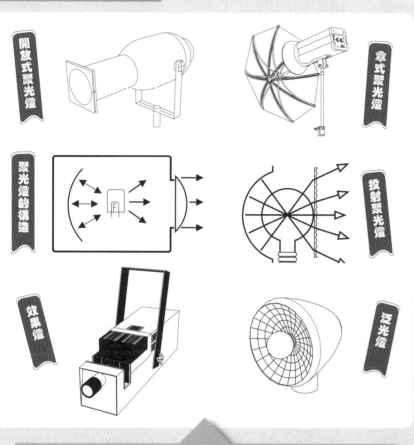

開放式聚光燈

傘式聚光燈

聚光燈的構造

投射聚光燈

效果燈

泛光燈

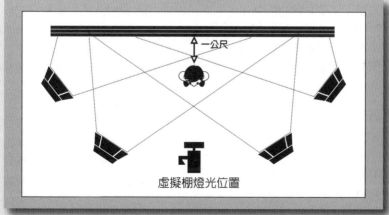

一公尺

虛擬棚燈光位置

UNIT **4-5**
攝影棚內的燈光系統

一般而言,攝影棚內的燈光系統包含了四個主要元件,分別介紹如下:

一、燈光調節控制器(燈光控制器)

1. 簡介:在燈光架上的燈光,裝有不同效果亮度的燈泡,用來配合照明效果。燈光的高度有控制燈光的升降器可加以調整,亦可在節目進行中,依照劇情來調整燈光明暗的變化。

2. 功能:其主要功能乃將燈光接線經燈光調節控制室,再經副控室的燈光調節器,控制攝影棚內各種燈光的亮度。

二、燈光升降系統

燈光升降系統主要分為三部分:

1. 燈光升降控制箱:包含燈光升降系統的電源操作指示燈。其主要功能是在遙控升降馬達,使馬達牽動鋼索,將燈光架進行升起及降下。

2. 升降馬達:其作用在牽引鋼索進行燈光架的升起及降低,通常升降馬達內皆有內建煞車系統,避免因強力或外力拉扯燈光架造成燈光快速降落的情形。

3. 燈光架:燈光架上包含了提供燈具運作時所需電力的 3-pin 電源插座,也包含了燈光迴路的編號,及相關固定燈具所使用的 C-clamp 及安全索。

三、燈具

照明的器材以照明用燈泡而言,大致可分為聚光燈(Spot light)、散光燈(Flood light)、特殊效果燈(Special effects light)、冷光燈(Low temperature light)等燈具。

1. 聚光燈:位於攝影棚中間與後側的燈光架就為佛式聚光燈。

2. 散光燈:在攝影特效合成區域的彈簧臂上就為散光燈,包括:(1)天幕燈(Horizontal light、Cyclorama light):此光源又稱為邊界燈(Border light),主要用於場景中的背景,又稱為均勻式照明。(2)日光燈排(Fluorescent bank):一般稱為冷燈,為散光燈的一種,光源無指向性,可產生非常柔和的燈光,使用時陰影較少。

3. 特殊效果燈光:電視節目為了要增加內容的真實感或製造幻覺、驚悚等氣氛,特殊效果燈光的照明,就可派上用場。

4. 冷光燈:就是一般俗稱的螢光燈或日光燈,由於具有耗電少、發熱量低的特性,故適合長時間錄製的電視節目。

四、燈光固定設備

燈光固定設備一般可分為下列幾項:

1. 燈光架:可升到及降至所需的高度,並固定於此高度上。

2. C-clamp(C 夾):是用來連接燈光設備(燈具)及燈光架的工具,當 Clamp 的安全鎖鎖緊時,便可依需求旋轉及調整燈光設備。

3. 彈簧臂:透過燈光控制桿可快速升降彈簧臂。

4. Stand(立式的燈架):主要在搭配機動性較高的燈具,依節目需求進行燈光架設。燈光固定的設備,其主要的用途在於提供影棚中的各種燈光機具(燈具)能夠安全的固定,同時讓燈具能夠依照錄製節目的不同,調整燈光的方向。

攝影棚內的燈光系統

基本燈光的照明方式

延伸主要燈光的照射面積，從人物的正面、側面至背面，其設置高度較主要燈光為低，仰角在30度左右為宜。

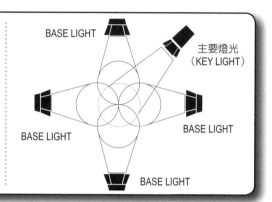

輔助燈光的照明方式

減少主要燈光所產生的影子。

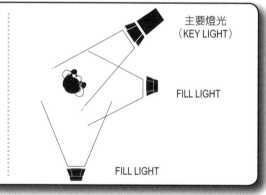

背景燈光的照明方式

給背景、前景等的照明燈光，其照明亮度要比主要燈光之光階低一級。

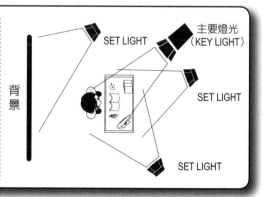

UNIT 4-6
副控室的聯絡或對講機系統

副控室（Sub-control room），也叫做「製作控制室」（Production control room），這裡是製作節目的神經中樞，導播與技術指導在這裡控制著節目的進度與品質。

由於副控室是電視台攝影棚作業中，上接下銜統籌指揮的重地，因此其內部裝有各式各樣的機器。副控室為了要透視攝影棚內的工作情形，以往大多設於攝影棚的二樓，目前的攝影棚，則因工作人員全由監視器監看現場作業，所以較不設限。

副控室內主要機器都朝向攝影棚內排列，中央的控制台有畫面效果控制台及相關音響的機器。負責節目製作的導播（P.D.）就坐在影像控制台前，看著監視器以對講機裝置，指揮全場演出。

在控制室內，除了導播以外，尚有技術指導、成音、燈光以及助理導播等人。另外，技術指導（T.D.）是工程部門工作人員的領班，他本身是工程師或高級技術人員，負責協助導播指揮屬於副控組的技術人員。節目進行時，這位 T.D. 有時也負責執行選擇畫面的「司鈕」（Video switcher）。

為了便於導播指揮，凡在現場工作人員，包括攝影師、現場指導以及麥克風操作員等人員，均需戴上對講耳機，通稱內部聯絡或對講機系統（Intercom），隨時與副控室裡的導播聯絡，並接受導播的指示。

上面所提的內部聯絡或對講機系統是棚內最重要的裝置之一，它能提升團隊工作的效率。這個系統主要包含了以下幾個主要元件：

1. **對講機系統主機**：主要包含了監聽介面、發話介面及相關的操作旋鈕及按鍵，其功能主要在於副控室內的工作人員透過主機上的麥克風或耳機麥克風，可將工作時所需傳達的指令、訊息充分傳達至工作人員。另外可依照工作人員工作性質的不同，可將不同工作人員分類於不同的頻道中，副控室的工作人員可以傳達訊息內容的性質，選擇是否要針對單一群組（同一頻道）或所有工作人員，甚至包含現場所有參與錄影人員進行廣播。

2. **對講機系統雙向傳輸介面**：其作用主要是透過線纜將對講系統主機與攝影機作連結，使工作人員所傳送的指令、訊息可透過攝影機控制器（C.C.U.）傳達給攝影師，同時將攝影師的相關訊息傳達至其他所有工作人員，是一個雙向訊息傳收的介面。

3. **對講機系統耳機麥克風及耳機介面控制器**：主要在提供攝影棚內的工作人員佩掛於身上，並透過線纜和對講系統作連結，以利和其他工作人員進行訊息的傳達與接收。若為主播或主持人，通常會改搭配耳塞式的耳機進行訊息的接收。

4. **其他攝影棚訊號輸入出介面**：嵌入於攝影棚的牆壁內，提供對講系統耳機麥克風及耳機介面，搭配線纜連接至主系統用。

副控室的聯絡或對講機的系統

 電視節目導播透過內部聯絡系統,指示助理導播、技術指導向所屬
工作人員(均掛耳機)下達指示(如下圖箭頭部分)。

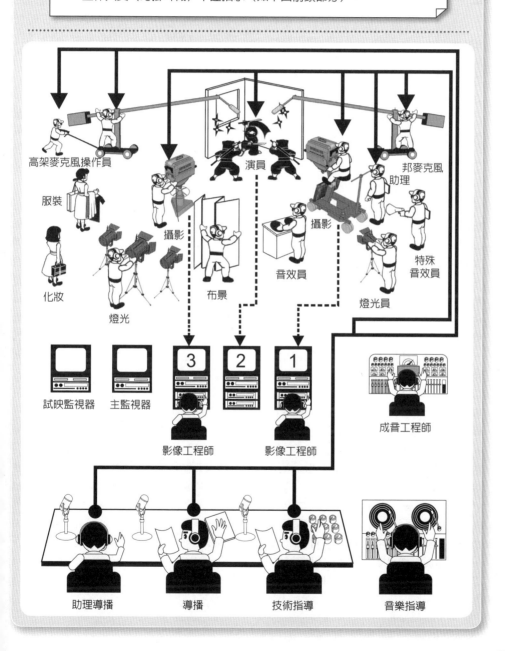

高架麥克風操作員

服裝

化妝

攝影

燈光

布景

演員

音效員

攝影

邦麥克風
助理

特殊
音效員

燈光員

試映監視器　　主監視器

3　2　1

影像工程師　　影像工程師

成音工程師

助理導播　　導播　　技術指導　　音樂指導

第4章　電視製播設備

061

UNIT 4-7
副控室的影像切換器

一、說明

　　影像切換器（Video switcher，又稱 Special effects generator），主要功用是將兩個或兩個以上的畫面，經過影像切換器之電子線路加以選擇，或用各種特殊的結合方式，使畫面產生不同的特殊畫面的變化，因而產生各種畫面變化，使觀眾看到是更眞實、趣味及具有生命力的畫面。

二、操作

　　一般影像切換器可以做的效果，不外乎是 Take、Fade、Dissolve、Super、Wipe、Key、Chroma Key 及 3D Effect 等。其中以 3D Effect 畫面的變化最多，以下對各種效果的使用作簡單敘述。

　　1.Take（畫面切換）：效果類似影片剪接中的 Cut。它是將攝影棚內兩個或兩個以上不同的畫面，快速直接替換，稱爲 Take。

　　2.Fade（淡出淡入）：將兩個或兩個以上不同的畫面，使用其中一個畫面的影像畫面，與另一個全白或全黑的畫面做慢慢交替的效果。畫面由全黑或全白，而使一個影像逐漸增強，稱爲淡入（Fade in）。若使影像畫面訊號逐漸減弱，而成爲一個全白或全黑的畫面，稱爲淡出（Fade out）。

　　3.Dissolve（溶入畫面）：效果與 Fade 類似，只是選用的兩個都是影像畫面，而使這兩個畫面有單一影像畫面開始。開始時原畫面影像訊號逐漸減弱，同時另一畫面訊號逐漸加強，而可以同時看到兩個影像訊號。

　　4. Super（疊映畫面）：其重點是將兩個畫面使其同時重疊出現，操作時在 PGM-bus 選用一個不相同的畫面，效果選擇按下 Mix 鍵，須將幅度控制桿推動至中間停頓時，就可使兩畫面產生疊映的效果。

　　5.Wipe（劃；切割）：是將一片畫面做分割，可能分割成很多種形狀。分割畫面主要是強調一個螢幕，可以同時存在兩個清楚的畫面。通常在綜藝節目中講電話的場景時會做切割，以同時讓觀眾看到雙方的表情。

　　6.Key（嵌入畫面）與 Chroma Key（去色嵌入）：（1）Key：係指將要 key 上去的東西，使其訊號強於原畫面之訊號，例如字幕的 key 就是如此，強的訊號壓過較弱的訊號，強訊號的畫面顯現，而使原畫面的那一部分，就顯現不出。（2）Chroma key：人或物於藍色的背景前（大多使用藍色，也有綠色），將其 key 於另一個畫面上，凡是藍色的部分都不會顯現，所以欲 key 的人或物都不能有藍色，如果某人圍著一條藍色的圍巾，那麼 key 上之後，藍色圍巾就不見了

　　7.3D Effect（3D 圖形轉場）：效果與 Wipe 類似，不同於 Wipe 的是在轉場效果中，加入 Z 軸的概念，讓轉場的效果更有眞實感及動態感。操作時，必須先選擇 3D Effect 的形狀與方式，在 PGM-bus 與 PST-bus 間選用一個不相同的畫面，效果選擇鍵按下 3D Effect 鍵，再將幅度控制桿依劇情推動。

副控室影像切換器的操作方式

1.cut跳接

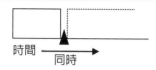

時間　同時

2.dissolve溶接

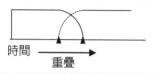

時間　重疊

3.fade in淡入,
fade out淡出

淡入

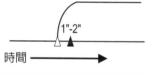

1"-2"

時間

3"-5"

時間

淡出

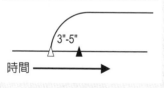

1"-2"

時間

3"-5"

時間

4.疊(SUPPER)

5.Wipe 外播形式圖

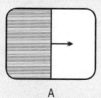

A

B

第 5 章

攝影機運動鏡頭

・・・・・・・・・・・・・・ 章節體系結構 ▼

UNIT 5-1
攝影機鏡頭的組成

凡是攝影機都有鏡頭（lens）。對於平面或電影攝影機而言，鏡頭的主要功能是將取鏡後的影像在底片上感光。對電視攝影而言，影像必須經由鏡頭投映在電子成像裝置（如攝像管）內。

一、鏡頭的焦距

焦距（Focal length）乃指鏡頭定焦於無限遠時，其光學中心點（Optical center）到目標成像的距離。鏡頭的焦距主要以公釐（millimeter，縮寫 mm）為計算單位。若為固定焦距，也就是不會變焦的鏡頭，便以代表距離的公釐數字標示鏡頭，如 50mm 鏡頭，即指固定焦聚在 50mm 的鏡頭，再以此類推。

二、鏡頭的光圈

所有鏡頭內部都有光圈（Iris or Diaphragm），就像人眼的瞳孔有放大縮小的功能，以適應明暗的變化，光圈便掌握了類似的機制，以接納不同的光線進量。光圈是一個能開闔的遮光金屬薄片，透過它的開闔來控制光線通過鏡片的多寡，並以鏡頭外部刻度來表示曝光數值，即所謂的 f-stop 值。f-stop 的計算公式如下：

f-stop 鏡頭的焦距 (F)/ 光圈的直徑 (D)
其中 F：Focal length
      D：Diameter

鏡頭的光圈值一般都在 f/1、1.2、1.4、1.7、1.8、2、2.5、2.8、3.5、4、5.6、8、11、16、22、32……64 等範圍內，一般標準鏡頭的光圈值為 f/1.4、2、2.8、4、5.6、8、11、16 等。例如：一架相機，最大光圈係數為 2，若鏡頭焦距為 50mm，則鏡頭最大直徑為 25mm。依公式 f=F/D，f2=50mm/25mm，就由上述可知了。

三、調節鏡頭的機制

我們初步使用攝影機時，其伸縮鏡頭上有三個可調動的機制。這三個可調解的機制是：

1. 光圈（Iris）：將光圈朝某個方向轉動，能讓更大量的光通過鏡頭；若轉向另一方向，則會縮減通過鏡頭的光的數量。

2. 對焦（Focus）：轉動這個部分會讓畫面看起來更為清晰或模糊。

3. 伸縮（Zoom）：調解這個部分會讓畫面看起來較近或較遠。

4. 伸縮透鏡

（1）定義：所謂伸縮透鏡是指一種可變焦方式，能在一定範圍內，任意選擇某一焦距數值，其範圍大小要看透鏡倍數而定。

（2）特點：包括：比一般透鏡方便、能自由的接近或離開被攝體，而不需移動機體，從廣角鏡變為望遠鏡稱為 Zoom in，以及從望遠鏡變為廣角鏡則為 Zoom back（out）。

攝影機：變焦鏡頭的構造

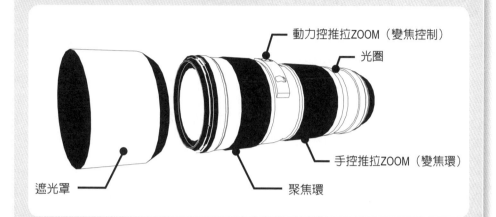

遮光罩

動力控推拉ZOOM（變焦控制）

光圈

手控推拉ZOOM（變焦環）

聚焦環

配有三腳架和滑動台架的攝影棚兩用攝影機

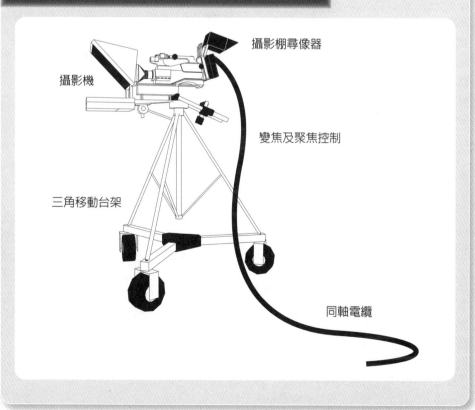

攝影棚尋像器

攝影機

變焦及聚焦控制

三角移動台架

同軸電纜

第 5 章

攝影機運動鏡頭

UNIT 5-2
對焦與跟焦的運用原則

一、對焦的運用原則

對焦（Focus）—— 維持清晰的焦點是攝影時一個很重要的動作，尤其在景深大的畫面中，拍攝主體由於可以在比較大的地帶活動，都能清晰呈現而沒有失焦之虞；相較之下，景深淺的拍攝中，畫面需更注意對焦。

如何正確對焦？第一，先將鏡頭推到底。第二，對好焦，將畫面調到最清楚狀態。第三，再將鏡頭拉到構想的畫面。不過，有時「失焦」（Focus out）或「有焦」（Focus in）（焦點內）的運用是創意的表現。例如：可以利用同一畫面中某些物體「失焦」而某些物體「有焦」，做出一些「選擇性對焦」（Selective focus）的效果。所謂「選擇性對焦」可一方面排除某些無關的物體，刻意將主體清晰地突顯出來；另一方面則可做為美化畫面權宜之計，在攝影角度不能更換又不能移動現有拍攝景物的情況下使用。例如：

1. 使畫面美化及變化：例如：我們拍攝燭光或許會覺得太單調，對焦的運用可以使其變化，且造成更美麗的畫面。運用「失焦」使燭火變得模糊，然後慢慢的「有焦」，不但美化了畫面，也使一根根直立的蠟燭的單調畫面有了變化。

2. 表現人物視覺的變化：例如：拍攝一個失明的人，在醫生的治療下恢復視力，我們該如何表現？我們可以先拍那個人的特寫，表現他眼睛的變化及視線，然後以「失焦」的方式拍攝與他面對的醫生，表示他的視力已稍微可以看到東西，然後運用來回的「失焦」與「有焦」，及穿插那人的鏡頭，來表示視力漸漸恢復，最後使醫生的畫面變清晰，那個人的視力也就正常了。

3. 使背景模糊，主體清晰突出：要達到這個效果必須背景與主體有一段適當的距離。拍攝景物，它與攝影機的距離不同，其焦距也不同，運用這個原哩，我們「對焦」在情景的主體上，背景也就產生了「失焦」的現象，這個畫面來的效果也就是前景主體清楚突出於模糊的背景了。

二、跟焦的運用原則

由於電視製作經常拍攝活動中的物體，因此跟焦（Follow focus），亦即能持續地調整鏡頭焦距，以維持畫面清晰，便是一項重要的專業技術。當一個畫面中主體在移動時，無論是靠近或遠離攝影機，都會變動到焦距，攝影師應掌控攝影機的焦距，以配合動作中的主體，使其維持在清晰的焦距範圍內。

三、白平衡

在拍攝之前，應該選擇與光線條件相適應的合適色溫濾光片，這一點確定之後，下一步就是「白平衡」。為了達到這一點，應該將攝影機聚焦在純白的物體上，通常是一張卡片或者一件乾淨的白襯衫的背面，然後按下白平衡或自動的白平衡按鈕幾秒鐘。當內部白平衡成功時，一些攝影機的取景器裡會出現光線，當然也有一些攝影機需要操作者自己揣測達到白平衡的時間。

前聚焦

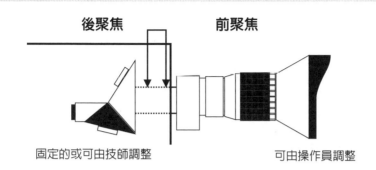

後聚焦　　　　　　　前聚焦

固定的或可由技師調整　　　　　　可由操作員調整

後聚焦

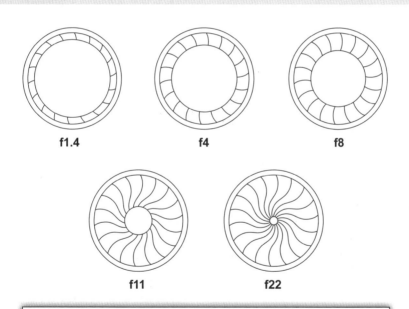

f1.4　　　　　　　f4　　　　　　　f8

f11　　　　　　　f22

> ☆ 通常在電視攝影中使用的全 f 值有：
> f-1.4、2、2.8、4、5.6、8、11、16 以及 22。常引起人們困惑的
> 是，f 值刻度增高，光圈的開口會減少，允許通過鏡頭的光線就
> 會隨之減少，反之亦然。

UNIT **5-3**
景深與透鏡

一、景深

1.定義

（1）所謂「景深」（Depth of field）就是景物在畫面上清晰範圍的深度。

（2）校好焦距後，被攝體最近至最遠的清晰部分。例如：透鏡的焦點，對準距離攝影機 12 英尺的模特兒，拍攝出來的畫面，除了主體之外，前後景的某一區域的銳利度仍然是可以接受的。

（3）當被攝體距離攝影機愈遠，或透鏡的焦距愈小，景深則愈大。

2.焦距景深

（1）每個攝影機透鏡（Lens）都有一個特定的焦距（Focal length），是透鏡至焦距平面的距離。

（2）標準透鏡的焦距等於每個畫面的對角線。

（3）使用相同光圈時，廣角透鏡的景深比望遠透鏡的景深大。

3.影響景深的因素

（1）包括：透鏡的焦距、光圈的組合及透鏡與被攝體的距離。

（2）光圈愈大，景深愈小，反之則愈大。

（3）舉例說明：使用 3 個不同焦距的透鏡拍攝，但全都使用 f5.6 光圈。當用 28mm 廣角透鏡時，景深範圍從 6 英尺至無限遠，使用 50mm 標準透鏡時，景深包括 8 至 13 英尺；用 135mm 望遠透鏡時，景深範圍不足 1 公尺。

二、透鏡種類

若攝影機和被攝體的距離不變，則不同尺寸的透鏡就會產生不同大小的圖像，若根據其焦距和角度來分類，可分為標準透鏡、廣角透鏡及望遠透鏡。

1.標準透鏡：這種透鏡產生最小量的變形，例如：透鏡的焦距是 50mm，攝影與被攝體有這樣的距離，便會產生較大並清晰的特寫畫面。

2.廣角透鏡：短焦距＝廣角透鏡：這種透鏡的視度甚廣，在封閉的空間中攝影特別有用。其次，拍攝的影像會在透視上產生變形。例如：在拍攝雙人或 3 人鏡頭時，能誇大兩位演員之間的空間，將其一推向畫面的某一邊，並且身形在相對之下顯得更小。

3.望遠透鏡

（1）長焦距＝望遠透鏡：焦距比標準透鏡大。其次，望遠透鏡的角度甚窄，同時會壓縮前景和背景之間的空間，而將遠處的物體往前進到攝影平面上。例如：新聞事件、運動比賽及自然景觀等。

（2）可將兩人的距離拉近，且身形大小相同，但觀眾的注意力會集中在面向鏡頭的人。其次，仍需用布景和燈光來製造空間的深度。

三、良好流暢的攝影機運動

其可以帶來新的視覺效果，使得起始和結束畫面之間沒有「沉寂」的圖像區域。專業的拍攝是在無論單機或多機的的條件下，都能透過攝影機跟隨行動者的移動而將其本身的運動隱藏起來。包括：

1.由運轉攝影機而產生的電視鏡頭有以下八種：（1）搖鏡（Pan）；（2）推拉鏡（Dolly）；（3）橫行鏡（Truck, Crab）；（4）弧鏡（Arc）；（5）升降鏡（Pedestal）：（6）高架鏡（Crane）。（7）頭鏡（Tilt）；（8）促鏡（Zoom）。

2.這些鏡頭的應用，在一般的電視節目製作上，普通的電視攝影使用次數最多、操作最方便的鏡頭，計有「頭鏡」、「搖鏡」、「推、拉鏡」和「促鏡」等四種。

景深與透鏡的運用原則

焦距

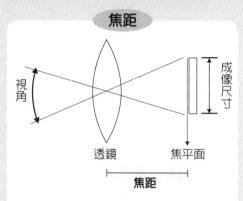

焦距＝透鏡到焦平面的距離

景深

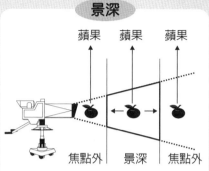

景深＝調校好焦距後，被攝體最近至最遠的透鏡清晰部分

透鏡

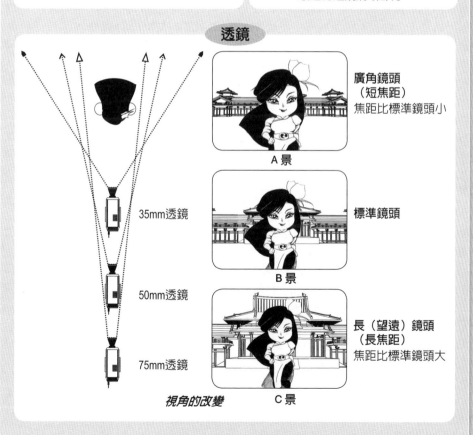

35mm透鏡

50mm透鏡

75mm透鏡

視角的改變

廣角鏡頭（短焦距）
焦距比標準鏡頭小

A 景

標準鏡頭

B 景

長（望遠）鏡頭（長焦距）
焦距比標準鏡頭大

C 景

UNIT **5-4**
搖鏡、推拉鏡的應用原則

一、搖鏡的應用原則

　　搖鏡頭（Pan）是指在拍攝一個鏡頭時，攝影機的機位不動，只有機身作上下、左右的旋轉等運動，其原理類似於人站著不動，只轉動頭部去觀察事物一樣。搖鏡頭的主要作用有以下五點：

　　1. **介紹環境**：描述場景空間的景物，有引見、展示的作用。例如拍攝人、物體以及遠處的風景。

　　2. **介紹人和物**：畫面以一個被攝主體轉向另一個被攝主體，爲觀眾讀取畫面的訊息，一般從起幅開始搖，然後停幅，最後落幅停止，交代展示畫面訊息。比如展現會場上的人物、展示模特兒身上的服裝。

　　3. **跟隨移動的主體**：例如：一個人從沙發的右邊繞到左邊，鏡頭可以隨他來 Pan 動，會更有完整性，且能保持觀眾的注意力。再比如：駕車、賽馬、奔跑等，都可以用 Pan 來跟隨主體的移動。

　　4. **更能表現動感與速度**：例如：有一輛急駛的汽車，我們將鏡頭朝著它，以 Pan 的方式跟隨移動，汽車從我們的面前駛過……鏡頭也跟著。

　　5. **代表劇中人物的主觀視線，表現劇中人物的內心感受**：在鏡頭組接中，當前一個鏡頭表現一個人環視四周，下一個鏡頭用搖攝所表現的空間就是前一個鏡頭裡的人所看到的空間。此時搖鏡頭表現了戲中人的視線而成爲一種主觀性鏡頭。

二、推拉鏡（Dolly）的應用原則

　　攝影機的機頭（鏡頭）不變，而將底座前後移動，向前推進謂之「推鏡」（Dolly in），向後拉遠謂之「拉鏡」（Dolly back）。

　　1. **突顯某個主體**：在觀眾看到整個環境後，用「推鏡」把拍攝範圍縮小，讓觀眾注意場景內的某人或某物，會增加趣味性。用「推鏡」逐漸接近動作中最有意義的部分，會增加那個動作的衝擊力，比如把攝影機向著表演的歌手臉部推進，誇大其表情，最能引人注意。

　　2. **激發觀眾共鳴**：用「推鏡」跟著主體移向新目標，例如演員氣勢洶洶或歪歪倒倒向著目標移動時，攝影機也以同樣的速度和態度向前推進，觀眾的情緒就會受該演員的感染，如同身臨其境，而產生共鳴。

　　3. **擴大視野**：用「拉鏡」可由單一主體擴張，而顯示相連的其他主體，比如鏡頭由樂隊指揮的近景拉開，逐漸顯出整個樂隊的偉大場景。

　　4. **使觀眾有如親臨現場**：例如：如果拍攝一個人開門走進房間的鏡頭，以推鏡的方式跟著他進入房間，會使觀眾變成以主觀的方式去看，好像自己跟著他進入房間。

　　5. **使觀眾自己有如是劇中人**：例如：拍攝一個小偷在群眾中奔竄，警察在後追捕，以推鏡的方式緊跟在那個小偷後面，就會有觀眾變成警察的立場，如同自己在群眾中追趕小偷一般，而不是客觀的在旁邊看熱鬧。

搖鏡（Pan）、推拉鏡（Dolly）圖示

搖鏡（Pan）

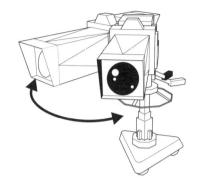

向右搖攝

推拉鏡（Dolly）

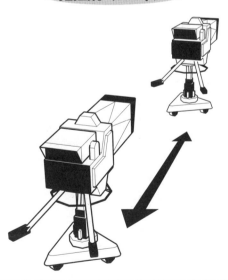

UNIT 5-5
橫行鏡、弧鏡的應用原則

一、橫行鏡的應用原則

「橫行鏡」（Truck, Crab），也叫「側鏡」，或「蟹行鏡」，其動作略如螃蟹之橫行也。這個鏡頭的動作，是將攝影機的機頭與所拍攝的一排主體保持著同等距離，而將機座底盤向兩側平行推動，向左推就叫「左橫鏡」或「左側鏡」（TL），向右推就叫「右橫鏡」或「右側鏡」（TR）。為使左右橫行平穩，有時需要把攝影機架在軌道或推車上，以便推動。

1. 可拍攝在同一線上的許多主體：例如：有一班士兵排成班橫隊，我們要清晰的帶出每一個人的正面特寫，就要運用 Truck，把每一個人的特寫以同樣的大小一一的顯示。

2. 可跟隨主體移動：例如：我們從車外，透過車窗拍攝行駛中的汽車裡的人物，我們就必須用 Truck，也就是將攝影機擺在另一部汽車上，以同樣的速度與所拍攝的主體平行前進，這樣才能夠拍到車裡的人物，且保持同樣的角度。

3. 可看到主體更多的部分：例如：我們拍攝一個人，從他的左邊向右 Truck，畫面上我們可以看到這個人的右半部，一直到正面，再看到左半部。

4. 可使主題保持原狀不變形：例如：拍攝展覽架上陳設的各種物品、欣賞長幅的照片或繪畫如「長江萬里圖」等等。主體在「橫行鏡」下仍能保持原狀，而不致扭曲變形，是橫行鏡的主要功能。

二、弧鏡的應用原則

「弧鏡」（Arc）也是由攝影機運轉的動作而得名，就是把鏡頭面對位置固定不變的主體，或為呈現主體活動的方向不變，而推動攝影機，圍繞著主體，作環形拍攝。不過，因為攝影機有電纜線聯繫，圍著主體轉半圈尚可，要轉一整圈就難了，這時不如變換攝影策略，讓主體對著鏡頭轉動；可見使用弧鏡是有限制的。

1. 對固定的主體可保持一定的距離或景像大小：如果我們想要移動攝影機改變攝影角度，做出某些畫面的變化或效果來，但又不願拍攝主體畫面中的大小因之改變，我們可以用 Arc 來達到這個目的。

2. 拍攝圓形排列的每一個主體：例如一張圓的餐桌，大家圍坐在餐桌吃飯，我們要拍攝每一個人吃飯的表情，就要運用 Arc 來將每一個人的吃相一一地表現出來。

3. 拍攝主體的各個面，會有整體的連貫性：例如我們拍攝一個美人左側臉的特寫，運用弧鏡可以慢慢移到她的正面……再移到她的右側面，每一部分都能清楚明顯又完整連貫的表達出來。用變化鏡頭的方式表達，就不如弧鏡來得柔美且連貫。

4. 用「弧鏡」使主體的角度逐漸變化：可提高觀賞的興趣，比如看一座雕像，能呈現各處完美的組合。

橫行鏡（Track crab）、弧鏡（Arc）圖示

橫行鏡（Track crab）

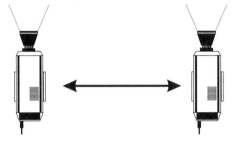

向右移動拍攝

弧鏡（Arc）

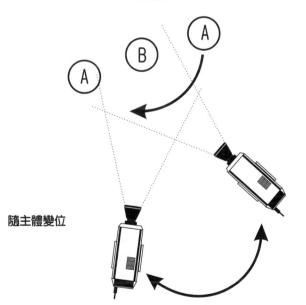

隨主體變位

UNIT 5-6
頭鏡、促鏡的應用原則

圖解電視節目編導

一、頭鏡（Tilt）的應用原則

攝影機底座位置不動，而只將機頭部分抬高，叫作「抬頭鏡」（Tilt up）；若將機頭部分向下壓低，叫作「低頭鏡」（Tilt down）。「抬頭鏡」也叫「搖上」（Pan up），「低頭鏡」也叫「搖下」（Pan down）。

「抬頭鏡」的用途，是從下向上看主體，形成仰角，使主體顯示高大、權威，如小孩仰望大人、大物等等。

「低頭鏡」的用途，是從上向下看主體，形成俯角，使主體顯示短小、微弱，如巨人俯視小孩、判官怒目逼視犯人等等。

若先把機座降低，然後再取「抬頭鏡」；或者先把機座升高，然後再取「低頭鏡」，其仰角和俯角的效果會更明顯。

二、促鏡的應用原則

「Zoom」按字音叫「促鏡」，也可以按字意叫「伸縮鏡」。「促鏡」是附設在攝影機透鏡前面的一種裝置，它的功能是可以手動或自動變換焦距，以便接近或遠離被攝主體，而不必移動底座。鏡頭從遠到近叫作「促近」（Zoom in），從近到遠叫作「促遠」（Zoom out）。「促鏡」伸縮遠近的範圍不同，各依促鏡的倍數而定，促鏡的倍數大小，各依攝影機大小及其用途而設，普通棚內攝影需要的倍數較小，而戶外攝影則需要較大的倍數。例如促鏡焦距若能由廣角鏡頭9mm到望遠鏡頭126mm，即126÷9=14倍，

這算是比較小的倍數，適合棚內攝影，戶外攝影視野較廣，促鏡的倍數可以再加大一倍，或更大些。

促鏡的運用原則主要有：

1. 可使畫面產生變化：我們已經知道促鏡可使畫面由遠推近或由近拉遠，運用其特性來表現我們所要表達之目的。例如：欲拍攝一個歌星唱歌的全身景（F.F.），這個畫面停留了很久，但此時又沒有讓我們換鏡頭的動機，而且歌星又無特殊動作，而使畫面成為靜止狀態。時間久了，自然引不起觀眾的興趣，為使畫面不呆板，我們可以使用Zoom，從他的全身景開始「促近」到特寫（C.U.），這段時間雖然演員不動，但畫面卻不斷在改變，有了變化，觀眾的視覺感受也不知不覺的在改變，就不會對一個停留過久的畫面感到厭煩無趣了。

2. 集中觀眾的注意焦點：愈是「促遠」鏡頭的角度愈廣，愈能拍到更大的範圍；愈是「促近」鏡頭的角度也就愈窄，所能拍到的範圍也就愈小，其畫面也就愈能集中觀眾的注意焦點。例如：服裝介紹的節目，主持人與模特兒都在場中，剛開始拍攝一個全景、模特兒開始表演時，慢慢將鏡頭「促近」到模特兒一個人，讓觀眾的注意力集中在模特兒身上，否則主持人的一舉一動都可能分散觀眾的注意力。

3. 跟隨視線的轉移：例如：一個人將頭轉過去或轉身去看遠處的東西，我們就跟隨著他的視線轉移，「促近」到他所看見的東西。

頭鏡（Title）、促鏡（Zoom）圖示

頭鏡（Title）

向上仰拍

促鏡（Zoom）

UNIT 5-7
升、降鏡與高架鏡的應用原則

一、升、降鏡的應用原則

所謂升降鏡頭（Pedestal）是把攝影機安放在升降機上，借助升降裝置一邊升降一邊拍攝。

小型電視攝影機，裝在小機座上，機座連結三腳架。這種簡便機座的升降幅度較小，三腳架下有轉輪向可活動，若無轉輪，也未裝在底盤或推車上，就無法活動自如了。

重型攝影機裝在較大的機座上，機座有支柱連結底盤，底盤護板內藏著三個轉輪，由機座下的駕駛盤操控轉輪移動的方向。這種裝備，上下、左右、前後，可以活動自如。

機座的英文是 Pedestal，簡稱 Ped.。攝影時將機座升高的動作，叫作「升鏡」（Ped. up），降低的動作叫作「降鏡」（Ped. down）。升降的幅度約有 3-6 呎。

「升鏡」的主要用途，是為拍攝高度超過攝影機的主體。同樣，「降鏡」的主要用途，是為拍攝那些低過攝影機的主體。這樣把機座升高或降低，來適應被攝人物的實際高度，畫面上出現的人物才不致變形。

升降鏡頭的特點與作用有以下五點：1. 有利於表現高大物體的各個局部。2. 常用來展示事件或場面的規模、氣勢和氛圍。3. 有利於表現縱深空間中，點和面之間的關係。4. 可實現一個鏡頭內的內容轉換與調度。5. 可以表現出畫面內容中，感情狀態的變化。

升降鏡頭在拍攝時需注意升降鏡頭的升降幅度要夠大，要保持一定的速度和韻律感。

二、高架鏡的應用原則

一般電視攝影機的機座升降幅度有限，為擴大升降效果，於是就仿照拍電影的技術，把攝影機裝在特別設計的升降高架上（Crane），遂產生「高鏡」（Crane up）和「低鏡」（Crane down）。

高架大小不同，其升降幅度小的 2-7 呎，大的可能 3-20 呎，操作的人數 1-3 人都有，有的用手推動，有的用電力推動。高架運轉的方向，除了機頭部分可以「左、右搖」及「抬、低頭」等以外，高架本身尚有「高、低」、「推、拉」、「左、右橫行」等等。大型「高架鏡」可以「左、右搖」180 度，機頭部分甚至可以旋轉 360 度。

「升、降鏡」（Ped.）不僅受到機座本身的高低限制，更容易受到布景道具等環境的限制，不便如意活動。而「高架鏡」（Crane）的特殊設備，卻能超越「升、降鏡」所受的限制，並能擴大「升、降鏡」所能發揮的效果。

「高鏡」的最大功能，是可以伸展長臂，凌空鳥瞰大場面的表演，如大型歌舞、各種運動比賽、盛大遊行、千軍萬馬的戰場等等。「低鏡」的最大用途，是可以從地平線上用低角度觀看地面上的事物活動，如大廳上行色匆忙的腳步、地上爬行的動物等等；也可以從山腳仰望高山大樹等等。

「高架鏡」的特別功能，的確使導播取景的範圍大為增加，但也必須付出較大的操作場地和較多的人力。

升降鏡（Pedesta）與高架鏡（Crane）圖示

升降鏡（Pedestal）

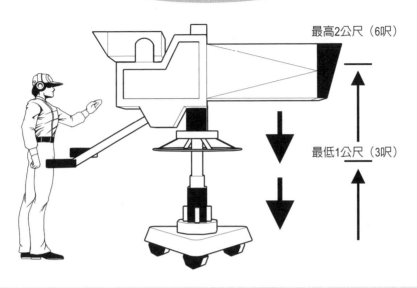

最高2公尺（6呎）

最低1公尺（3呎）

高架鏡（Crane）

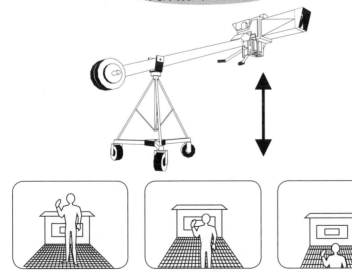

上升攝影機拍攝

第 **6** 章

取景構圖（上）

· · · · · · · · · · · · · · · 章節體系結構 ▼

UNIT **6-1**
畫面構圖的重要性

一、畫面構圖的定義

遵循一定方式來安排畫面中的視覺元素，例如：線條、塊面、色彩和光影，進而形成令人滿意的圖像，亦即是在最大程度上的合理布局。而畫面構圖的原則，通常是爲了提供令人愉快的視覺體驗。

二、畫面構圖的重點

1. **攝影師的挑戰**：拍攝的主體是畫面構圖，是最具支配性和影響力的因素，但對攝影師來說，在設計視覺效果的時候，拍攝的主題往往已由別人幫他選定目標了，所以攝影師不得不利用有限的素材，謹慎地選擇用什麼樣的技術，來完成一個最佳的視覺設計，透過創造和控制畫面來營造出要傳達的氣氛。

攝影師也要使用各種方式在畫面間進行切換，以維持觀眾對畫面內部封閉空間的興趣，並利用攝影機運動使視角平滑過渡而不會分散觀眾注意力。

2. **會影響構圖和觀眾的因素**

（1）照明、色彩、場面調度、攝影機的運動，都會影響畫面構圖和觀眾所接收到的訊息，但他們自身卻不會被包含在最終的畫面裡。

（2）「攝影的流派」，各個攝影流派的拍攝風格和習慣，還有當前流行風格類型，都會影響畫面結構。

（3）有些不斷革新的攝影技巧，包含移動攝影機、突然將鏡頭從一個目標搖到另一個目標，還有其他誇張的拍攝手法，都是故意向觀眾炫耀製作手段的作法。

3. **直覺**：攝影師隊伍流傳一種說法——「畫面構圖是一種直覺。」畫面構圖是視覺傳播技巧的核心，卻也被認爲是一種難以描摹的天賦、才能。

藝術教師強尼·艾特恩（Johannes Itten）給他的學生們這樣的一句建議：如果你於懵懂之中就能夠創造出偉大的作品，那麼懵懂就是你的道路；但如果你從來不能創造出你知識以外的東西的話，那麼你就學習吧！

可見得，擁有完美的畫面構圖、完美的視覺感官設計，是需要天賦的。有些人只能規規矩矩的學習具有規則性的畫面構圖，他無法設計出規則以外的完美作品。但有天賦的人，即使不用學習，也能做出完美的構圖，甚至比規規矩矩的構圖還要令人驚艷。

而好的視覺溝通技巧不是上天賜予的禮物，而是從不斷的成功和失敗中獲得教訓。通常，我們沒有很多時間去分析所面對的現場，唯一能夠依賴的就是長年累積的經驗。

三、畫面構圖的重要性

一個好的構圖畫面，應用「簡單、直接」的方式傳達訊息，而不需要透過旁白說明、揭示、或探討其要傳達的訊息。好畫面會突出組織、圖案、形狀、型態等元素，這些元素向觀眾提供順暢、有效的閱讀畫面方法。

而視線的運動應該是持續的、流暢的，沿著攝影師提供的路徑去移動視線，觀眾才不會被誤導到畫面中不重要的視覺元素上。如果視線在畫面中的活動受到阻礙，如果畫面中有一些區域使得觀眾目光停滯，那麼一種不舒服的意識會出現，而觀眾的注意力也會終止。所以，攝影師必須考慮到畫面是否已經不需要任何額外的說明，就可以讓觀眾理解他所要傳達的訊息。

畫面構圖重要性

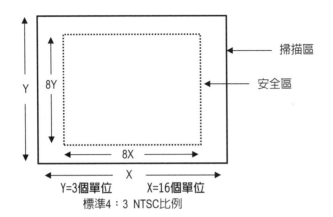

掃描區

安全區

Y=3個單位　　X=16個單位
標準4：3 NTSC比例

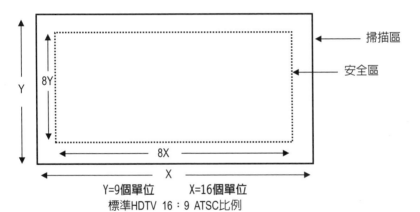

掃描區

安全區

Y=9個單位　　X=16個單位
標準HDTV 16：9 ATSC比例

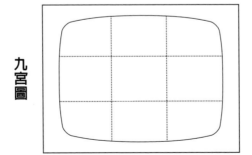

九宮圖

UNIT 6-2
畫面構圖的原則

一、攝影構圖及影像名稱

電視節目是由許多的畫面組合而成，必須考慮連續畫面銜接的合理性，以及銜接是否順暢。所以自然需要運用許多不同的構圖，以免顯得呆板無趣。

電視構圖，有一些通用的名稱，但每個導演所認定的標準並不盡相同，必須在拍攝的現場，以 Monitor（監視器）的畫面，再做構圖上的確認。通常，光影、色彩，以及人物之布局所產生的畫面造型，都會對影片的美感，及戲劇的感染力構圖（Composition）產生很大的作用。

電視構圖不同於照相構圖，相片是靜止的，而電視則處於不斷的變化之中，包括攝影機與人物的運動產生變化。但影片是由許多靜止的構圖組合而成的（電視每秒三十格），所以影片中的每一個畫面，都應考慮到美感，並講究構圖的方式。

構圖處理的首要任務，就是要突出主體形象，要達成這個任務，必須正確地選擇和確立主體的位置，並合理的處理主體與客體、或主體與環境的關係。

二、構圖的考慮項目

1. **布局**：包括環境的布置、人物地位的調度、人物之間的關係、人物和環境道具陳設的關係等安排。

2. **空白**：畫面除了人物和道具之外，還要留下應有的空隙，這樣可以突出人物，有助於人物思想動態和意境描繪，也可以帶來動向，替人物造成一定的氣勢。

3. **線條**：即構成畫面粗細、平直、曲狀、斜體的條紋。每種線條都有它的特性與它相應產生的效果。

4. **平衡**：指在進行畫面構圖時，必須達到的均衡、穩定的布局狀態。畫面中各個對象之間的關係可能有大有小、有密有疏、有遠有近，有可能畫面中間或各個角落，構圖的目的就是要將它們布置得疏密及遠近都合宜，避免偏重一部分而疏忽另一部分，這就是平衡。

5. **對比**：指畫面構圖布局中不同因素之間的對比，即畫面中有主次、有對立、有突破的狀態。對比是很有力的表現手段，在不同的安排之下，可以有千變萬化的結果。

三、畫面構圖的運用

構圖的考慮項目是為了方便表達與溝通而定的一個標準，如何來溝通工作人員的畫面，則要談到「構圖」！懂得構圖的人與不懂得構圖的人所取出來的同樣一種大小或尺寸（size）的畫面，給觀者的感受是大大不同。一幅構圖完美的畫面，給人非常舒服的感覺，構圖不佳的畫面，讓人看了感覺「難過」！好的構圖可以彌補原本的不足，把美麗的景象更加美化！不好的構圖不但表現不出原本的優點，反而會更將其醜化。

攝影師隨時要取出優美的畫面給導播使用，而導播也會要求攝影師取某種圖像，若構圖不佳，導播則應立即改正。這種審美的直覺是經由不斷的經驗累積而來，所以必須多學、多看、多做、多想，磨練多了，只要一看便能知道如何攝取優良構圖的畫面，導播尤其更應不斷磨練，否則如何指揮工作人員？如何製作出優美的畫面？遑論能導出好的節目！

有關構圖的幾點原則

X 不用	O 可用	
		黃金比例 的分割
		只包括要 說明故事所 必須的範圍
		畫面平衡 右邊留白
		拍全景時 要形成框架

UNIT 6-3
影響電視畫面構圖控制的因素

一、構圖的定義

　　所謂構圖，就是指圖像創作者在某些觀念的指導下，以特定的表現手段和材料建構、記錄對象、表達思想情感、生產傳播意義的過程。事實上，構圖的本質可以從廣義與狹義兩方面來看。廣義方面，是指創作者從選材、構思到造形體現的完整創作過程。其次，狹義方面，是指畫面的布局和構成，也就是在一定的畫幅格式，篩選對象、組織對象、處理好被描繪對象的方位、運動方位、透視關係，以及線條、光線、影調（Tone，指物的明暗關係表現在影像上的明暗層次）等造形元素的配置。

　　至於構圖的控制，是將視點、照明、曝光以及一系列如平衡、色彩對比、平面或線條透視等視覺元素加以組織起來，以吸引觀眾的注意力。

二、影響構圖控制的因素

　　1. 視覺設計技巧：是由對故事主體關注或節目需要而在一系列的選項中做出判斷結果。好的視覺設計作品包含個人創造力元素和大量知識。例如：光影、個體與場景間的關係、外型、畫面、平衡、明暗、線條等等。

　　2. 文化影響：構圖技巧原則不會隨時間變動，但某些技法只會在某特定時期流行。畫面設計應能夠契合每個時期不同文化中，人們的審美需求，如同他必須滿足訊息傳遞的要求一樣。各種美學觀念會隨文化和時尚的變化而變化。

　　3. 變化的時尚：影視作品的風尚會不斷變化，但這種變化更多發生在內容上，而不是在構圖方式上。而鏡頭的構造一直

隨著年代在更新，用來表現時空的剪輯手法被改寫，敘事的法則也不斷被挑戰，但很多構圖規則被保留下來。

　　例如 1910 年代第一次被使用的「雙人過肩鏡頭」、1912 年影片《流浪者》中，鏡頭在兩人對話發生時，從相對的角度交替拍攝人物的臉。這些雖然是很久以前就出現在構圖規範，但到現在仍然有許多影片廣泛使用。

　　而有些導演，也會在影片中加入神祕、懸疑的畫面構圖，這些畫面是用來保留一些訊息，以便在故事過程中滿足觀眾的好奇心，這類的手法從以前到現在也是不斷的被運用。

　　總結上面的重點，一個好的畫面構圖，是利用鏡頭，將客觀事物在美學上，利用各種元素做一個最佳的搭配。它應該是簡單、強烈，並且能用清晰、精確和經濟的方式來實現所要傳達的事物。

三、構圖的目的

　　構圖的主要目的在於使畫面產生美感，讓觀眾看了成為一種享受，並且達成某種戲劇效果，在不知不覺直接打入觀眾的心裡，而吸引住觀眾。導播對藝術造詣的高低，也可從「構圖」看出。

　　要為藝術這東西下一個規矩是不可能的，對構圖的正確與否，我們也只能說它「較好」或「較差」，因為我們無法為它明確的規定；而是以你如何去表現，以及觀者的感受來判定。下一節所要討論的構圖或景象鏡頭，只是一個基本的原則，在學習成長的過程中，必須由基本的原則開始，經過長久不斷的磨練，才能熟能生巧，做出更細膩的構圖。

構圖圖示

X 不要這樣做

○ 要這樣做

X 不要這樣做

○ 要這樣做

影響構圖控制的因素（文化影響）

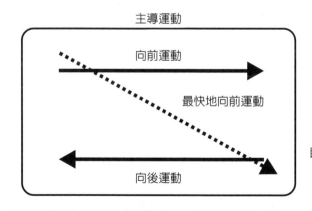

美國文化中，從左向右運動表示向前，相反地，從右向左運動表示返回。

UNIT 6-4
選擇景像鏡頭的方法和目的

一位優秀的導播，在計畫任何景象鏡頭時，要達成構圖上的四種任務：第一，很明確地顯示出目標。第二，清晰悅目地將目標顯出。第三，適時達成戲劇或情感上的效果。第四，供給各種不同合適的圖像。爲了達成這種要求，所以導播有如下四項選擇的要素，包括：1.影像鏡頭（field of view）——在銀幕上顯示場景地區之大小或多寡，分爲中景、遠景、近景。2.攝影角度（Camera angle）——攝影方向，以觀眾的方向對目標攝影的角度。3.攝影機的運動（Camera movement）——指攝影機位置的上下左右前後平移效果。4.特殊攝影效果（special camera effect）——使用攝影機和其他相關器材，可以做出很多效果。現在我們再詳細研討導播做這些基本選擇時，可採取的行動。

一、影像鏡頭的選擇

導播所做的第一個決定是要顯示目標的多寡。他須決定是一個人亦或是兩個人的景象，是用遠景、中景或近景，以及確定每一景象開始和結束的時間。

1.「遠景」：遠景主要的用途是環境介紹，一般在使觀眾瞭解場景和各種因素的關係，如門與窗的距離、窗戶與壁爐相關的地位等。

2.「中景」：中景係顯示遠景與近景之間的任何人和物，用於連接遠景與近景之關係。

3.「近景」：也就是特寫，常用來強調戲劇的重要性。導播若選用強調細節的「特寫」，就可改變整個場景的意義了。

4.特寫和遠景之組合：現實常用的一種景象是特寫與遠景的組合圖像。組合圖像常常用來讓觀眾能夠瞭解整體環境，並且知道演員位置與表情動作，讓空間與個人能夠在觀眾的腦海中連結起來。

二、攝影機角度的選擇

所謂攝影機角度，就是由攝影機觀視目標的方向。在兩個景象之間變換攝影機的地位，就會改變攝影機側面圖像的角度（lateral angle of view）。例如：攝影機可以用特寫取出整個臉部或臉部的四分之三或側面圖像。改變側角就可以改進目標的明晰度。進一步而言，攝影機具有各種不同高度的意義，主要是在使景像能傳達戲劇的效果。由下方往上看同一目標是表示尊敬或崇拜，由上方往下看同一目標是表示輕視或鄙視。另外，通常運動性比賽需要高角度的攝影，如此才能夠顯示全場運動員的移動狀況。

三、攝影機運動的選擇

大部分攝影機運動都是用來跟隨演員的動作。如果「一幅兩人的腰上景」，是顯示兩個人談話最好的影像鏡頭，而且在地位上要求他們在景前走在一起的話，攝影機最好隨同他們實行左右推攝，或前後退攝，在整個動作上要保持同樣高度的景像，只是改變他們後方的背景而已。

四、特殊的主觀攝影

攝影機角度的選擇，也可以根據導播使用某一種特殊主觀攝影的願望。若顯示經由某位特殊人物的眼睛所見的景像時，攝影機就可使觀眾處於該人物的地位。

陪襯與強調

一個景像能達成三種目的

清晰顯出目標

構圖良好

達成戲劇效果

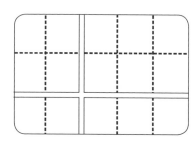

一般景物注意，上下左右陪襯之比例

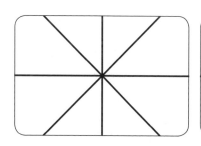
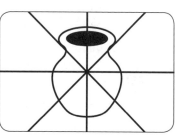

為強調某一主體時，應占中心位置

UNIT 6-5
取景方式（一）：依景別分

所謂取景方式依景別分，即依被攝景物或人物於圖框內的大小分：

一、大遠景（Extreme long shot, E.L.S. 或 B.L.S.）

用廣角鏡頭拍攝一個遼闊區域，通常是由高角度拍攝的畫面，用來使用於開場或結尾，以說明完整的場景內容，或是提示寬廣開闊的空間。大遠景中的主題很小，且包含了許多背景的訊息。畫面中的主體看起來小，但可以交代主體與主體、主體與大環境間的關係。

二、遠景（Long shot, L.S.）

遠景中的主體較「大遠景」大，但整體畫面上看來背景的訊息還是較多。而且不論是大遠景或遠景，通常都被用於說明主體間的關係，包括方向與動向的確定。

三、全身景、全景（Full shot, F.S.）

指拍攝一個人，將其身體全部容納在鏡頭中，有時可與遠景互通。

四、中景（Medium shot, M.S.）

介於特寫與遠景鏡頭之間的取景方式，中景在視覺中所呈現的是，忠實傳達與平穩節奏的意涵。以中景來表現一個人物，最典型的視覺範圍是從該人物的膝蓋以上來拍攝（膝上景，K.S.）。中景是任何節目中使用最多的構圖，它能平實交代主體的動作與景物，用以銜接視覺的流暢性。在剪接的順序中，中景具有將遠景引渡到特寫的實用功能，中景也常被稱為中鏡頭。

五、中近景（Medium close shot, M.C.S.）

表現人物腰部以上的活動情形，介於中景和特寫間的一種取景方式，它使人物在表演時有自由活動的空間，同時不會因此與周圍氣氛、動作地點脫節。中近景在拍攝劇情片人物時經常使用（腰上景，W.S.）。

六、近景（Close shot , C.S.）

介於中景和特寫之間的鏡頭，是一種中庸的手法，它可以同時獲得特寫鏡頭和中景鏡頭的優點，又無特寫鏡頭的強烈，也無中景鏡頭細節描述的不足（胸上景，B.S.）。

七、特寫（Close up, C.U.）

經由近距離拍攝的人或物的放大，或細節描繪的鏡頭。特寫是強而有力的表現手段，不僅可以細緻地表現人物的臉部表情，或突出物件局部及事物細節，也可以加強劇情節奏。一般而言，特寫鏡頭可以用來：1. 引導觀眾的注意力。2. 建立對影片中人物的認同感與接近感。3. 孤立出一個場景中的細節。4. 創造影片場景中的視覺變化。5. 提供重點。

八、大特寫（Big close up, B.C.U）

指一種構圖非常緊的特寫鏡頭，能將一件微小的物體、或人物某一部位誇張放大。大特寫的鏡頭可以有效的產生戲劇撞擊力，及強調戲劇重點。大特寫為單純對一景物描寫的構圖方式，並不保留主體旁的背景。人體中的大特寫與一般特寫不同，幾乎不將背景攝入。例如眼睛的大特寫，就只有單純的眼睛，頂多再加上周圍的皮膚而已。

取景方式：以人體部位取景

遠景

胸上景

全身景

特寫

膝上景

大特寫

腰上景

最大特寫

UNIT **6-6**
取景方式（二）：依角度分

長久以來，對於各種攝影角度在技術上、美學上和心理上的特性，導演和攝影師有一套相當定型的看法。

一、水平鏡頭（Eye-level shot）

又稱為平角度鏡頭，其被認為比較接近平常的生活情況，也比較不帶戲劇性。它的目的在於提供一個正常的觀點，拍攝的高度通常是4呎到6呎。演員的視平線決定攝影機的高度，而非攝影師的視平線。尤其在拍攝演員臉部特寫的時候，格外重要。這種鏡頭由於符合一般人身高狀態下的視覺習慣，並且提供的是一種正常的觀點，因此一般認為對於建立現場形勢、為觀眾提供參考指標，相當有用。所以水平鏡頭經常被採用，它給人一種安定、平穩的感受。

二、低角鏡頭（Low-angle shot）

低角度是低於視平線的位置向上仰拍，所以又稱為仰角鏡頭。它常有很高的戲劇性，可以增加人物的氣勢、自大及優越感，所以我們經常看到電影描述一位英雄的出現，大多是以仰角拍攝，來製造出不凡的氣勢。較低的視覺角度可以使畫面中的人物凌駕於觀眾之上。它的另一種特性，就是讓動作感變快。我們常見的汽車追逐的畫面，經常使用這樣的角度。

三、高角鏡頭（High-angle shot）

高角度是從高於視平線的位置向下俯拍，又稱為俯角鏡頭，它可以含括比較多的動作和地面上的景物。由於透視的關係，它會使動作感減緩，使被攝物變得比較矮小。高角度鏡頭的主要價值，在於它可以從最有利的主宰角度來觀看場景。

這種將人物縮小的特性，會連帶產生心理上的效果，比如說：可以表現出主體的渺小與孤獨的感覺。

四、斜角鏡頭

又稱為破水平的畫面，這是一種特殊的構圖方式，其目的是為表現畫面失去平衡，產生不安、衝突、打鬥、災難或情緒失控的作用。這種鏡頭極具戲劇性，為主觀鏡頭的一種。有些綜藝節目為求畫面視覺的誇張，也常用傾斜鏡頭。

五、主觀和客觀鏡頭

所謂客觀鏡頭就是以觀眾的觀點看事物，攝影機放在場景邊上不與劇中人物扯上關係，透過一個看不見的觀察者觀賞劇情。演員不能直接注視透鏡，不能感覺出來攝影機的存在。

主觀鏡頭是把觀眾放在劇情裡，攝影機的透鏡就是觀眾的眼睛，或將攝影機與劇中某人交換位置來觀察人間事物或事件。另一種主觀的類型就是電視新聞裡的主播，負責直接對著鏡頭說話。而歌星也是直接對著鏡頭唱歌，廣告明星則是對著鏡頭為商品宣傳，直接來吸引觀眾。這些方式就是把攝影機透鏡當作觀眾的眼鏡，與觀眾建立一種「眼對眼」的關係。奇蹟劇、紀錄片和講故事的題材也是用此種主觀的處理方式。

取景方式：依角度分

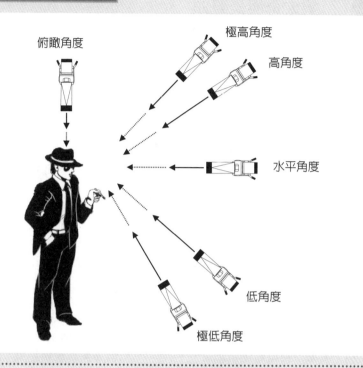

極高角度

俯瞰角度

高角度

水平角度

低角度

極低角度

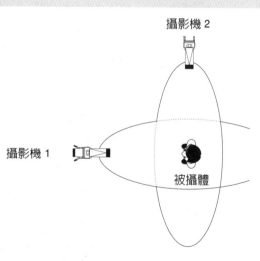

攝影機 2

攝影機 1

被攝體

拍攝角度分別為垂直方向（拍攝高度）和水平方向（拍攝方向）

UNIT 6-7
蒙太奇與長鏡頭

一、蒙太奇

蒙太奇，是法語 montage 的譯音，原是法語建築學上的一個術語，意為構成和裝配。後被借用過來，引申用在電影上就是剪輯和組合，表示鏡頭的組接。

一部影片的最小單位是鏡頭，那麼，這電影的基本元素——鏡頭，究竟是什麼呢？它和蒙太奇又有什麼關係呢？前面說過，鏡頭就是從不同的角度、以不同的焦距、用不同的時間一次拍攝下來，並經過不同處理的一段膠片。實際上，從鏡頭的攝製開始，就已經開始使用蒙太奇手法了。

就以鏡頭來說，從不同的角度拍攝，自然有著不同的藝術效果。如正拍、仰拍、俯拍、側拍、逆光、濾光等，其效果顯然不同。又如以拍攝的鏡頭來說，像遠景、全景、中景、近景、特寫、大特寫等，其效果就不一樣。此外，在連接鏡頭場面和段落時，根據不同的變化幅度、不同的節奏和不同的情緒需要，可以選擇使用不同的連接手法，例如淡化、劃、切、圈、搖、推、拉等，就會產生不同的效果。

在電影的製作中，導演按照劇本或影片的主題思想，分別拍成許多鏡頭，然後再按原定的創作構思，把這些不同的鏡頭有機地、藝術地組織、剪輯在一起，使之產生連貫、對比、聯想、襯托懸念等聯繫以及快慢不同的節奏，進而有選擇地組成一部反映一定的社會生活和思想感情、為廣大觀眾所理解和喜愛的影片，這些構成形式與構成手段，就叫蒙太奇。

二、長鏡頭

長鏡頭（Long Take，或稱為一鏡到底、不中斷鏡頭或長時間鏡頭）是一種拍攝手法，它相對於剪接式（蒙太奇）的拍攝方法。

「長鏡頭」一詞，在電影拍攝手法上所指的並不是攝影鏡頭的外觀長短或是長焦距（Long Lens），也不是指攝影鏡頭距離拍攝物之遠近（Long Shot），而是指拍攝之開機點與關機點的時間距，也就是影片的片段（take）的長短。長鏡頭要多長才算，並沒有絕對的標準；一般而言，只要是時間較長的單一而不中斷之鏡頭，便可如此稱呼。通常多用來表達導演的特定構想和審美情趣，例如刻意捕捉當時大範圍內的場景氛圍、文場戲的演員不中斷的內心轉折描寫、武打場面的真功夫……等。

一個完美長鏡頭拍攝，需要導演與工作人員事先精心設計鏡頭的調度流程、演員的走位等等，而且對演員的演技也是相當嚴格的考驗，只要一個小小錯誤就會讓之前所拍的一切前功盡棄，所有人必須由最開始之處整個從頭重拍。所以一個長鏡頭的拍攝，一般都要多次綵排、反覆演練，因此往往可能用上一整天，就只為了拍攝數分鐘之影像。由於長鏡頭可以展現導演的調度、時間掌控功力，因此許多名導演都將它視為對自己藝術成就上之重要挑戰。

由於「長鏡頭」十分容易和攝影上的「長焦距」（Long Lens）混淆，而「一鏡到底」也易與將攝影機固定不動的「固定鏡頭」混淆，因此近來不少人認為應改稱為「長時間鏡頭」或「不中斷鏡頭」，才是較精確、較理想之稱法。

蒙太奇

攝影師使用長鏡頭

第 **7** 章

取景構圖（下）

TELEVISION

・・・・・・・・・・・・・・章節體系結構 ▼

UNIT 7-1

電視畫面合成原則與相關構圖方式

一、電視畫面合成原則

1. **主體居中**：主體居中的構圖方式，是指主體位於圖框中央。當電視圖框中出現某種訊息，因為畫面的中央位置是最顯眼的位置，觀眾的視線通常會先向畫面中央看。主體居中是最常見的構圖方式。

2. **黃金比例**：將畫面的長寬各區分為三等份，直的等分線與橫的等分線交會形成四個交叉點，這四條等分線稱為趣味線，而四個交點稱為趣味點，主體重心居於趣味點上的構圖方式，就稱為黃金比例的構圖方式。

3. **眼居三分之二線上**：主體眼睛位於那兩條水平趣味線上的某一條，稱為眼居三分之二線上的構圖方式。

二、其他相關構圖方式

1. **雙人鏡頭**：畫面上含兩個人的鏡頭。分鏡劇本以它來指示，在一包含兩個人物的場面中，這兩個人要同時出現在畫面上，以便分開拍下的單人鏡頭交互剪接。拉背鏡頭或對角鏡頭，是標準的雙人鏡頭。

2. **折射鏡頭**：指對著鏡子拍攝，利用鏡子反射效果而拍攝到主體。折射鏡頭的運用可使畫面更加活潑且具創意。常用主體面對鏡子時，與身後的人對話。

3. **過肩鏡頭（拉背鏡頭）**：指畫面有兩人以上，攝影機拍攝其中某一人，是靠近另一人的肩膀拍攝而成。過肩鏡頭的拍攝距離，大約在中近景。過肩鏡頭可以增加畫面構圖的深度感。同時，這種構圖是以客觀的角度來看鏡頭中的人物。

4. **留下視線空間鏡頭**：將人置於圖框的一邊，而使該人的視線向圖框的另一邊看，就好像看著畫面的另一邊空間一樣。

5. **反應鏡頭**：指拍攝主題對某個訊息或事件的表情反應，通常用於拍攝圖框中人物對話的反應。

6. **觀點鏡頭**：取景的觀點還能暗示鏡頭的「客觀性」與「主觀性」的立場，攝影機可以透過鏡頭擔任某一事件客觀的觀察者觀點。當一個鏡頭的取景讓觀者認為那是鏡中人物所看見的東西，稱之為觀點鏡頭（Point-of-view shot），簡稱 POV 鏡頭，意指攝影機以某角色觀點拍攝，通常將攝影機擺在該角色相同位置，鏡頭所見即此角色所見。

7. **假想線**：假想線是由許多因素造成的，不論靜態或動態，舉凡眼神注視的方向，或兩人相對的鼻端，皆可連成一條假想線。單一個物體朝特定方向的移動，也會形成向量線。例如：甲在畫面的左邊，乙在畫面的右邊，它們之間自然形成一條假想線。往後只要攝影機不跨越這條線，所拍鏡頭之間的剪接，都可以銜接。

8. **前景表現**：這種構圖可以使畫面更具立體感以及視覺深度。

電視畫面合成原則

人物明顯

組合美觀

戲劇效果

電視畫面相關構圖方式

廣角鏡頭

側面鏡頭

雙人鏡頭

前側面鏡頭

以一人為主的雙人鏡頭

過肩鏡頭

UNIT 7-2
導播如何運鏡來詮釋節目

一、瞭解節目內容

導播既是詮釋節目的主要負責人，就必須作一個忠實可靠的「詮釋者」，就是忠實地把節目內容傳達給觀眾，這也算是職業道德問題。要忠實地詮釋節目內容，就必須先求瞭解節目內容。導播自己所熟悉的事物，可以駕輕就熟。

二、符合節目宗旨

娛樂、廣告等等節目，性質不同，宗旨也不同，導播在認知上要分辨清楚，然後用不同的運鏡技術去詮釋那些不同的節目，務求符合各節目的宗旨。

對於綜藝、戲劇等等娛樂性質的節目，導播可運用電視科技的聲光效果，來提供觀眾耳目之娛。商業廣告的製作，站在導播的立場，也算是一種精緻的迷你節目，其宗旨是在盡量刺激觀眾的購買慾，藉以達到推銷的目的。導播必須在極短的廣告時間內，使用強迫性與快速變化的畫面，把商品的功效優點和廠牌的名稱呈現出來，設法刺激顧客的感官和情緒，加深印象，採取行動。

三、劃分段落

劃分段落的方法，可以使用明顯的視覺變化，例如戲劇演員常用的變化動作和位置，以及攝影機的變換運轉方式。節目內容形式的段落，可由鏡頭的轉變來詮釋，例如畫面主體大小的對比、畫面組合的對比等等。此種方法最適用於音樂的分節、舞蹈的形式、戲劇的分場、運動的分場、演講詞的分段等等。

四、選擇攝影技術

導播選擇攝影技術時，應以配合節目內容的氣氛準則。例如在恐怖戲劇節目中，人物性格對比明顯，劇情變化迅速而又神祕；為配合這種突然轉變的恐怖氣氛，導播可以採用非常的攝影角度，和突然的「搖鏡」及「促鏡」。在內容對比的鏡頭之間，採用急促的「跳接」和「切換」，還可以用廣角鏡頭，來誇張瀕臨危險的速度及衝力。

運用交替拍攝對立雙方的動作，可以製造懸疑緊張的氣氛。例如：在棒球賽的重要關頭，先拍攝投手準備投球的猶疑暗算的動作，次拍攝打擊手準備用力揮棒的動作，再拍攝跑壘者準備盜壘的動作，連續幾個短促鏡頭的切換，便會加強觀眾聯想與期待的心情，因而造成懸疑和緊張的氣氛。

五、高潮與反高潮

在正常的運鏡情況下，鏡頭由鬆變緊，是趨向「高潮」；鏡頭由緊變鬆，則是趨向「反高潮」。兩者的用法，要依導播運鏡的目的來取捨。不過，你要趨向高潮時，在未達到高潮之前，切勿因濫用較緊的鏡頭而過分耗費強調高潮的招數，致使高潮力量減弱。因此，要趨向「高潮」，就不可以從「高潮」的方向開始。

六、刺激觀眾

導播要記住，詮釋節目的對象是觀眾。你的節目製作，應當激發觀眾在思想、情緒和感官上產生一連串的反應。你那一系列的畫面就如同一系列的刺激元素，是專為感動和刺激觀眾的反應而設計的。

導播有責任設法維持觀眾的興趣，就是不斷的調換有意義的畫面，把新事物呈現出來，讓觀眾注意和反應。

導播運鏡詮釋節目和方法

瞭解節目內容	符合節目宗旨
1.作一個忠實可靠的詮釋者。 2.忠實傳遞節目內容。	1.認清節目與廣告之宗旨與本質。 2.廣告旨在刺激觀眾購買慾。
劃分段落	**選擇攝影技巧**
1.可使用明顯的視覺變化，如演員變化動作和位置。 2.可使用鏡頭轉換來詮釋。	1.配合節目內容準則。 2.運用交替拍攝對立雙方動作，可製造懸疑緊張氣氛。
高潮與反高潮	**刺激觀眾**
1.鏡頭由鬆變緊→高潮。 2.鏡頭由緊變鬆→反高潮。	1.激發觀眾思想。 2.維持觀眾興趣。

影像在不同鏡頭中的不同涵義

符／鏡頭	部位	意義
特寫	臉部	親密
中景	全身	個人關係
遠景	背景與演員	環境、範圍、距離
全景	全部演員	社會關係

純指／鏡頭運用技巧	所指／意義
仰拍／俯拍	權力、威嚴、褒揚／渺小、微弱、貶仰
推／拉	注意、集中、遠離
黑起／隱黑	開始、結束、褒揚、強行中止

UNIT **7-3**
導播如何選擇好的攝影角度

一齣戲或一個節目，是由好幾位攝影師分工合作連續拍攝許多個鏡頭組合而成。每個鏡頭裡的演員、景物和光影活動，都是在敘述或推展情節。每個鏡頭都是攝影師遵從導播只是移動攝影機，要選個好的攝影角度。

一、選擇攝影角度的重要性

所謂攝影角度，包含觀眾在畫面上所看到的一幅影像和秉持的觀點。角度描述不清楚就容易使觀眾誤解，所以攝影角度選擇很重要。

攝影角度分為主觀和客觀。所謂客觀就是在觀眾的觀點看事物，攝影機放在場景邊上不與劇中人物扯上關係，透過一個看不見的觀察者觀賞劇情。演員不能直接注視透鏡，不能感覺出來攝影機的存在。主觀的角度是把觀眾放在劇情裡，攝影機的透鏡就是觀眾的眼睛，或將攝影機與劇中某人交換位置來觀察人間事物或事件。

所謂「攝影透鏡」是觀眾的眼睛，也就是觀眾被帶領去攝影旅行。例如參觀名畫，如果把攝影機沿著汽車工廠的裝配線緩緩推進拍攝，會讓觀眾對汽車的製造過程看明白，當觀眾看到某些景物感到震驚，就會有一種強烈被捲進劇情的感覺。將攝影機從空中從事主觀攝影都會收到這個效果，特別是在高低不平的山路上，顯得不穩定時收效更大。

所謂「攝影機與劇中人交換位置」，一般做法是在主觀鏡頭之前，接上一個演員對著鏡外張望的特寫。也就是在攝影機從雪撬、飛機或是空中纜車上主觀攝影之前，先拍一個騎師、飛機師或是登山者對

著鏡頭外張望的鏡頭，觀眾看到的就是螢幕上騎師等人所看到的。

由靜止的攝影機所拍攝下來的事物，既可能是客觀的，又可能是主觀的，那就看導播如何處理。例如：掛鐘、房間或公園裡的場景是客觀的，但若加了一個人對著畫面外張望的特寫，觀眾就會明白他們所看到的正是劇中演員所看到的景象。

另一種主觀的類型就是電視新聞裡的主播，負責直接對著鏡頭說話。而歌星也是直接對著鏡頭唱歌，廣告明星則是對著鏡頭為商品宣傳直接來吸引觀眾。這些方式就是把攝影機透鏡當作觀眾的眼鏡，與觀眾建立一種「眼對眼」的關係。奇蹟劇、紀錄片和講故事的題材也是用此種主觀的處理方式。

二、攝影角度和觀眾的關係

攝影角度和觀眾的關係非常重要。每一次角度的移動或切換不僅是變換了攝影機的角度，還有高度和被攝影的影像大小也變換了，這些都是影響觀眾觀點的因素。

被攝體在螢光幕上顯現的影像大小，是攝影機與被攝體之間的距離和透鏡焦距的長度所決定。愈近→影像愈大，愈短→影像就愈小。用 Full shot 把攝影體的影像縮小，用 Close up 把被攝體的影像放大。

使用燈光適當與否，也會影響被攝體的深度。最有效的還是靠選用適當的攝影角度，通常是 45 或 3/4 的角度。這樣才會把人物的圓形、物體的兩面或兩面以上的表面記錄下來。

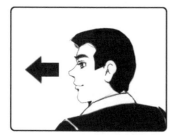

1.前瞻

2.後顧

3.左碰壁

4.右碰壁

人物眼前預留空間 1、2、3、4

5.眼前故意不留空

6.等待回頭迎佳人

UNIT **7-4**
導播如何獲取電視畫面的優良構圖

攝影師隨時要取出優美的畫面給導播使用，或許是導播要求攝影師取某種圖像，如果構圖不佳，導播應立刻予以改正。這種審美的直覺，是經由不斷的經驗累積而來，所以必須多學、多看、多做、多想，磨練多了，只要一看，便能知道如何去攝取優良構圖的畫面。

構圖的主要目的在於使畫面產生美感，讓觀眾看了成為一種享受，並且達成某種戲劇效果，在不知不覺間打入觀眾的心裡，而吸引住觀眾。導播對藝術造詣的高低，也可從「構圖」看出。

一、頭上空間（Head room）

人體的構圖必須留頭上空間。如果不留頭上空間，讓頭頂在畫框的上邊，形成「頂天立地」的構圖，是很不好的畫面！但頭上空間應留多少才好？這無法規定，有時要與畫面中其他景物以及種種因素配合。一般來說，愈是接近特寫的鏡頭，其頭上空間愈小。

大致上來說，特寫鏡頭的頭上空間已經很小，甚至不留頭上空間，如果特寫鏡頭留了太多頭上空間，那就會感覺脖子被卡在畫框上似的。較大的特寫鏡頭，沒有頭上空間，甚至某些部分被切掉，而這被切掉的部分，寧可多切一點上額，下顎的部分少切一些。若是多切下顎部分，構圖就不佳了。

二、視線空間（Looking room）

在視線的前方應留空間，如果要貼緊畫框，則如「面壁」一般。視線前方的空間要較大，才能使畫面平衡。若視線畫面不夠，亦是不佳的構圖。

若人物的視線朝後，應該在其後方留視線空間。在人物的後方，受某事物吸引或威脅時，其後方應多留空間，才可使畫面平衡。

三、方向引導

行動方向的前面應留空間引導，不可讓他「碰壁」而「走投無路」。

四、完整集中

1. 人物未完全進入畫框之內，畫面殘缺不全。

2. 人物雖在畫框內，但嫌分散的太遠。

3. 畫面完整且人物距離適中，這種組合較為美觀。

五、不宜二分之一平分畫面

凡是出現有一構圖，畫面上下二分之一平分兩半，換言之，構圖將畫面左右平分成兩份。由於觀眾的注意力會隨畫面的平分而分散，是非常不好的構圖。

六、畫面的平衡

視線方向的空間可以平衡畫面，但一般的景物沒有視線，或人物為正面，則必須注意重心的平衡。若畫面發現重心偏向左邊，但如能有東西在畫面右方陪襯，可將畫面的重心拉回，不致偏向一方且更美觀。

七、注意不可移花接木

取景構圖時常會發生巧合，比如花盆剛好頂在頭上……等，造成奇怪的畫面，這時只要移動一下攝影機的位置，便可避免這種畫面了。

導播如何獲取電視畫面的優良構圖

水平線呆板

斜角線生動

移花接木，拼湊難看

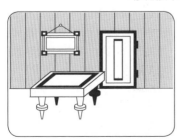 

古怪比連，更改角度

UNIT **7-5**
導播如何拍攝系列連續鏡頭

不論有或沒有劇本，導播在拍攝情節或事件時，應該先有個確定的剪輯計畫，也就是在拍攝一個鏡頭之前，要先決定與前後鏡頭如何連接，同時還要決定前後鏡頭像幅的大小。構成一段戲的一系列連續鏡頭，可以用圖像大小的推進、倒退或對比與複述等方法來處理，也可以用觀點角度的推進、倒退或對比與複述攝影鏡頭等方法。

一、拍攝方法

所謂推進、倒退的鏡頭，在圖像大小方面，是利用一系列圖像大小的加大或縮小。例如一系列連續的鏡頭可循著一個人的 FF、WS 和 CU 等程序將圖像加大來進行，或反過來以 CU、WS、FF 將圖像縮小。

在角度方面，也可以在與被攝體的關係中推進或倒退。例如從前角度、側面角度或後面角度。又如：在攝影機高度上推進或倒退，像從低角度、水平角度而高角度，或作相反的倒退。

所謂對比的鏡頭，在圖像大小方面，用全景和特寫來作成對比，在角度方面，以高角度和低角度作成對比，也可以使用一系列成雙作對的鏡頭來作成對比。

所謂複述的鏡頭，是利用一系列大小相同的圖像，或一系列高低相同的角度，例如以連續若干個特寫，用來描述群眾對一個講演者的反應；以連續俯攝不同的物體，來表示它們在生長或製造過程中的不同階段。

二、統合運用

不過，圖像大小和攝影角度，應予以統合，相互配合運用。例如：當攝影機向被攝體推進時，圖像由小而大，應該同時配合角度，跟著移向側面。又兩個對比的鏡頭，如同時用圖像大小和攝影角度來配合，那效果將會更顯著。一系列複述鏡頭，重用同樣大小的圖像和同樣角度，或重複使用相反但相配合的角度，來拍攝同樣大小的圖像，都會加強效果。

三、新鮮觀點

如果想做得更好，一齣戲應該在表達上，以新鮮的觀點、不同種類的鏡頭、大小不同的圖像，在一種不可顯示的模式中，使觀眾在視覺上感到驚奇。一系列特寫，跟著來的可能是一個極大的遠景。一場戲的開始，可能是一個特寫，而不是一個全景。攝影機所拍攝的事件，現在是這個角度，下面可能是另一個角度。圖像在這個鏡頭裡放大，卻在下一個鏡頭裡縮小。演員和攝影機移位保持變化，不要單純的以同一個模式來表達。布景的拍攝，應該從側面或從上面，不要常常從正面拍攝。

把視覺變化做為基調，觀眾才會對正在發生和跟著要發生的事件保持趣味。鏡頭的組合與拍攝，若能採用全景、中景和特寫這種規律化一、二、三來拍攝，觀眾就會下意識地預料到某一種鏡頭、某一種角度即將出現，看電視的結果就會變成乏味；觀眾有權利在每一個時機中看到一些新鮮的和不同的東西。觀眾應該不停地被拉進劇情裡去，跟演員站在一起，從一個內在的角度來看其他演員、布景和光影的活動。那樣，觀眾才會認同劇中人，而更專注和更關心中的訊息，也才能坐在電視機前面一、兩個小時過去了而不自覺。

動作的連貫性（切入）

鏡頭一	鏡頭二

方向的連續性

鏡頭一	鏡頭二

場所的連貫性（包括照明、背景與音訊）

鏡頭一	鏡頭二

UNIT 7-6
導播拍攝過程中的軸線問題

一、軸線

　　軸線問題是在拍攝過程中經常遇到的，也是容易被初學者忽視的問題。什麼是軸線？軸線是在鏡頭的轉換中，制約視角變化範圍的界線。軸線是被攝對象的視線方向、運動方向和對象之間關係形成的一條假定的直線。

　　根據導演的場面調度，在同一場景中拍攝相連鏡頭時，為了保證被攝對象在畫面空間中的正確位置和方向的統一，攝影角度的處理要遵守軸線規則，即在軸線一側180°之內設置攝影角度。越過這條線拍攝，運動方向就會相反，這是構成畫面空間統一感的基本條件。

　　要特別說明的是，為了尋求富於表現力的電影場面的調度和電影畫面構圖，攝影角度又往往不侷限於軸線一側，當然，穿過軸線拍攝也需要一定的方法。

　　軸線又包括關係軸線和運動軸線。在運動的物體或對話的人物中間都有著一條看不到的線，這條線影響著螢幕上物體運動的方向和人物的相關位置。這條貫穿於運動物體並影響畫面運動性的無形的線，就叫做運動軸線。由被攝對象的視線和關係所形成的軸線叫做關係軸線。

二、運動（動作）軸線與關係（對話）軸線

　　1. 運動軸線：運動軸線係指運動物體和其目標之間的假想線，由被攝對象的運動方向構成的軸線叫做運動軸線。

　　利用運動軸線的原理，可以將一個連貫的動作分切成若干片段，同時保持運動的連續性。電影的藝術實際證實了：由若干片段將運動的典型部分拍下來，往往比只用一個鏡頭拍下整個運動更生動、更有趣味。但是，在這種情況下重要的一點是：選定的攝影位置必須都在運動軸線的同一側。如果把攝影機選在運動線的另一側拍攝一個鏡頭，那麼，拍攝對象就會突然以相反方向橫過畫面，而這些鏡頭就無法正確地剪接起來。

　　但是這並不意味著在電影中的運動就不能改變方向了，恰恰相反，在電影中運動的方向可以隨時改變，不過任何方向的改變必須在畫面上表現出來，使觀眾在看到演員突然向相反的方向運動時，不會莫名其妙。同時，越過軸線拍攝的方法也很常見，需要相應的技巧。

　　2. 關係（對話）軸線：場景中兩個或兩個以上的人物之間的關係軸線，是以他們相互視線的走向為基礎的，在只有一個演員的狀況下，關係軸線存在於他和他所觀察的事物之間，一般不能超過關係軸線到另一側去拍攝。

　　在電影中，凡是需要明確人物之間以及人物和道具之間的空間關係的時候，都需要軸線。戀人之間的深情對視、獵人瞄準一隻小鳥扣動板機、一個孩子被玩具吸引、在櫥窗前戀戀不捨，所有這些都需要運用關係軸線的技巧。包括：雙人對話場面、三人對話場面及多人對話場面等。

導播拍攝過程中的軸線問題

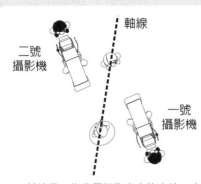

二號攝影機

軸線

一號攝影機

一號畫面

二號畫面

★ 軸線是一條我們想像出來的直線，它從面對面交談者兩人的雙眼穿過，並一直沿著各自的方向無限延伸。

軸線的種類

關係（對話）軸線

A

（對話）

B

軸線（假想線）

運動（動作）軸線

A

B

1 號攝影機

2 號攝影機

3 號攝影機

4 號攝影機

拍攝過程的軸線規則

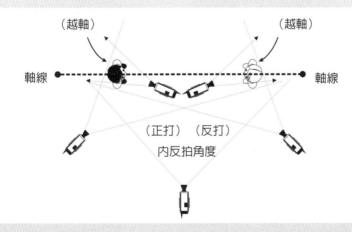

（越軸）　　　　　　（越軸）

軸線　　　　　　　　　　　軸線

（正打）（反打）

內反拍角度

UNIT 7-7
導播如何把握軸線要領

一、首先要建立軸線

攝影機的機位必須在被攝主體180°範圍內。軸線用一句簡單話來說，就是被攝主體之間的連線。當我們畫出這條連線之後，攝影機必須在這條連線一側，或者說在被攝主體一側180°範圍內，在軸線之內，只要不超過它，就符合這一條規則。導播如何正確地拍攝影片中兩個連接鏡頭，以至一組連接鏡頭，以符合所謂的軸線規則呢？

1. 首先將機位架在離被攝主體較遠的地方，拍攝一個遠景或大全景，這個鏡頭有兩個目的，第一，交代環境，同時介紹人物關係，在交代人物中，軸線便確立起來，幾個被攝人物之間便在導播和攝影師心中畫出一條人物關係線。導播以後指揮攝影師拍攝的每一個鏡頭，都必須在這條確立好的軸線的這一側。

2. 導播開始用全景或中景介紹和描寫人物，這時背景環境開始變得不那麼主要了。

3. 一個人物開始說話或幹什麼事，鏡頭變成近景。當一個人講話，另一個人聽話的時候，導播分別用外反拍——過肩鏡頭，通過不說話人的肩膀，正打（或校正拍）說話者的正側面鏡頭，觀眾可以看清楚這個人物講話時大半個臉的表情。而另一個聽取說話的人，觀眾只能看到他小半個臉，有時甚至只能看到他的後腦勺，這個人處於鏡頭畫面的後側面位置。

4. 當剛才處於後側的人要說話了，導播開始在軸線這一側，讓攝影師換了一個角度，同時用近景，和剛才拍的鏡頭差不多，用一個反打（或反拍），同樣也是

外反拍鏡頭，通過剛才說話人的肩膀，拍攝一個剛才聽話人開始說話的鏡頭。拍攝這兩個講話雙方的外反拍鏡頭時，攝影機鏡頭方向一個朝左，另一個朝右。這兩個彼此對立的鏡頭，導播又稱之為「正反打」。

5. 一般來說，遠景或全景這個鏡頭，被看成一場戲的總角度。只要開始確立了總角度，後面所有鏡頭的拍攝角度（包括攝影方向）都確定下來，就不會出現軸線的錯誤。決定這一場軸線戲的鏡頭，應該最先拍攝。

二、根據方向軸線的總的原則要求，導播在具體操作中，應注意下列規律

1. 攝影機在軸線一側拍的結果，也要注意物體運動方向：同一物體要朝同一方向運動，如果在畫面中改變了運動方向，就意味物體實際運動方向的改變。

2. 改變運動方向的原則之一：運動物體必須在畫面中改變運動方向。

3. 改變運動方向的原則之二：攝影機在方向軸線一側變換機位和拍攝方向，可以使運動物體在原來方向90°之內改變拍攝方向。

三、透過被攝主體或攝影機的運動超越軸線

在一個場景中拍攝相連的鏡頭，為使被攝對象在畫面空間中的正確位置和方向統一，攝影機要在軸線一側180°之內設置攝影角度。這是構成畫面統一感的基本條件和拍攝要求。

導播如何把握軸線要領

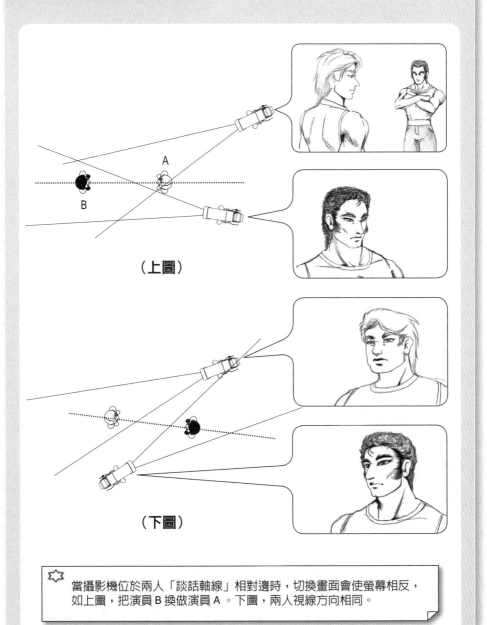

（上圖）

（下圖）

☆ 當攝影機位於兩人「談話軸線」相對邊時，切換畫面會使螢幕相反，如上圖，把演員B換做演員A。下圖，兩人視線方向相同。

取景構圖（下）

第 **8** 章

色彩與燈光

· · · · · · · · · · · · · · · 章節體系結構 ▼

UNIT 8-1
色彩的特性

一、色彩的性質

色彩的屬性可從三個層面來探討：（1）色相（Hue），即色彩本身。（2）彩度（Saturation），色彩濃度及純度的程度。（3）明度（Brightness），色相在明暗或深淺上的程度。

色彩的第一個層面是色相或色彩的名稱，主要是描述色彩本身。例如：物體是否紅色、黃色或藍色……，科學家標準分為十種。「紅、綠、藍」是三個最基本的色彩，通稱三原色（Primary colors）。

色彩的第二個層面是彩度，亦稱「飽和度」，形容一個色彩的濃度與強度。太深、太淺都屬不足。例如：白、灰、黑均為無彩度色彩，指的是一個色彩的純度及飽和度的濃淡或強弱，任何色彩加了更多的主要色相進去，會加強其濃度；高彩度帶給人感覺是豐富，而低彩度帶給人感覺是薄弱又沉靜。

色彩的第三個層面指的是明度，它是從亮到暗的數值，在黑白攝影上，光的反射量多寡，也就是色彩的明暗程度，明度以彩色色列來衡量。人眼可以判別的級數有九級，這是 Munsell 系統所規劃的級數。

二、色彩特性

色彩的特性，可從下列八項分別說明：

1. **視認性**（Visibility）：指容易視認，如一件東西在多遠的距離，我們可以認知它，其距離愈遠，就代表視認性愈佳。至於視認距離較佳的配色順序依序如下：（1）黃地白圖，（2）白地黃圖，（3）紅地綠圖，（4）紅地青圖，（5）黑地紫圖。

2. **易讀性**（Legibility）：指容易判讀，如在包裝上的字體大小、筆畫的粗細與多寡，以及圖與地的明度差等，都會影響易讀性。至於易讀性較佳的配色序位依序為：（1）黃底黑字，（2）黑底黃字，（3）白底綠字，（4）白底紅字，（5）白底黑字。

3. **辨識性**（Identity）：指容易區別，換句話說，同時使用各種色彩時，賦予各色不同的意義，避免混亂，以區別不同的東西，這就是色彩的識別性。

4. **注目性**（Attention）：指容易引起注意，亦即運用色彩的對比手法產生與眾不同的色彩感覺與色彩組合，有助於藝術作品區別於周遭事物與環境。

5. **記憶性**（Memory）：指容易記憶。在視覺傳播當中，有時候我們會希望訊息能為接收者所記憶，而色彩是可以加強記憶的符碼。例如：彩色的較黑白的容易記憶。

6. **逼真性**（Real）：在藝術作品中，有時要求嚴格遵循作品訴求，以生動逼真的色彩再現被描繪對象，以色彩豐富的形象來吸引觀眾，打動觀眾的心。

7. **煽動性**（Sensation）：由於色彩具有象徵功能與聯想功能，因此可以誘發人們的多種感情，有時一些微妙細膩的感情文字都難以表達，但色彩卻能藉助適當的組合，表現得唯妙唯肖。

8. **陶冶性**（Cultivation）：人生的豐富多彩變化，成為人們對色彩的審美需求。美麗的色彩，寄託了美好的想法和希望，令人嚮往追求，因而產生美的感覺、美的聯想，獲得精神上的享受。

色調名稱

色調（Tone）相當於色相（Hue），指區別色彩相貌的名稱，如紅蘋果是紅色的，紅色就是一種色相。

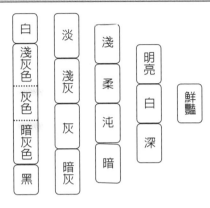

白
淺灰色
灰色
暗灰色
黑

淡
淺灰
灰
暗灰

淺
柔
沌
暗

明亮
白
深

鮮豔

色相分部結構

1. 色相（Hue）是區分不同色彩的名稱，如紅、橙、黃、綠。
2. 表示色彩相貌的差異性。
3. 明度（Value、Brightness）是指色彩的明暗高低或深淺的程度，簡寫成（V）。
4. 彩度（Saturation）是指色彩鮮豔程度、色彩飽和的程度。

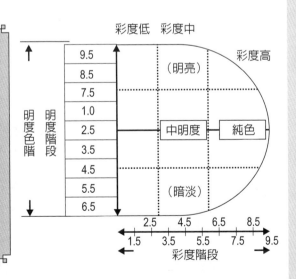

彩度低　彩度中

	9.5	
	8.5	
	7.5	
	1.0	
	2.5	
	3.5	
	4.5	
	5.5	
	6.5	

彩度高

（明亮）

中明度　純色

（暗淡）

明度色階　明度階段

2.5　4.5　6.5　8.5
1.5　3.5　5.5　7.5　9.5
彩度階段

圖解電視節目編導

UNIT 8-2
色彩與構圖

一、色彩的相對質量

　　色彩需要透過技術手段來確保色彩，能夠連貫性的在鏡頭中完全被複製。此外，色彩對情緒的影響，在視覺交流中扮演著重要的角色。最後，較大的對比會使景色看起來更加的生動。一個彩色物體所產生的視覺效果會隨著光照的質量、反射、陰影以及周圍環境的顏色而改變。

　　有關構圖與色彩平衡：

　　1. 構圖的平衡取決於視覺重量的分布。

　　2. 塊面、線條及視覺元素將被組織起來提供整體的視覺對象。

　　3. 色彩在許多方面被用來平衡及整合畫面。

　　4. 畫面中模糊的單色對象會對構圖施加強烈的影響，進而分散人們對主題的注意。

二、明/暗關係

　　1. 黃色是在白色之後一個最明亮、最強烈的顏色。

　　2. 一小塊的黃色面積比起其他顏色將產生更大的視覺重量。

　　3. 畫面構圖時，應把注意力放在色彩的相對亮度上。

三、冷/暖對比

　　1. 根據伊登的基本色彩理論，色環是由一邊是暖色與一邊是冷色的兩個色系彩所組成。

　　2. 暖色系色彩包括黃色、橙色和紅色；冷色系色彩包括綠色、藍色和紫色。

　　3. 如果將這兩種相對的顏色排列在一起，會產生冷色愈冷、暖色愈暖的視覺效果。

　　4. 對於顏色的選擇，我們必須先瞭解色彩對情緒的影響，當我們面對一個暖色系的顏色，我們應該會感受到這顏色帶給我們的暖意。

　　5. 色環上半圓為暖色，下半圓為冷色；暖色和冷色沒有絕對的區分，只是在某種情況下對顏色相互比較而言，例如：綠色和藍色相比，綠色為暖色而藍色為冷色；綠色和黃色相比，則綠色為冷色而黃色為暖色。

四、互補色的對照

　　1. 在色環上，凡是位於相對面的位置，形成180°的兩個顏色，我們稱之為互補色。

　　2. 綠色補紅色，藍色補橙色，黃色補紫色，這些互補關係都是一種暖色與一種冷色的成對組成，會顯得更加生動活潑。

　　3. 互補色運用在繪畫時，不同色彩的面積不一定要相等，最好給予適當的大小，才能獲致相互為用的優點。

五、色彩的面積

　　1 彩色對象的面積與形狀的均衡，對一幅畫面的整體感有很強的影響。

　　2. 一小塊強烈的顏色足以擾亂構圖的平衡；如果色彩位置與主體恰好重合，就會有強化的效果。

　　3. 遠離主要對象或在畫面邊緣將會分散注意力，成為第二重要對象。

色彩的分類

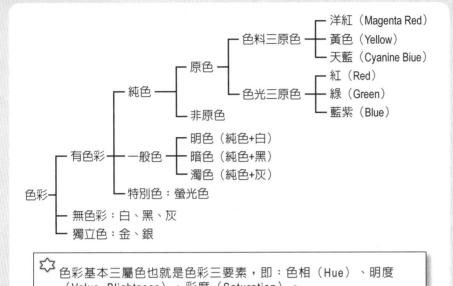

☆ 色彩基本三屬色也就是色彩三要素，即：色相（Hue）、明度（Value, Blightness）、彩度（Saturation）。

色環

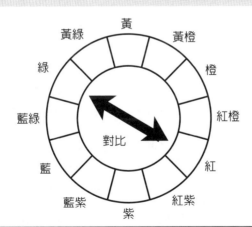

☆ 色環上半圓為暖色，下半圓為冷色；暖色和冷色沒有絕對的區分，只是在某種情況下對顏色相互比較而言，例如：綠色和藍色相比，綠色為暖色而藍色為冷色，綠色和黃色相比，則綠色為冷色而黃色為暖色。

UNIT 8-3
「加性混合」及「減性混合」

我們可以利用兩種方法來混合色彩：加性混合與減性混合。分別說明如下：

一、加性混合（Additive mixing）

彩色電視的原理以及色光的混和是屬於加色法，指原色光（紅、藍、綠）的色光混合。例如：紅＋綠＝黃（Yellow）。綠＋藍＝青綠（Cyan）。藍＋紅＝洋紅（Magenta）。紅＋綠＋藍＝白（White）。電視採用加性混合原則，由於刺激三個光源色──紅、綠、藍不同成分與程度的混合，可以產生一個廣域的色彩。

二、減性混合（Subtractive mixing）

彩色印刷及色光與色彩物體的混和，則屬於減色法，是指將兩種色料之色彩等量相混後成為二次色，明度比兩原色都低；再經混合成多次色，色彩會愈來愈灰濁、明度也愈來愈低。當等量的三原色色料混合時，則成為黑色。這種特性稱為「減性混合」。

減性混合色彩時，需要會吸收紅色、綠色、藍色的濾光器。除了我們所需要的色彩外，要從白光濾除或減去所有的色彩。例如：如果要紅色，我們用除去紅色外可阻止所有其他色彩到達眼睛的濾光器。

電影採用減性原則，藉三個減性（顏料）原色──黃、藍紅、綠藍，濾除一些色彩而成。

加色法之三原色為紅（Red）、綠（Green）、藍（Blue）；減色法之三原色為赤（Magenta）、青（Cyan）、黃（Yellow），幾乎所有的顏色，都可以用「原色」的混和而成。不論是加色或減色，由於混和時的個別顏色「量」的或多或少，會使混和出的顏色有所不同，例如將紅與綠混和之後呈藍色，但紅色與綠色的量必須適當，否則混合成的顏色就不一定是完全的純藍色……若紅、綠、藍三種顏色，不是標準適當，或許其中一種稍多或不足，那麼混和出來的顏色就不是標準的白色了。

減色法中，由於各種顏色在混合時，某種顏色會被吸收削減以致不會反射，若混和的各種顏色全部都被削減掉了，那麼就不會呈現任何顏色，看起來就是黑色了。

有關色彩屬性（色相、彩度、明度）如何交互作用而影響我們的色彩知覺，以及加性與減性混合原則如何用在電視與電影上的知識，不僅有助於藉媒體達成傳真的色彩再生，也特別有助於有意圖的色彩失真實驗。

三、格拉斯曼顏色混合定律

格拉斯曼（H. Grassman）總結了加色混合的現象，叫做格拉斯曼顏色混合定律，有以下幾點：

1. 視覺只能辨別色彩的三種變化：明度、色相、純度。

2. 兩種光色組成的混合色中，如果一種色光發生變化，而另一種不變，則混合色也隨之變化。補色律：每一種色都有一個相應的補色，便產生中間色，其色調決定兩色的相對數量，其純度決定二者在色相環上的距離。

3. 色相相同的光，不論它們的光譜組成是否一樣，在混色中都具有同樣的效果，即視覺上相同的兩色，都是等色。代替律：相似色的混合仍然相似。如果 A 色 =B 色，C 色 =D 色，那麼 A 色 +C 色 =B 色 +D 色。

4. 由幾種色光組成的混合色的亮度，是各色光亮度的總和。

加色法混色

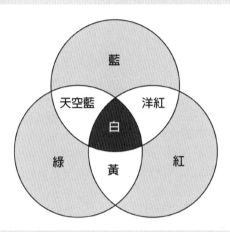

減色法混色

UNIT 8-4
色彩對布景的重要性

色彩、相容性、調性對布景的重要性為何？

一、周圍的色彩

色彩受周圍色彩影響。亮的背景使周圍的色彩顯得更暗；暗的背景使色彩顯得更亮。背景色彩通常給前景色彩一種補色，這種色彩影響叫做同時對比。例如：灰衣人站在草原上，灰會顯得偏紅。其他，還有超彩度化，指的是背景色彩有增強前景色彩的傾向，如果它是補充的話，前景色彩變成超彩色度。例如：一朵花、一片草原相得益彰，顯得紅的更紅、綠的更綠。最後談「色彩振動」，也就是波紋效果，指的是在緊密空間內，有互補色、有彩度很高的顏色。如果它是補充的話，前景色彩變成超彩色度。

二、資訊性功能

色彩的資訊性功能可提供事物的豐富訊息。例如：紅、綠或黃色的蘋果；穿橘色衣衫的少女、穿藍色上衣的先生；交通號誌上的色彩訊號則攸關我們的生死。自古以來，人類用色彩來象徵某些事件、思想、行為，色彩可以象徵死亡、愛情、憎恨、信仰。在宗教象徵上，白色代表純潔、喜悅、光榮，但在戰爭中，卻意味著投降。

1987 年奧斯卡最佳攝影的攝影師斯特若（Vittorio Storaro），在拍攝「末代皇帝」（The Lost Emperor）便使用了色彩象徵。例如：第一，橘色，象徵紫禁城開始的部分和涉及皇族的鏡頭為主流色調。第二，黃色，象徵年輕皇帝的個人成長和個性展現，也代表中國皇家專用。第三，綠色，當太傅的到來，就象徵知識的到來。

1. 色彩：從上得知，色彩能夠想到觀眾對畫面傳遞訊息的認知，在色彩對圖文與布景設計的影響上，再次印證了色彩是電視製作一個很重要的設計項目。

2. 相容性：對於布景師而言，醞釀色彩的同時，考慮它們複製在黑白電視機的畫面效果也很重要。當電視畫面以及黑白播放及接收時，色彩的挑選不單要在技術上相容，亦即彩色訊號能被黑白電視複製；同時要有美學上的相容，能在單色電視上呈現層次分明的灰色調性。

3. 調性：一個實質上涵括了範圍很廣的調性的布景，攝錄出來的畫面看來與實景卻大有出入，其原因是因為攝影機只能複製相當有限範圍的調性。使用灰階對攝影棚內的平面和物體加以檢視及比對，可更精確的得到調性的參考值，以避免超越攝影機色調的限制，並有助於預知不同物材所會顯現的反差效果。

三、服裝色與燈光環境的關係

1. 主持人與背景環境的關係：主持人在主持節目時都有背景環境，無論是自然環境還是人工布景，主持人的服裝都要與背景相協調。在自然環境下，主持人要注意其服裝色彩與環境色的搭配，比如在陽光強烈照射下，不穿淺色服裝，因為強光會使服裝的色彩消失，因此適合穿稍深、較鮮豔的服裝。

2. 與技術因素的關係：服裝色彩仍受電視攝影技術的侷限。目前的技術就色彩還原度而言，對紅、綠、藍三原色還原度較為誇張，這就是為什麼電視上，紅色服裝顯得格外刺目，因此為保證服裝色彩的效果，以不選擇過於豔麗的色彩為宜。

色彩、相容性對布景的重要性

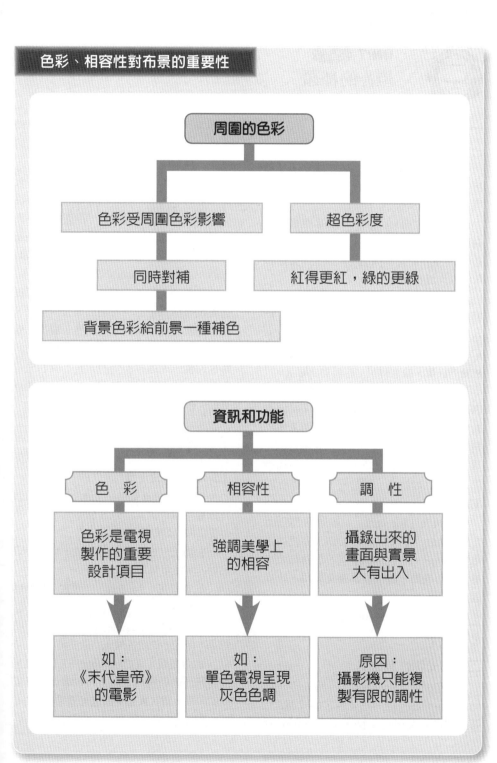

周圍的色彩

色彩受周圍色彩影響

超色彩度

同時對補

紅得更紅，綠的更綠

背景色彩給前景一種補色

資訊和功能

色彩

相容性

調　性

色彩是電視
製作的重要
設計項目

強調美學上
的相容

攝錄出來的
畫面與實景
大有出入

如：
《末代皇帝》
的電影

如：
單色電視呈現
灰色色調

原因：
攝影機只能複
製有限的調性

UNIT 8-5
燈光的種類

一、以投射方向來分

　　光源的方向不同，產生的效果也不同。在日常生活中，人們往往比較適應來自前方和上方的光照，而低角度的光線，則可能產生戲劇效果。

　　1. 順光（Floor light）：攝影機和被照射體成主軸，由攝影機後（方）照射，左右45°。其目的使被攝體均勻受光，畫面形象沒有強烈的明暗反差。

　　2. 逆光（Back light）：攝影機和被照射體成主軸，由被照者後（方）照射，左右45°。其目的使被攝體與背景區分出來，形成一個亮輪廓、暗表面的強反差畫面，被攝體線條、輪廓鮮明，容易看出層次。

　　3. 側光（Side light）：攝影機和被照射體成主軸，由被照者側方照射。光線投射方向在0°與90°之間。拍攝中，最常用的是45°側光，因為它符合人們的視覺習慣。其目的在使被攝體出現光面、陰影面和投影，層次比較清楚，明暗反差好，畫面形象飽滿。

　　4. 頂光（Top light）：被照射體正上方打的光，又稱髮燈。由於頂光會使被攝體顯得扁平，缺乏中間層次，容易誇大演員的臉部缺點，故一般都避免使用，除非確有必要。

　　5. 拋光（Under light）：被照體正下方往上打的光。

二、以光源性質來分

　　1. 聚光燈（Spot light）：聚光燈是利用透光鏡光線集中，遮光版（Barn door）可控制燈光照射的範圍，光線所照射到

的地方，其明暗有明顯的分野。聚光燈由於光線強且集中，會產生顯著強烈的陰影，具有陽剛之性。

　　2. 散光燈（Flood light）：散光燈的光是擴散的，光所照射到的地方，其明暗沒有明顯的分界，較為柔和，所產生之陰影亦較不顯著。屬於散光燈的有杓燈（Scoop light）、排燈（Bank lights）、高燈（Sky light）、條燈（Strip light）等。

　　如果所有的燈光都使用散光燈，那麼畫面就會顯得平面，若加以聚光的照射，就會層次分明，產生了立體感。最後，攝影師可以根據影片的造型要求，和不同的膠片性能，來選擇不同的光質（直射光或散色光），調整用光量和光比，並借助濾光器、紗、煙霧等輔助物來達到效果。

三、以使用來分

　　1. 主光（Key light）：是照明主體的主要光源，多使用聚光燈做為主光。

　　2. 補光（Fill light）：補光的運用目的在減輕明暗的對比，以及陰影的消除。多半使用散光燈作為補光。

　　3. 背光（Back light）：從主體的後方照射。多使用聚光燈作為背光。

　　4. 背景光（Set light）：專對布景照明所用之燈光。

　　5. 基本光（Base light）：為場景照明的基本燈光，使用的燈光為散光燈。

　　6. 效果燈光（Effect light）：為製造某些特殊效果而使用之燈光，效果燈光可製造雲、雨、雪、火焰、閃電等效果。

燈光的種類

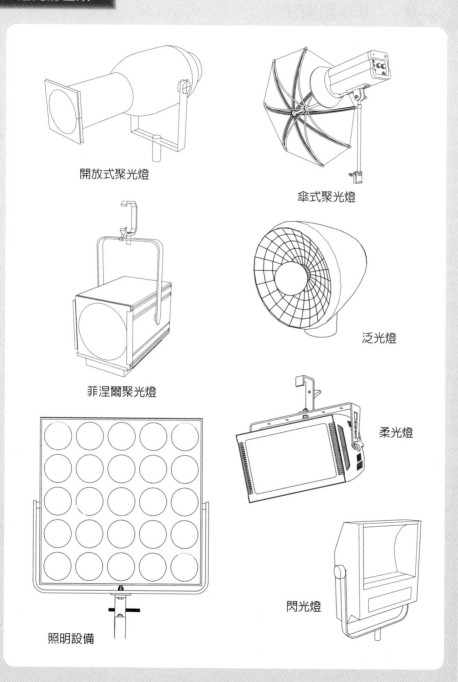

開放式聚光燈

傘式聚光燈

菲涅爾聚光燈

泛光燈

照明設備

柔光燈

閃光燈

UNIT 8-6
基本照明法

一、運用背光加強前後距離的深度與主體之立體感

除了主光與補光外，在利用背光使主體更有雕塑性，產生立體感且突出於背景。燈光打在主體上，會使主體的周遭產生明顯的輪廓，背光角度的不同，也會使主體周邊的輪廓有所變化，但要特別注意背光角度不可過高而成為頂光，否則頭部的影子會出現在胸前。

若一個人站在背景前，而其二者的顏色相近時，只以前面的燈光照射，那麼畫面上，主體與背景間，就沒有什麼距離的感覺，若加以背光，則會加強主體與背景間的深度，使突出於背景，讓畫面更有立體感。

二、運用燈光明暗使重要主體突出

主體在燈光明亮的地方較暗的地方突出，比如二人前後而立，前者燈光較後者暗，則前者更突出於後者，為此畫面的重點。若後者轉為主體重點，運用燈光的變化可達到目的，利用調光器（Dimmer）減弱前者的燈光，同時加強後者的燈光，那麼後者雖然處較遠的位置，卻由於燈光強於前者，而變為畫面中之重點主體。

三、燈光製造剪影

演員站在天幕前面，用聚光燈照射到演員身上，由於聚光燈會產生強烈的陰影，演員的影子便投射在背景上，攝影機就取背景上的「剪影」。

另一種方法，是在攝影機前面置一淺色布幕，演員在布幕的後面，聚光燈打在布幕上，就把演員的剪影呈現在布幕上了。

四、如何製造「黑暗」的效果

在實際的情形下，夜晚都是一片黑的，但在電視上，如果都是一片黑，那麼戲該如何演呢？在燈光的技術上要製造黑暗的效果，當然也是降低燈光的亮度，但是主體的主光卻不能降低，它必須保持亮度，否則攝影機就無法拍攝到清晰的主體。除了降低四周的燈光，聚光燈的遮板可以控制光線照射的範圍。要讓四周的燈光較黑暗，因為有明暗的對比，才能現出黑暗。

五、燈光要注意真實感

如果劇情中交待時間，則燈光的設計更加重要，燈光打得好，就可顯明的表現出來，讓觀眾一看便知道，更能加強節目的真實感與氣氛。比如在客廳的一場戲，時間是清晨和黃昏，陽光從窗外照射進來，為了製造這個燈光效果，要事先考慮到場景的搭置不可與天幕靠得太近，否則燈光就無法從窗外斜射進來，陽光照射進屋裡應由聚光燈來打射，注意應有陰影的產生，所照射到的物體要注意其明暗的分別，陽光照射到的地方應較亮。

另外也要注意光源方位的確定，以及陰影的正確性與光色的真實感，比如旭日與夕陽的光線方向是不同的。二個相關的場景若不在一起，須注意光源方位前後一致。旭日的光線較金黃，夕陽的光線又比較偏橘紅，陰影需與光線的來源在同一線上等。

標準照明燈光位置

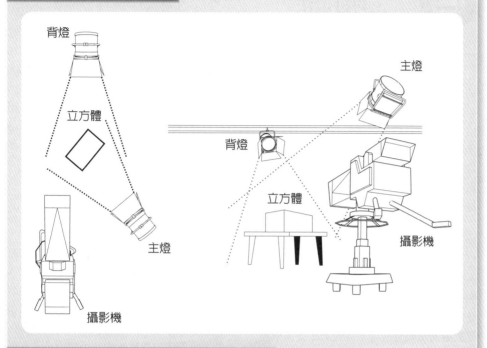

背燈

立方體

主燈

攝影機

背燈

立方體

主燈

攝影機

主燈、補燈、背景燈、背燈的位置

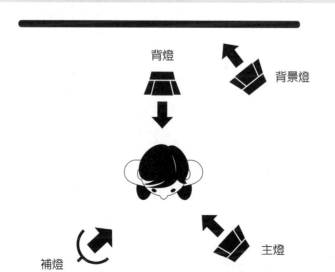

背燈

背景燈

補燈

主燈

UNIT **8-7**
三角打燈法

一、三角燈法中所謂的三角意義

所謂的三角是指：主燈（Key light）、補燈（Fill light）及背燈（Back light）三個主要的光源組成。此三個光源置放位置，形成一個三角形狀，以背燈爲三角頂點，與攝影機相對。由於主燈、補燈及背燈三種燈，以拍攝主體爲主，形成三角形的三點，因此，這種打燈法也被稱爲三點公式打燈法（three-point system）。

三角打燈法是最基礎的攝影打燈原則，爲電視、電影及平面攝影所通用。它是在主要被攝體的正面兩側打上主光（key lihgt）及補光（fill light），然後再於被攝體的後方再打上一盞背光。例如以訪問爲例，受訪者的正面有主光及補光，一強一弱是要被攝體正面有層次，背光則是要被攝體與背景或布景產生立體感。由於，其所用各種燈光用語，主要在標示它們在打燈過程中特定的角色，故在進行任何燈光設計之前，有必要瞭解各用語的涵義。

1. 主燈：加強主體上的主要光源，可看出主體的形狀。（明暗度轉換快）可決定其他燈光的相對位置，通常用聚光燈（Spot Light）當主燈（只是一種用途），置於攝影機假想線之主軸，包括：垂直、水平，角度在30°至35°之間。

2. 補燈：主要用途在減少或消除主燈造成的陰影，顯現陰影的細節。（明暗度轉換慢），有時主體也要靠陰影來呈現，通常用散光燈（Scoop light；Soft light），與主燈呈對稱方向。

3. 背燈：它能夠將主體與背景分開，同時強調主體輪廓，增加立體感，使主光照射在肩上的影子消失，以便區隔主體和背景，並產生距離感，其方法是用 Spot light 置於主體的正後方頂光的位置。

4. 背景燈：打在背景或布景的光，屬於一種均勻的擴散燈光，常用散光燈（Scoop light），通常與主燈同方向，沒有充分理由，不得任意變換光源的方向。

二、燈光比例（Lighting ratio）

係指爲求得整體的平衡，主燈與補燈、背燈、背景燈之間相關的強度比例。接著說明三角打燈法中，三角燈具較常見的位置及強度之相關比例。

1. 主燈：補燈之燈光比例2：1，控制主燈—補燈之比例，目的是爲了控制拍攝主體形狀、空間及表面質感。補燈愈多，主燈所型塑主體形狀的功能也愈少。在彩色電視製作中，主燈通常是補燈的兩倍，亦即使用2：1的比例。

2. 主燈：背燈之燈光比例1：1，在正常的情形下，背燈的強度與主燈大致相同，其比例約爲1：1。

3. 主燈：背景燈之燈光比例3：2，一般而言，背景燈的強度約爲主燈強度的2/3，如此才能保證拍攝中心主體能稍微突出於背景中。

由上得知，燈光比例與燈光角度、燈具之間的協調性，以及各個強弱程度變化的調配，能操控出對拍攝主體的不同影響，同時也是三角打燈法一個重要的層面。

三角打燈法（一）

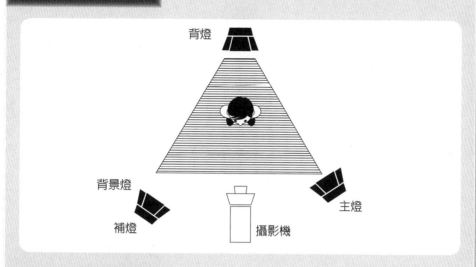

背燈

背景燈

主燈

補燈

攝影機

三角打燈法（二）

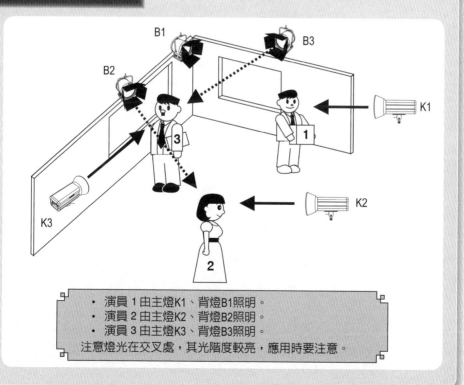

B1

B2

B3

K1

K2

K3

1

2

3

- 演員 1 由主燈K1、背燈B1照明。
- 演員 2 由主燈K2、背燈B2照明。
- 演員 3 由主燈K3、背燈B3照明。

注意燈光在交叉處，其光階度較亮，應用時要注意。

第 **9** 章

布景與動畫

· · · · · · · · · · · · · · · 章節體系結構 ▼

UNIT 9-1
布景的基本構成與用途

一、布景的基本構成

所謂布景，廣義上是指道具及搭景等可區別的涵義。基本上，布景設計應滿足下面四個基本功能：

1. 供背景或實質的環境，以提供表演。
2. 設定演出的時間空間感，以建立情調及語氣。
3. 與節目同一個特定的風格，並與其他視覺元素相協調。
4. 台上的布景必須能有效運作，輔助整體的演出。

至於布景主要的基本構成，則包括：1. 景幕；2. 景板；3. 布幔、格網及薄板；4. 景片；5. 襯景；6. 天花板與地板；7. 布景零件。

其搭景的基本組成則包括：1. 開放式布景；2. 封閉式的布景；3. 組合式布景；4. 固定式布景；5. 延伸高度的搭景；6. 延伸深度的搭景。

二、布景組件的用途

1. 景幕（cyclorama，簡稱 cyc）：是中立型背景的基礎。借著燈光的控制，從背景全亮只看到剪影（silhouettes）到背景全暗只浮現出主題人物（cameo）兩種極端不同的效果，都可以在景幕的背景上做出來。也可利用單色的景幕來做去色鑲入（Chroma key）效果。

2. 景板：可分為兩種形式——軟牆式（softwall）及硬牆式（hardwall）。軟牆式質料較為輕便，可以很快又輕易地建構起一個模擬的布景，但也較不耐用；硬牆式則可以承受較重的重量。

3. 布幔、格網及薄板

（1）布幔：用來點綴、裝飾，或是用來隔開或襯托出陳列在前景的景物。

（2）格網及薄板：可以很容易的打造起來，並變化許多花樣，以相當吸引人的方式出現。

4. 景片：純裝飾、模擬建築物、遮蔽表演區域兩側、或是遮掩地平線的地條（ground rows）等多種用途。

5. 襯景：在敞開布景的後面墊置襯景，就可以避免這些布景若單獨出現，會太過空洞或穿幫。

6. 天花板與地板：為何要搭建天花板與地板之布景？理由是為了使整個布景有一體完整的感覺。

（1）天花板：為免低角度的攝影暴露出頂上滿掛的燈具，或增進室內及環境的真實感和說服力。

（2）地板除了能為布景增色，還具備實際的功能。地板的布景可以純為裝飾，也可以配合實景在表面鋪蓋上沙石、草皮、磚塊等模型。

7. 布景零件：從招牌、壁爐、書櫃到城門，或各種模擬的物品，不一而足，是布景師眼中的百寶。

布景的基本構成與用途

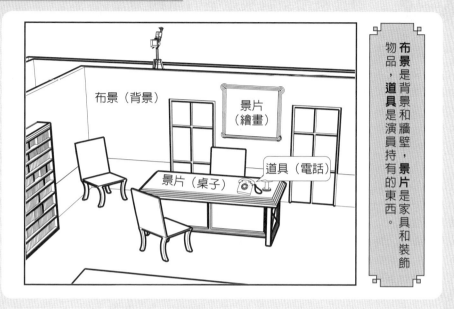

布景（背景）

景片
（繪畫）

道具（電話）

景片（桌子）

布景是背景和牆壁，景片是家具和裝飾物品，道具是演員持有的東西。

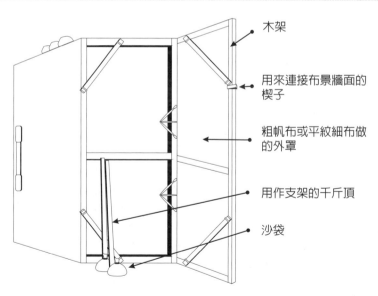

木架

用來連接布景牆面的楔子

粗帆布或平紋細布做的外罩

用作支架的千斤頂

沙袋

軟牆布景：係由覆蓋著平紋細布或粗帆布的木製框架組成。

第9章

布景與動畫

UNIT **9-2**
導播應用景物與景型的原則

一、景物作用

　　導播應用景物有兩個基本的目的，那就是幫助觀眾瞭解劇情與表達視覺藝術的特質，導播與製作者裝置景物不僅要表明故事的時代和地點，還應該表明與劇中人物之間的關係。

　　設計與裝置布景，更需要顧及觀眾是否明瞭景內與景外的空間關係，但製作者設置的布景不可以妨礙觀眾對劇情的瞭解，譬如：一個劇中人出場後，另一個緊接著進場，而在劇中，這兩個人並未碰面，所以在設計布景與分鏡拍攝的時候，都要容許這個行動，不能使觀眾產生迷惑或誤解。

　　至於如何利用布景營造視覺效果與空間認知？導播要善用前後景的搭配可以突破布景平面的限制，營造出空間的深度感。這種方式，再加上節目中其他實景、實物的配合，除了能增進景深，同時具有美化、強化真實感的效果。在比較大的場景中，因為這種前後的層次更為突顯，乃至於連天空線的錯覺都可以模擬出來。

　　燈光的運用，以及攝影機的角度取捨，也是決定觀眾認知的前提。要是攝影機角度太側太斜，就很容易暴露出布景的假象。否則利用這種視差的幻覺，加上布景中的前後景所營造出的空間距離的遠近感，從攝影機看來會相當寫實。還可以借由其他技巧像是剪輯的幫助，讓不同時間、不同地點拍攝的場景串聯起來。

二、傳統景型：倒 U 字形景型

　　電視場景的傳統景型來自舞台的基本結構，就像一個四邊型的盒子，當面對觀眾的那一面布幕升起來以後，它的形狀即變為一個倒 U 字形，那缺口的一面即是我們所謂的第四面牆，理論上這第四面牆並不是不存在，而是為了給觀眾較大的視野而將它隱藏，或者說是省略掉了。

　　倒 U 字形景型的優點是堅實、裝置容易和不致發生視野的設計錯誤，這種景型用於電視雖然是最穩當，但卻不是最好的。

三、景型突破

　　從倒 U 字形景型來看，也許會給人一種誤解，即攝影角度愈大的場景愈佳，事實上並不全然。因為根據經驗，超過 90°角的場景便會穿幫，而以 90°角的景型攝影角度最為恰當，也就是將以上倒 U 字景型的左或右面的任一道牆切去。成 ¬ 或 ⌐ 形。這種形狀場景的攝影角度雖大，但有若干缺點，譬如景深過淺、沒有層次、一覽無餘、缺乏隱密和趣味感，同時表演迴旋的空間狹窄，變化不夠。

　　這種景型也有突破的方法，譬如將以上介紹的兩種景型連用，但須考慮在劇情上的背景一致，如同屬一個家庭或一棟建築中的兩個部分等。兩個景之間必須相通，如裝置一片門或一個過道等等。

　　同樣地，我們也可以將兩個「L」景型連用，如臥房連書房場景，在透視圖上看起來，不但有景深與層次，演員活動的空間也加大。

倒 U 字形景型

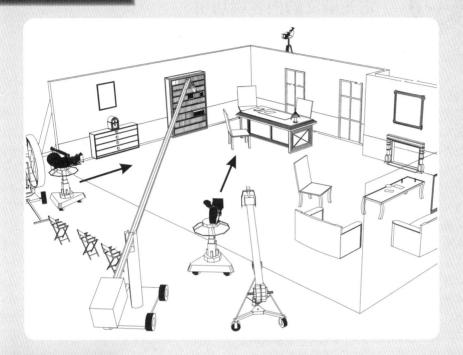

L 字形景型

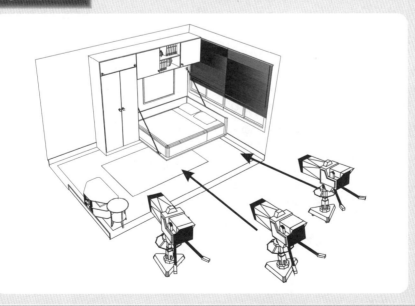

UNIT **9-3**
電視圖文的內容與功用

一、內容

就電視製作而言，圖文（graphics）可包括所有為電視攝影機所準備的二度空間的視覺資料，如圖片、字卡、解說圖、地圖、或表格等皆是，今日加上電腦動畫，更將視覺訊號延伸至三度空間的境界。由於電腦繪圖的加入，帶來了更大的方便、更多的變化。此外，電腦軟體不斷更新演進，更豐富了圖文的形與質；而其形體更可直接以數位的方式，經視訊切換器輸入，也減少了轉場與轉錄過程中，可能漏失及衰減的機會。為了解說方便，在這裡以圖文繪製過程中是否應用了電子設備，將圖文繪製類型分為：非電子圖文繪製類型以及電子圖文繪製類型。

電子圖文系統消除傳統花費在繪製圖文的準備時間，以及架設攝影機將圖文轉換成視訊的中間步驟。最主要的是它們提供設計者更多的選擇變化。這些都是電子圖文系統日受重用的原因。

雖然電子圖文並不會立即地淘汰非電子圖文，但如何製作好手製圖文，仍是美術設計的一個重要專業。然而，隨著傳播科技的日新月異，電子圖文的製作與呈現在質與量所造成的影響也就更為深遠；雖然，有了精密的電腦，所有的繪圖處理過程都簡化了，然而對圖文的品質及變化的要求也相對提高。隨著各個系統功能之增強增多，對技法及創意之考驗也愈繁雜，尤其是繪圖的部分，由於技術及設備的日益精進，如今已儼然發展成另一種專業的領域。

二、功用

過去攝影棚作業所牽涉到的圖文設計、視訊剪輯、音訊指導，以及其他的工作大都是分工合作，各司其職。現今少數的大攝影棚仍是如此；然而，隨著電腦在電視製作用途的擴充，有更多小型攝影棚的很多工作仍藉電腦互相結合，難以截然劃分。因此製作字幕的機組，同時也是做圖文及動畫的機組，也可以是做視訊剪輯的機組，此即所謂桌上型視訊系統的特色。操作電腦者，有可能就是那個要理解所有這些工作的人。

圖文藝術需要 2D 和 3D 兩個領域的專長。不過 2D 跨到 3D，是更大的進步，牽涉到更大量的人工、時間成本，以及更為複雜的周邊系統，如掃瞄器、抓圖卡、剪輯系統等，唯有些圖繪在 2D 比 3D 容易做，反之亦然。某些套裝軟體隨時為特定工作而設計，譬如建築、景觀等，包括特定元素來建構物體。比如說：如果只做景觀便使用專門為它設計的軟體，那會比較便宜也較容易使用，也會比全包型的 3D 藝術軟體，操作得快速些。

在質與量都能兼顧的情形下，設計者可以從這個領域轉換檔案到另一個領域，並享受兩個虛擬世界的最佳成果。無論如何，除了軟體、硬體，還須具備創造力及想像力，方能悠遊於電腦動畫這個領域。

傳統電視中文字幕製作過程

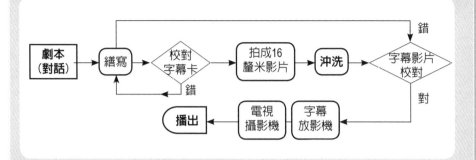

電腦輸入中文字幕製作過程

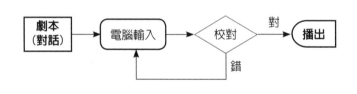

節目製作畫面錄音控制系統

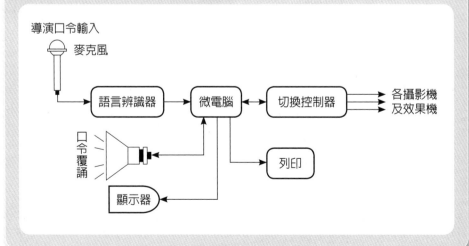

UNIT 9-4
3D 動畫的視覺原理與特點

一、3D 動畫的視覺原理

　　3D 動畫藝術的視覺原理，是在傳統動畫的基礎上，融入現代電腦圖形技術而發展起來的。它利用 3D 動畫設計軟體，在電腦中首先建立一個虛擬的 3D 世界，設計師在這個虛擬的世界中，按照要表現物件的形狀尺寸，建立模型及場景，再根據要求，設定模型的移動軌跡、虛擬攝影機的運動和其他動畫參數，當一切完成之後，就可以讓電腦自動運算，「渲染」生成最後的畫面。

　　3D 動畫的優點是「無中生有」。電腦中立體模型的各個面，是經過電腦數位計算出來的，人們不需要把模型畫出來或製造出來，便可以在電腦的虛擬世界中將其任意旋轉、翻滾，來觀看物體模型的每一個角度。製作 3D 動畫中的模型，就好像在捏黏土一樣，而製作 3D 電腦動畫的過程也類似於製作黏土動畫。首先必須先在電腦的虛擬空間內捏塑立體模型，並製作背景場景。不同的是，3D 電腦動畫更注重的是虛擬攝影機拍攝的技巧，包括：如何製造景深使其具有空間感，在電腦的虛擬片場中拍攝電影。注重演員走位並兼顧畫面的聲光效果，也就是說，完全在電腦的虛擬片場中拍攝電影。

二、3D 動畫的特點

　　3D 動畫藝術是一種空間形式的時間藝術，空間形式決定了它擁有美術繪畫的色彩、光線、構圖等造型特點，而「時間藝術」說明它能夠體現力量、速度、變化的運動特徵。同時，3D 動畫是建立在電腦虛擬空間中的運動藝術，因此無論是它的造型還是運動，都具有很大的變換張力和表現空間，都可以用變換和誇張的設計手法烘托情感。對於造型而言，角色形態和場景的構成是螢幕視覺的中心，動畫在虛擬環境中的製作過程突破了現實中種種條件的限制，在對 3D 動畫的場景、人物的形、色、質進行塑造的時候，可以有意放大或縮小某些細節，以營造強烈的視覺衝擊力和感染力，進而使受眾獲得奇特和新穎的審美感受。

　　1.3D 功能：電腦 3D 動畫藝術設計中的影像，在其被渲染並以靜幀畫面生成之前都是具有 3D 功能的，可以運用滑鼠對其進行 360°的旋轉和觀看，而且每一個角度都是真實的 3D 圖像。

　　2. 真實性：3D 動畫最大的特點是「虛擬的真實性」，它比傳統或數位方式製作的 2D 動畫更接近真實。3D 動畫藝術設計的 3D 功能與傳統手繪動畫相比，其最顯著的「真實性」，乃是強調光線對形體塑造的作用。

　　3. 互動性與虛擬實境應用：電腦 3D 動畫藝術設計與傳統動畫的區別，在於可以利用定位設備（滑鼠、操縱桿等）對電腦螢幕、數位目鏡及數位頭盔中的虛擬景物進行即時的互動，就像在現實空間中擺弄一個物體一樣，讓使用者自由的悠遊其中，並有強烈的融入感與參與感，而這一點是 2D 動畫無法實現的。正是由於這些互動性與虛擬實境的應用，使得電腦圖形藝術設計的應用空間遠遠大於傳統藝術設計的範圍和領域，增加了設計者和使用者的參與感和身臨其境感。

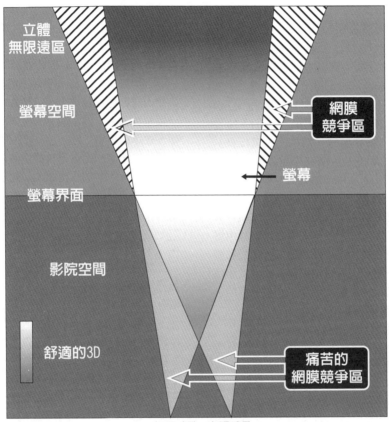

3D 立體的舒適區

立體
無限遠區

螢幕空間

網膜
競爭區

螢幕

螢幕界面

影院空間

舒適的3D

痛苦的
網膜競爭區

左眼瞳孔　右眼瞳孔

☆ 如果我們知道的3D立體成像的規則彙總在一起，我們就可以畫出一
個舒適區，那是我們左右眼立體錐體的複合交叉區，其錐體由人眼
與螢幕的四個角來決定。

UNIT 9-5
虛擬實境的定義與特質

一、虛擬實境的定義

「虛擬實境」（Virtual reality）一詞是由美國噴氣推動實驗室的創始人拉尼爾（Jaron Lanier）首先提出的全新概念，涵義是「用電子電腦合成的人工世界」。「虛擬實境」在聖克魯格（Myren Kruege）20世紀70年代的實驗裡，稱為「人工現實」（Artificial reality）；而在吉布森1984年出版的科幻小說《Neuromancer》裡，則被稱為「可控空間」（Cyberspace）。

虛擬實境首先應用於美國國家航空太空總署和軍事部門的模擬實驗，它利用電腦圖形產生器、位置跟蹤器、多功能感測器和控制器等，有效地模擬實際場景和情形，進而能夠使觀察者產生一種真實的、身臨其境的感覺。

虛擬實境技術VR（Virtual reality），是20世紀60年代發展起來的一門涉及眾多學科的新近技術。它整合電腦技術、傳感與測量技術、模擬技術、微電子技術於一體。而理想中的虛擬現實技術，是透過電腦創建一種虛擬環境（Virtual environment），並經由視覺、聽覺、觸覺、味覺、嗅覺等作用，使用戶產生和現實中一樣的感覺，這樣用戶就會產生身臨其境的感覺，並可實現用戶與該環境的直接互動。

今天，虛擬實境已經發展成一門涉及電腦圖形學、人機介面及即時影像處理等領域的綜合性學科。虛擬現實可以定義為：浸沒感、互動性和構思為基本特徵的電腦高級人機介面。使用者不僅能夠透過虛擬實境系統感受到在客觀物理世界中所經歷的「身臨其境」的逼真性，而且能夠突破空間、時間及其他客觀限制，感受到真實世界中無法親身經歷的體驗。

非實體布景是3D電腦繪圖的延伸與攝影棚內攝影機連線加上視訊特效所結合的一種視覺效果，其型態無法與其他布景歸類，故單獨稱為一類。這一種類的非實體布景使得布景回歸最單純簡單的藍色，卻又衍生出無限的創作空間，削減了實體布景的搭建與維護，也使攝影棚的空間及成本大大減少。

二、虛擬實境的特質

虛擬實境是一種可以創建和體驗虛擬世界（Virtual world）的電腦系統。基本特徵有：

1. **沉浸感**（Immersion）：是指用戶作為主角存在於虛擬環境中的真實程度。理想的虛擬環境應該達到讓使用者難以分辨真假的程度（例如可視景象應隨著視點的變化而變化），甚至超越真實，如實現比現實更逼真的照明和音響效果等。

2. **交互性**（Interaction）：是指用戶對虛擬環境內的物體的可操作程度和從環境得到回饋的自然程度（包括即時性）。例如：用戶可以用手直接抓取虛擬環境中的物體，這時手有觸摸感，並可以感覺物體的重量，場景中被抓的物體也立刻隨著手的移動而移動。

3. **想像力**（Imagination）：是指使用者沉浸在資訊的三度空間中，依靠自己的感知和認知能力，全方位地獲取知識，發揮主觀動力，尋求解答，形成新的概念。

虛擬實境的定義與特質

▲（左圖）1984年，NASA Ames建立第一個立體的HMD（頭盔）。
▶（右圖）1985年，VPL公司成立，推出DATA GLOVE手套。

頭戴式顯示器
以後虛擬實境
將更加逼真

沉浸式虛擬實境應用

☆ **虛擬實境的定義**：崑山大學空間設計系與愛迪斯科技合作，籌設了
VR CAVE 的沉浸式虛擬實境作為研發重點。期望透過數位空間導覽的
人機界面，以及數位多媒材應用的互動系統，來整合娛樂科技到生活
環境中。

UNIT 9-6
虛擬實境的關鍵技術與藝術應用

一、虛擬實境的關鍵技術

　　虛擬實境是一門直接來自於應用涉及眾多學科的新的實用技術，是彙集先進的電腦技術、傳感與測量技術、模擬技術、微電子技術等為一體的綜合性技術。在電腦技術中，虛擬實境技術的發展又特別依賴於人工智慧、圖形學、網路、物件導向、Client/Server、人機互動和高性能電腦技術。其關鍵技術和研究內容包括幾個方面：

　　1. 環境建模技術：虛擬環境的建立是虛擬實境技術的核心內容，環境建模的目的是獲取實際 3D 環境的 3D 資料，並根據應用的需要，利用獲取的 3D 資料建立相應的虛擬環境模型。

　　2. 身歷聲合成和立體顯示技術：在虛擬實境系統中，如何消除聲音的方向與用戶頭部運動的相關性，已成為聲學專家們研究的重點。同時，雖然 3D 圖形生成和立體圖形生成技術，已經較為成熟，但複雜場景的即時顯示，一直是電腦圖形學的重要研究內容。

　　3. 觸覺回饋：在虛擬實境系統中，產生身臨其境效果的關鍵因素之一，是讓用戶能夠直接操作虛擬物體並感覺到虛擬物體的反作用力，然而研究力學回饋裝置是相當困難的。

　　4. 互動技術：虛擬實境中的人機互動遠遠超出了鍵盤和滑鼠的傳統模式，3D 互動技術已經成為電腦圖形學中的一個重要研究課題。此外，語音識別與語音輸入技術也是虛擬實境系統的一種重要人機互動手段。

　　5. 系統的合成技術：虛擬實境系統中的合成技術，包括大量的感知資訊和模型，發揮至關重要的作用。而此一合成技術則包括了系統的標定技術、資料的轉換技術、同步技術以及模型的識別等等。

二、虛擬實境在數位媒體藝術中的應用

　　虛擬實境是數位媒體技術和藝術的重要發展方向。從本質上說，虛擬實境就是一種先主動及時解決問題。具體的數位媒體藝術創作領域，其應用方向主要集中在以下三個方面：

　　1. 數位藝術創作：數位藝術創作是虛擬實境技術的嶄新運用領域。傳統的藝術創作尤其是繪畫藝術，主要是在 2D 平面上創作和展現的。運用虛擬實境技術，可以突破 2D 限制，進行虛擬 3D 空間的藝術創作。

　　2. 遊戲與娛樂：電子遊戲透過電腦技術為傳統意義上的道具和規則，拓展了一個全新方向，電子遊戲實際上是規則遊戲與虛擬環境相結合的產物。英國已經出售一種可以讓使用者身穿滑雪服，腳踩滑雪板，手拄滑雪棍，頭上戴著頭盔顯示器，手腳裝著感測器的遊戲。

　　3. 虛擬攝影棚和虛擬演員：虛擬攝影棚是一種典型的增強現實系統，目前已有廣泛的應用。虛擬攝影棚能跟蹤攝影機的運動，根據攝影機當前的方位，即時渲染出虛擬環境，並利用 Chroma key（嵌入畫面），把主持人與虛擬環境合成在一起，以使觀眾產生主持人位於某一虛擬環境的視覺感受。以色列的一家公司甚至推出可以把相隔千里的主持人，合成在同一個虛擬環境的虛擬攝影棚系統。

身歷聲合成和立體顯示技術

戴上虛擬實境面具，一隻手握住一枝針筆（stylus），另一隻手拿著追蹤裝置，一位藝術家就能以空前的精確度，在空氣中繪出3D物體。這套新系統稱為「Drawing On Air」，而且研究者已經設計出直覺的界面，並提供必要的控制給藝術家以描繪出複雜的藝術性、科學性與醫學主題。

Oculus Rift，使遊戲的臨場感獲得革命性的提升

結合虛擬實境面罩(Oculus Rift)的即時體感遊戲

獲得2013年E3電玩展「最佳硬體」頭銜的3D虛擬實境頭戴顯示器Oculus Rift

藍板

虛擬攝影棚

UNIT 9-7
虛擬實境在展覽展示領域的應用

一、動態沙盤模型和形式

多媒體投影沙盤是一種高科技的產物，它結合實體地形模型，利用動畫及多媒體軟體演示，透過投影的方式，將動態效果投射到實體沙盤模型上，結合燈光音效及配音講解，生動直接地進行展示，讓參觀者形象生動地獲取簡明、優美、逼真的動態資訊。它能使觀眾對展示對象有全面、立體的整體瞭解，比傳統沙盤更具震撼力和感染力。電子沙盤系統目前廣泛應用在博物館、紀念館、科技館、陳列館等展館。

二、電子翻書系統和形式

電子翻書系統（虛擬翻書、空中翻書）是用影像識別技術及多媒體技術實現的一種虛擬翻書視覺效果，當觀眾伸手在書模上方揮手做出翻書動作時，這本虛擬圖書就會跟著翻頁，栩栩如生的動態翻頁效果，讓觀眾在驚嘆神奇虛擬技術的同時，也是一種愉悅的體驗。

三、互動投影系統和形式

互動投影系統有地面互動投影、牆面互動投影、桌面互動投影等，多媒體互動投影系統是採用電腦視覺技術和投影顯示技術來營造一種奇幻動感的互動體驗。觀眾可以用肢體與投影畫面中的內容進行互動，能幫助提高展示效果，並展示科技之美。

四、空中懸浮成像系統和形式

利用精密光學成像原理，透過聲光電控制、多媒體製作等高科技技術，以空中懸浮成像方式來立體展示各種展品，使觀眾具有新鮮、神奇、美妙的感覺，以增強展示的吸引力。

五、幻影成像系統和形式

利用光學成像原理，將拍攝的影像（人、物）與實體模型景觀合成，用以生動演繹故事情節，情景生動，立體感、現場感強。

六、多點觸摸系統和形式

所謂「多點觸摸系統」主要指透過投影方式（背投/正投），用戶們可以同時完成螢幕上多個點（含桌面、牆壁或觸控板）的觸摸互動，或地面的互動投影。換言之，用戶們可以直接使用雙腳或雙手與普通投影幕上的虛擬場景進行互動操作。其表現形式多樣，大多應用在展廳、展館、展會等公共區域。

七、虛擬實境展示

虛擬實境是利用電腦模擬產生一個三度空間的虛擬世界，提供使用者關於視覺、聽覺、觸覺等感官的模擬，讓使用者如同身臨其境一般，可以及時、無限制地觀察三度空間內的事物。

八、智慧藝術互動展板（牆）系統和形式

智慧自動感應電子展板是將多個32寸或42寸平板電視裝飾為電子展板，透過智慧感應裝置和電腦處理，結合多媒體動態演示。當參觀者走近相應電子展板前，相應展板會自動做出回應，並動態演示相關內容。這一方面充分增加了展板的動態展示效果，另一方面又自動感應參觀者的到來，提供了展示的智慧性，讓參觀者倍感親切，增加展示的趣味性。

動態沙盤模型和形式

博物館電子沙盤

博物館沙盤模型

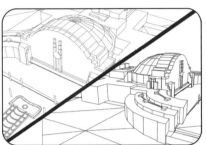

電子翻書系統

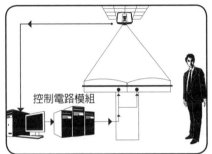

控制電路模組

電子翻書原理圖

虛擬實境在展覽展示領域的應用

← 互動投影系統
↓ 空中懸浮成像系統

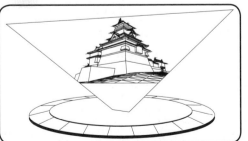

第 **10** 章

電視節目前製作業

UNIT **10-1**
電視節目前製作業及其重要性

一、電視節目前製作業

所謂「前製作業」，是指電視節目製作的前製作業（pre-production）。這是由製作人、企劃、編劇共同根據原始構想，運用各種可能的製作資源，形成具體節目製作計畫書的過程。具體而言，包括擬定節目構想、進行節目企劃、完成定稿腳本等各項工作。投入專業的人力和充足的時間，確實的完成前製作業，是節目成功的基礎。

1. 節目企劃：首先要擬定企劃指導方針，包括：（1）考慮現況——就是現在需要什麼節目？包括：配合電台政策、反應社會輿論、瞭解同業競爭趨勢、考量本台財務能力及製作成本、流行或時尚的趨勢、分析廣告市場需求……等。（2）傳播內涵——就是這個節目要告訴觀眾什麼？包括：思想觀念方面、行為模式方面、道德標準方面、生活技能方面。（3）這份企劃要解決的是什麼問題或達到什麼目標？（4）目前所面臨環境狀況或挑戰為何？（5）什麼樣的計畫可以幫助問題的解決或目標的達成？（6）如何執行那些計畫？（7）要花多少的時間、多少人力、及多少的經費可以達到目的？（8）解決問題或達到目標後的實際助益。

2. 撰稿與審查：主要是審查企劃書——以前項指導方針為標準。包括：（1）主題意識及實際表達程度。（2）節目型態與收看對象。（3）節目特色，有否突破現況之處。（4）內容發展，有否牴觸社會善良風俗？（5）核定製作費用。（6）核定製作人的資格及專業能力。（7）預定製作進度及播出日期。（8）預估廣告營收。

3. 企劃作業當中所包括前製作業：（1）收視物件分析。（2）節目主題規劃及內容分析。（3）節目形態設計。（4）競爭節目分析。（5）完成節目企劃。

二、電視節目前製作業的重要性

前製作業為何重要？因為節目形態（Format）是用來呈現內容的基本形式，也就是運用視覺及聽覺元素來傳達訊息的手法。節目設計的重要工作之一是決定節目採用的形態或是設計新的節目型態。一般而言，節目形態可分為下列幾種：

1. 新聞（News）及新聞節目（News program）

2. 講述型節目（Lecture）

3. 訪問型節目（Interview）

4. 座談型節目（Panel discussion）

5. 示範型節目（Demonstration）

6. 實景拍攝／旁白（On-location/Voice over narration）

7. 紀錄片（Documentary）

8. 戲劇節目（Drama）

9. 競賽（Game）

10. 綜藝節目（Variety show）

11. 動畫（Aanimation）

12. 雜誌型（Magazine format）或綜合型節目

目前，很多國家，包括台灣流行員人實境秀（又稱真人秀）（Reality television）節目，它是一種強調即時現場直播，沒有劇本，不是角色扮演，聲稱是百分百反映真實的電視節目，很多歌藝選秀比賽，就是採取這種節目形態。

電視節目前置作業

> 1. 節目企劃：擬定企劃指導方針
> 2. 撰稿與審查：審查企劃書
> 3. 企劃作業當中所包括的前置作業

節目類型

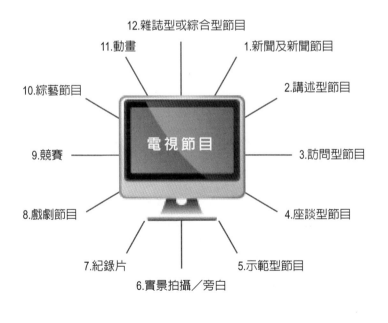

12.雜誌型或綜合型節目

11.動畫

1.新聞及新聞節目

10.綜藝節目

2.講述型節目

電視節目

9.競賽

3.訪問型節目

8.戲劇節目

4.座談型節目

7.紀錄片

5.示範型節目

6.實景拍攝／旁白

UNIT **10-2**
電視企劃書的內容

一、節目名稱

即所企劃製作之節目的名稱。電視節目的名稱，誠如新聞報導中之新聞標題一樣，宜取為能吸引觀眾注意力、且又能使人易於瞭解節目類型的名稱。

二、節目宗旨或目標

節目宗旨是節目製作的主要目的、動機與意義。很多企劃書上所撰寫的「宗旨」部分多流於抽象形容詞或專業名詞的堆砌，因而「具體」是撰寫宗旨時需掌握的要點。

三、節目對象

大部分的節目都會有其主要的觀眾群。在節目企劃之初，企劃節目的工作人員應先設定該節目主要的觀眾群是哪些、或該節目的特定觀眾對象為某一種特定對象設定，這一群人便可稱為該節目的目標觀眾（Target audience）。

四、節目的長度與播出時段

1. 節目的長度是指該節目製作出來的結果時間有多久：通常 30 分鐘節目，實際播出長度在 23 至 25 分鐘之間。60 分鐘節目實際長度在 47 至 48 分鐘之間。90 分鐘節目的實際播出長度約在 76 至 78 分鐘之間。120 分鐘節目實際播出長度則在 102 至 105 分鐘之間。

2. 播出時段則為該節目在何時播出：節目型態、訴求對象與播出時段通常有關聯性，譬如新聞性節目的播出時段通常為上午六時至八時、中午十二時至一時、及晚間七時至八時等；而以兒童為訴求對象之節目的時段，通常為下午四時至六時。

五、內容大綱

通常在擬定的節目時間內，將節目內容做適當的安排以及段落的設計。綜藝節目中可以設計開場、主持人訪問、歌星趣味表演等等；又如新聞雜誌型節目可設計由主持人開場白、安排三個不同的新聞深度報導，並由主持人來串場；諸如此類，皆屬企劃書中對節目內容的安排。

六、節目類型

節目類型及前述各種節目以表現型態來區分的分類。由於各種節目的製作方式、訴求對象等，均不盡一致，所以應於企劃的內容前面先將節目類型列出。

七、表現方式

表現方式，即該節目內容的表現方式。企劃書人員應先瞭解電視節目的類型、及該類型節目的走向，並可以參考以往的節目類型與製作方式來製作節目，或是自創出新型態的節目。

八、節目特色

即該節目應發展出與其他節目不同的特色，列出本項於企劃中的目的在於表現自己節目的賣點，而易於被採納。

九、預期效果

預期效果及描述該節目的播出，預期會造成什麼樣的效果。如某廣告播出後希望能達到人們一聽到該產品就會想到該廠牌。或某介紹旅遊資訊的節目，希望透過該節目的介紹，而使觀眾對於各地之旅遊有更深一層的認識。

十、經費預算

包括：（1）器材使用之預算（燈具、錄製設備、轉播車等）。（2）人員薪資之預算（包括演員與製作人員）。（3）其他雜支及保留預算（如椅子、打卡版、劇本影印費等）。（4）製作以外之預算（如餐飲費、住宿費、電話費等）。

電視企劃書的內容

1 節目名稱宜吸引觀眾注意力

2 節目宗旨或目標能具體掌握要點

3 節目對象即目標觀眾

4 節目長度與播出時段與訴求對象有關聯性

5 內容大綱段落設計宜做適當安排

6 節目類型以表現型態區分

7 表現方式可參酌往例或創新

8 節目特色應發展與眾不同的特色

9 預期效果例如產品知名度或旅遊景點……

10 經費預算包括器材使用、人員薪資及其他

UNIT **10-3**
如何撰寫電視腳本

圖解電視節目編導

完整腳本影部包含動態影像、動畫、靜態畫面、視訊特效、圖表、字幕等,聲部包含旁白、對話、音樂音效等。那麼,到底如何撰寫電視腳本?

一、電視腳本的規劃

寫電視腳本如同寫文章一樣,必須有相當的構思,才有辦法下筆。

當進行前製作業的田野調查、以及勘景的同時,必須開始規劃節目該做什麼樣的安排。所以電視腳本是集合導演、製作人、企編人員或其他相關人員,共同討論協商,最後經由企編人員的文字編寫而產生的。

亦即,在田野調查工作、會議討論的同時,必須隨手做筆記,並匯集所有相關資料,結合導演在影片想表現的方式,以腳本的格式,做文字編排。

二、電視腳本必須掌握的重點

1. 腳本必須力求精確詳細,以便事前的準備工作,以及拍攝參考。

2. 腳本必須是簡單易懂的,是可以讓導演、製作人、演員、或是其他工作人員可以看得懂的。

3. 影片中引用數據或年代資料,應做多方面的查證工作,並應註明資料來源。

4. 腳本應該要有主題、情節、人物、對話等要素。

5. 注意畫面設計,儘量運用影像或圖形呈現實務、過程或情境,以發揮電視媒體特徵,並注意影像和聲音的結合。

6. 增加互動設計,以鼓勵觀眾參與,刺激思考,減少被動式觀賞。

7. 運用音樂或音效,提高真實感、吸引注意、增加氣氛或作為轉場。

8. 運用可以吸引觀眾的表現方式,例如活動、人物的動作或畫面、場景、人物、主題、聲音的變換等,來維持觀眾注意力。

9. 為了使觀眾一聽就能瞭解,以口語化方式擬寫旁白或新聞稿,使用簡潔準確的文字和簡單語句,避免使用倒裝句或冗長繁雜的用語,不要文白夾雜,更不宜堆砌華麗的文字。如果有容易產生誤解的同音異字要加以刪改。

10. 撰寫訪問或談話節目腳本時,使用個人化的、親切的語氣,提出觀眾心裡的問題。

11. 旁白與一般文章表現方式不同,必須口語化,儘量避免繞口的文字。最好在撰寫腳本時,一邊唸一邊寫,如果連自己唸起來都不順暢,唯一的方式,就是再將旁白重新整理一遍,直到自己唸起來通順為止。

12. 旁白與畫面大多是相對應的,必須考慮畫面表現的難易度。所以在撰寫旁白的同時,應注意下列事項:

(1)儘量避免使用簡報式的旁白:例如「安平地區有安平古堡、德記洋行、東興洋行、億載金城、海山館等古蹟景點。」這種旁白會產生每一個畫面,出現的時間不到 2 秒鐘,有如照片翻頁一樣。

(2)拍不到的景物、或難以呈現的畫面,儘量避免做太多的描述。

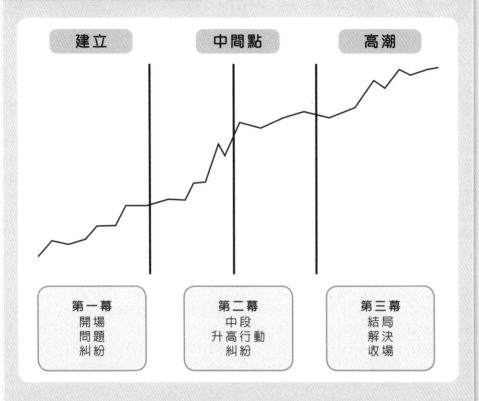

基本的三幕故事結構圖

建立　　中間點　　高潮

第一幕	第二幕	第三幕
開場	中段	結局
問題	升高行動	解決
糾紛	糾紛	收場

知識補充站

★何謂「故事結構」？導演如何運用故事結構？

　　故事結構是一場戲發展的方式，常常和一段單一的演說類似，都有上升情節、使劇情複雜化的事物、一個轉折點、一個高潮，以及下降的情節。甚至非線性戲劇裡的場景，也包含了一部分的特徵。

　　比較抽象的戲劇也許沒有標準的高潮，但它們會有一個內在動力由這些建構它們的故事。導演負責編排戲劇結構及有效地說故事。導演將決定及強調所有的關鍵時刻，甚至知道該如何分配排演時間，對一場戲的關鍵時刻的理解判斷，變成另一個測試情節是否正確有效的方法。

第10章 電視節目前製作業

151

UNIT **10-4**
電視腳本的基本結構

圖解電視節目編導

一、定義

結構是來自於建築學的術語。它的本意是指「建築物上承擔重力或外力部分的構造」，也即人們通常所說的骨架。應用於文學、藝術上，結構是指「各個組成部分的搭配和排列」，即所謂的謀篇布局。對於影劇來說，結構便是對情節的組織與安排。

二、戲劇性結構

1. 開端：通常人們認為一部影片的前10分鐘，便是開端。實際上，一部影視劇的開端是很難用時間長短來界定的，而且今天的影視觀眾，已經愈來愈缺乏耐心，恐怕很難一直等上10分鐘才來判斷影片是否有足夠的吸引力。其實無論時間長短，開端所應具有的功能應是一樣。所以，影片的開端應該是：劇情已經初步建置起來，有了最初的衝突，足夠吸引觀眾的懸念。

2. 進展：進展是劇作從開端到高潮之間的段落，這一段落是劇作的主體部分，占據了劇本大部分篇幅。有人也把進展稱為對抗或上升階段，其特徵如下：

（1）情節的進展：在開端階段建構起來的，自是劇情的最初動態，待主要人物出場，情節主線初露端倪。這些敘事因素都在進展階段，進一步展開，次要人物陸續出場，相應產生的情節副線開始展開，涓涓細流，匯成江河，劇情進入最為複雜的階段。

（2）對抗的上升：在進展階段，隨著劇情的展開，矛盾和衝突也愈來愈激烈，衝突各方的對抗強度不斷上升。對抗的上升，為敘事的推展，不斷增添動力，使它能始終保持加速前進的狀態。

（3）人物性格的展現和刻劃：劇中人物的性格在開端部分尚未展露，到高潮時已基本完成。所以，它應當是在進展部分，隨著情節的展開和衝突的一次次爆發而漸顯現的。

3. 高潮：當觀眾在觀賞影片時，總會期待其中的高潮情節；劇作者經新的規劃、漫長的鋪陳，為的就是將故事中最精彩的部分，華麗地表現出來。通常，劇作者會集中所有的力量，在關鍵時刻爆發出來，這樣的劇情才會令人印象深刻。尤其是，盡可能將劇情高潮出乎眾人的意料，這樣才會讓觀眾驚嘆！

4. 結局：劇作敘事從開端出發，不斷加速推進，在高潮時達到了它的最高速度。隨著高潮的完成，他也踩下煞車，但還會隨著慣性，滑行了一段才會停止。這段「煞車距離」就是劇作者的結局部分。

三、小結

「結構」是一個極其重要的表達方式。所謂「結構」，即電視寫作內部的組織、構造。如果說主題是電視寫作的「靈魂」，素材是電視寫作的「血肉」，那麼，結構就是電視寫作的「骨幹」。只有具備合適的結構，才能正確反映客觀事物的發展規律和內在聯繫。

以上所說的結構類型也只合適一部分表現內容的題材，而對其他大量題材，還是應以結構新穎、技巧多變來吸引觀眾。電視作品的結構不僅僅體現在鏡頭的編排上，還有一種整體意義的把握、設計和構思，是節目全部靈魂的表現形式。

電影腳本的基本結構

場：03　　　時：日
人：莉君、男友、化妝師、攝影師、攝助
地：海邊沙灘
○身穿白紗，手上戴著白手套、臉上頂著大濃
　妝的莉君，正背對著眾人講電話，感覺已經
　講了很久。
　莉君：（幾乎是哀求）主任，拜託你找別人
　　　　好嗎？我在拍婚紗，真的走不開啊！
○對方顯然也在哀求莉君，莉君招架不住的
　表情。

○莉君很怕男友生氣，不時回頭看著他。
　男友早已一臉不悅。

○莉君的男友穿著休閒式西裝，雙腳泡在海
　裡，海浪泡沫拍打在他褲管上，被烈日燒
　烤著……。

○化妝師、攝影師、攝影助理一行人沒事
　可做，一堆專業行當被晾在沙灘上，大家頂
　著大太陽，正在等莉君講完電話。

○男友：（好了沒？）……

※資料來源：電影短片　「美麗境界」

153

UNIT **10-5**
導播如何進行劇本分析

一、劇本實例

1. 電視導播對戲劇藝術的認知與挖掘（創作），不應該僅是生活的體驗與生活層次的理解，應該是生命層次的體驗和理解。

2. 研析一本劇本，不僅是對劇本文字上的理解，也要從根本上研究劇作家創作的動機和理念，從感情和理智兩個層面，同時進入劇本裡創作家的生命層次。

3. 每個人有每個人的靈性，每個人的藝術修養與工作態度不同。因此，通常在研析劇本的時候，仍從生活層面著手，也就是從製播技術上下功夫。

4. 分析劇本

（1）徹底瞭解全劇的結構，找出故事的起因、發展、頂點、解決和結局。

（2）根據人物要素，研究劇中主要人物的意志與阻力，找出造成衝突的原因。

（3）分析其他要素：思想、語言、布景和音樂。

二、技術層面

1. 導播分析人物要素，需要瞭解每個人物在劇中的功能，及扮演者必須具備的條件。

2. 導播也須研究劇中人物的生理特徵、聲調音量、感情變化和主要氣質等特殊性格，然後才能選擇適當的演員來扮演，並有效地進行攝製工作。

三、溫馨喜劇

1. 故事本身就是思想，劇情和思想相輔相成。劇作家只是按照故事原來的形狀，創造出它們本身的特殊意義。

2. 研究劇本裡的思想要素，要特別注意面對的現實：現今政治環境特殊，電視傳播的影響力很大；一個初習導播的年輕人，必須作多方面的審慎考量；一個劇作家的無心，卻可能帶給一個不細心的導播無謂的煩擾。

3. 對話與情節內容相關，尤其是對話鏡頭的組合，必須在製作的早期，也就是拍攝以前，就要設計出最後鏡頭的順序。

4. 導播對劇本中的對白必須逐字逐句費心推敲，不必要的長段台詞需要刪除，每一個角色的對白，都必須使其口語化。

四、圖像構成

1. 情節是池塘裡的魚，科技（包括場面、燈光和音響）是魚具。電視台的經營策略重視收視率。假設釣魚的是觀眾，魚與魚具便變得一樣重要了。

2. 不論布景、燈光和音響，配置它們的目的，都是為了幫助觀眾瞭解劇情和表達藝術的特質。

3. 設計布景的人在研讀劇本的時候，應該不時想想以下幾點：如此才能指明劇中的年代、地點、劇本類型（悲劇、喜劇）與風格（象徵或寫實）等。

（1）所需要的布景數目。

（2）所需要的布景種類（戶內、戶外、起居室、庭院或監獄等）。

（3）所需要的行動空間及怎樣的門窗、家具等。

4. 導播研析的重點，則是如何將文字轉換為活潑生動的畫面。包括景型、景區、演員走位和攝影機角度等若干因素的相互激盪。

5. 音樂要素通常是研究劇情內部的平穩和快速，作為指導演員表演的依據，並作為導播自己變換鏡頭速度的參考。

6. 必須瞭解劇本中最細微的意圖，以及在製播時最精密最確定的影像。如果自己確信已經正確而透徹瞭解了這個劇本，才可開始，根據自己的瞭解，草擬導播計畫。

導播如何分析劇本？

劇本實例

技術層面

導播如何分析劇本

溫馨喜劇

圖像構成

★導播必須瞭解製播時最精密及最確定的影像。

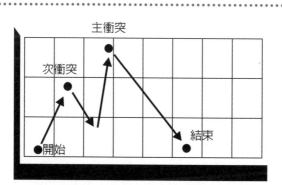

主衝突

次衝突

結束

●開始

★**分析劇本**：徹底瞭解全劇的結構。

UNIT 10-6

導播如何挑選演員

圖解電視節目編導

一、導播與導演

顧名思義，導演就是指導演員演戲的意思。在舞台與電影，擔任這項工作的人，被稱爲導演；而在廣播與電視，則稱爲導播。因爲導播除了指導演員演戲以外，還要負責製播技術方面的工作。

在國內電視初創時期，電視導播人才匱乏，又非短期可以訓練，因此實行所謂「二導瓜分制」。即是將節目的製播與排演分由兩個人來擔任。前者稱爲導播，後者稱爲戲劇指導。這個制度施行多年，到現在仍有部分節目在沿用，也就是說，導播只管演出而不問排演。

在錄影帶的後製作術出現以後，電視劇已經不再使用現製作立即播出的方式。現在導播應該有時間自己動手排戲，再自己指揮錄製與播出。若是一個不熟悉電視播映技術的人，縱然是成名的舞台或電影導演，照理也是沒資格作「戲劇指導」來替導播排演，同樣地，一個不懂戲劇、不會排戲的人，更是沒資格做電視戲劇節目的導播。

導播的意圖，跟電影導演一樣，需要透過演員的表演，傳達給觀眾。演員在導播與觀眾之間，擔任一個很重要的「仲介」角色。不過，演員能否傳達劇情，獲得觀眾的共鳴？大部分的責任還是在導播身上。

二、挑選演員

導播挑選演員，多半是和編劇、製作人兩、三個人一起商量，以避免獨自一個人過於主觀，把主要的角色給他自己喜歡的人去扮演，而分散了導播的注意力，影響整個節目品質。

有許多電視演員來自舞台，因此他們的表演方式也比較誇張，在攝影機前，往往會投射出過多的東西，做出過多的動作。因此使得某些導播寧可選擇一些沒有演戲經驗的人，也不願聘請他們來扮演寫實劇中的角色。選擇沒有演戲經驗的人演戲，其實也是一件相當冒險的事，除非導播在事前對這個人有較深刻的認識，若是只透過一、兩次試鏡的結果就決定主角，往往很容易失敗。

試鏡徵選新人時，通常總是給他飾演次要重要的角色，證明他確實有表演才華，日後有遇到適合他的角色時，才可能給他擔任重要的角色。

近幾年來，人們對表演的概念產生了很大的變化，是由於電視已經成爲一般人生活中一個很重要的成分，所以大多數年輕的演員，都以一種比較接近眞實生活，而不拘謹的現代方法來表演。年輕一代是隨著電視長大，因而在螢幕上的表演也較老一輩的演員來得自然。

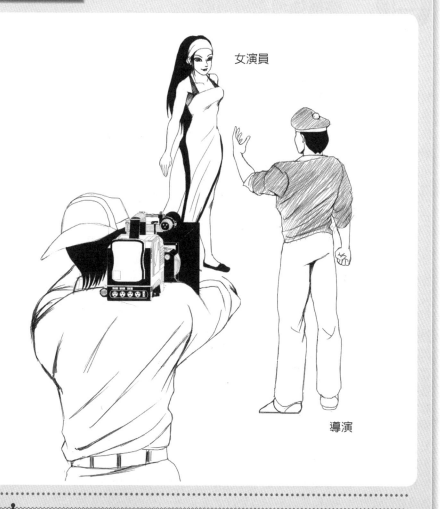

女演員

導演

★語言與演員的關係

　　在導演短暫的歷史中，大部分都認為說台詞是演員的責任。也許除了極為風格化的戲劇之外，很多導演會避免告訴演員該如何說一句台詞，以免讓演員感到自己愚昧無能，所以添加了在如此細微層次上練習的尷尬不安。許多演員訓練疏於這方面的練習，也讓演員成為導演緊急問題的原因。

UNIT 10-7
導播如何指導演戲

一、電視是虛擬的

電視是娛樂和訊息的媒介，使得一般觀眾難以區分虛構與真實的本質。導播在挑選演員，並不只是替每一個角色找到最適當的演員，還必須要注意到一齣戲的類別和風格，以及許多個演員不同的性格加起來，是否能成為一個令人滿意的整體。

二、導播導戲的方法

導播導戲的方法是解釋、說明和啟發，而不是「教導式」的灌輸。這種教法是要求某些演員，向學員說某一段戲後，又走到攝影機前面，把地位、動作和聲調等細節，做示範表演，要求學員照樣模仿，其實這是一種師父教徒弟落伍的做法。

一個有創意的演員希望導播能做的，是提出表演中許多問題，讓他自己去尋求解答，而不是要導播教他怎麼做，因為這樣等於是導播替演員限定了表演的方式，況且，戲劇是以表演為中心的藝術，演員才是主體，導播只是從旁糾正和指點的批評者。一個高明的導播是不會給予任何兩個演員相同的指示，即使這兩個演員扮演的是相同的角色，只有評估了演員能力之後，導播才與演員發生相互影響的關係。

另外，演員的台詞，不是因為劇本上這樣寫，他們才那麼說，而是角色之間的相互影響。所以，演員在表演時，必須聚精會神地注視與他一同表演的每一個人，必須專心聽他對手所說的每一句話，確實的瞭解對手說話的用意。

如果一個演員不注視別人，也不專心聽人說話，即等於不接受別人給予的情感，也就不能引起對手以及觀眾的情感，那他的表演必然是做作虛偽的。導播遇到這種情況，應立刻停止這個演員的表演，一面告訴他全神貫注在情節發展上的重要，一面訓練他仔細注視他的同伴，可以從注視他同伴的衣扣和形式著手，訓練他注視對手的面貌、姿態和舉止等細節。只有專心注意給予他的一切感受，他才能對於他的同伴有恰當的動作和對白，也才能深入劇情，才會自然而然的顯現出真實的情感。

三、演員表演應注意事項

還有一種現象就是在演員表演時，在觀眾千萬隻眼睛注視下，往往會引起筋肉緊張，使得表演不自然。演員的正常表演，應該與真實生活一樣，對於每一個動作，每一個位置的變換，要用多少力就用多少力；然而，一個人在觀眾前面表演假裝兩個空桶裡有水，必然會產生一種恐怖的感覺，而使得筋肉緊張，動作不自然。遇到這樣的情形，導播應立刻提醒他，設法使他從緊張的情緒中解脫出來。

幫助演員解脫的方法有很多，最適用的方式還是要求他使用真情，以真心誠意對待對方，以真的情感挑起最真實的感受。

導播導戲的方法

電視是虛構的,導播闡釋劇情

1.導播導戲是解釋、說明和啟發, 而不是教導式的灌輸。

2.導播要求每位演員必須專心聽他 對手的每一句話。

3.導播要求演員正常表演,應該與現實生活一樣。

第10章　電視節目前製作業

159

第 11 章

電視錄製方式

. . . . 章節體系結構 ▼

UNIT *11-1*
電視節目製作方式

一、實況直播

　　實況直播，是在攝取現場圖像、聲音的同時就進行廣播的方式。其特點是製作和演播過程合一，因此現場性效果最強。

　　實況直播可以使用多台攝影機和轉播車，透過設在主控室或轉播車裡的導演台（或叫切換台），對圖像、聲音進行即興處理，然後使用電纜或微波傳給電視台，再以廣播發送出去。也可以選用單台攝影機，不經切換，把實況圖像和聲音傳播出去。

　　實況直播又可以分為：現場轉播、攝影棚直播兩類：

　　1. 現場轉播：單攝影機的實況直播，常用作電視新聞報導。比如：對一些突發性事件的目擊報導。美國、德國和日本的一些中小城市的電視台，在電視中心高空建築物頂端架設了日夜轉動的「奴隸攝影機」，這種攝影機配有高倍數望遠鏡頭，可以把一定半徑範圍內發生的火災、搶劫及其他暴力行動或交通事故的情況錄下來，編輯組可以隨即播送出去。

　　2. 攝影棚直播：世界上大多數電視台的新聞節目、對談節目、教育節目和綜合藝術節目，主要以攝影棚為主，穿插使用各種形象資料。此外，還有大量劇場轉播的節目。在用實況直播手段製作傳播時事、生活常識、猜謎、綜合藝術、教育等節目時，還可以使用電話、電腦等回饋系統，讓觀眾直接參加到節目製作、演播過程中來，並隨時瞭解觀眾的反應和意見。

二、電視影片製作

　　在電視影像技術問世以前，電視廣播大量採用影片來攝製節目。從 20 世紀 30 年代到 70 年代初，電影攝製所具有的現場創作的機動性、靈活性以及影片資料保存的長期性，使它優於直播方式，因而被許多電視製作人所鍾愛。電影攝製被廣泛地用於電視新聞報導和拍攝紀錄片、電視劇、科教節目和廣告節目。

三、錄影製作

　　隨著 20 世紀 70 年代以來的科學、技術以及電子工業的快速發展，年輕的電視傳播事業也日新月異地以高度現代化來不斷更新。電子技術已經不僅僅在電視播出、發送系統中運用，而且已擴展到電視新聞採訪、節目合成以至整個節目的製作、傳送等各個領域。在世界上許多國家的主要電視台、電視系統中，還配備了電子計算機系統，目前使用較為普遍的是磁帶錄影系統。

　　絕大多數的電視台採訪製作節目，以往都是把使用 16 釐米電影攝影作為主要方式。近年來，各國電視台已逐漸選擇使用磁帶錄像採訪系統（VTR），而且以電子新聞採錄系統（ENC）來代替新聞攝影。使用磁帶採錄系統有很多優點，尤其是節省經費開支。目前錄影製作技術又可分 ENC（電視新聞採集）、EFP（電視現場製作）、ESP（電視演播室製作）三種方式。

電視轉播

錄影轉播

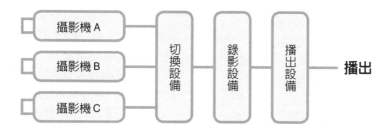

攝影機 A ─┐
攝影機 B ─┼─ 切換設備 ─ 錄影設備 ─ 播出設備 ── 播出
攝影機 C ─┘

立即轉播

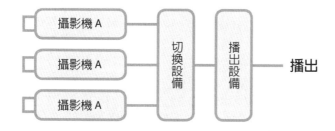

攝影機 A ─┐
攝影機 A ─┼─ 切換設備 ─ 播出設備 ── 播出
攝影機 A ─┘

> **知識補充站**
>
> 　　廣義來說，所有電視節目透過電視播出，就是電視轉播；電視台將節目直接傳送到每一位電視機前的觀眾前面，就是廣播或電視播映（Broadcasting）。
>
> 　　狹義來說，電視工作人員將某項令人興奮的現場活動實況，鉅細靡遺地傳送到電視台，或直接播出、或錄影稍後播出，這個過程才是電視專業人員所謂的「電視轉播」。（TV Relay）
>
> (一) 從轉播工具的選擇來看，以上二圖為例，播出時沒有使用錄影設備，可以作為我們區分「錄影轉播」和「立即轉播」的依據。
>
> (二) 從轉播時間的選擇來看，「延後播出」必然使用錄影設備，這也可做為是不是「直接播出」（立即轉播）的劃分依據。換句話說，錄影轉播必然延後播出，立即轉播也就是直接播出的意思。所謂「實況轉播」和「現場轉播」都是定義模糊的用語，因為所有的轉播都是實況轉播，也都是現場轉播。

UNIT 11-2
電視現場直播的意義及種類

一、電視現場直播的意義

電視直播是對特定空間和特定時間的人、事、物和現場總體氣氛,包括觀賞的民眾和發自現場的各種語言、聲音,進行即時的、直接的傳播。由於製作和廣播這兩個過程同時進行,使得現場性、即興性、觀眾參與性都十分強烈。但是,它要求電視台的有關工作,如編導、錄影、燈光、音響、技術、字幕等,必須合作得非常有默契。現場直播能節省電視製作的成本。直播可以使用多台錄影機並透過現場傳播車裡的設備,對圖像、聲音進行即時處理,然後傳回電視台,最後由電視發射設備發送出去。也可以僅由單台攝影機,不經切換和處理,把實況圖像和聲音傳送出去。

二、電視現場直播的種類

1. 從電視直播的複雜程度來分

(1) 單機直播:常用於現場新聞報導,比如:對一些突發事件的目擊報導。美、德、日的一些小城市中的電視台,在電視中心高空建築物頂端架設了日夜轉動的攝影機。這種攝影機配有高倍望遠鏡頭,可以把一定半徑範圍內發生的火災、搶劫及其他暴力行為或交通事故的情況拍攝下來,編輯組收到後可以立即播送出去。

(2) 多機直播:通常運用於大型的體育比賽、大型晚會、大型活動等。

2. 依現場訊號傳輸方式來分

(1) 電纜直播:也就是透過電纜把節目發生時現場拍攝的訊號傳送回電視台,再透過電視台傳送到千家萬戶,它往往是用於距離比較短的直播。比如演講室的直播節目常常採用這種方式,電視台演講廳中的各種設備都透過電纜與導控室連接。

(2) 光纖直播:即透過光纜傳送現場訊號的形式,在一些沒有光纜接入的地方就不適合這種方式的直播。

(3) 微波直播:指的是透過微波來傳送現場訊號。它適合本地的現場直播,也可透過微波進行異地直播,但它的缺點是容易受到天氣等因素對微波的影響,且還需要在地架設微波傳送設備。

(4) 衛星直播:指的是透過衛星傳送訊號的方式。這種方式適合用於跨國、跨地區的轉播,在全球化的今天,它愈來愈被廣泛應用。其優點是地區跨度比較大,在一些沒有微波設備的地方,也可以透過衛星地面站來進行轉播。不同的轉播技術適合不同的轉播條件,在轉播前,要根據實際情況來選擇合適的轉播方式。

三、歷史事件的直播

1. **媒介事件的起源**:1948 年和 1952 年的美國政治會議和選舉結果的電視直播,代表著媒介事件這一電視樣式的誕生。

媒介事件出現以來,人們便獲得了一種全新的、現代的參與模式,不但實現了在全球範圍內對「歷史的現場直播」,可以分享別人正在分享的東西。而那些不在現場的「見證人」透過電視媒介所看到的歷史事件,可能還比在現場的人還要全面和真實。

2. **什麼是媒介事件**:所謂「媒介事件」是指「一種特殊的電視事件」。不同於一般的電視節目、電視新聞,甚至一些重大的新聞事件;它是對電視的節目性的收看,即關於那些令國人乃至世人屏息駐足的電視直播的歷史事件。

電視新聞轉播（Electronnic News Gathering,ENG）作業

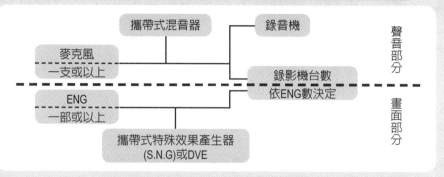

攜帶式混音器 —— 錄音機

麥克風
一支或以上

ENG
一部或以上

錄影機台數
依ENG數決定

攜帶式特殊效果產生器
(S.N.G)或DVE

聲音部分

畫面部分

電視現場製播（Electronnic Field Production,EFP）作業

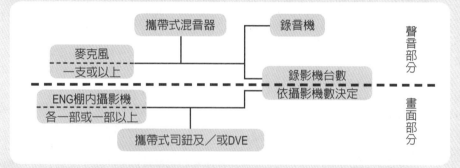

攜帶式混音器 —— 錄音機

麥克風
一支或以上

ENG棚內攝影機
各一部或一部以上

錄影機台數
依攝影機數決定

攜帶式司鈕及／或DVE

聲音部分

畫面部分

衛星新聞轉播（Satellite news gotthering, SNG）作業

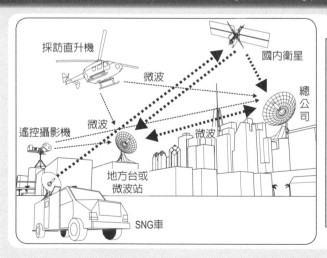

採訪直升機
國內衛星
微波
總公司
遙控攝影機
微波
微波
地方台或
微波站
SNG車

衛星新聞轉播（Satellite news gotthering），英文簡稱SNG：有時被特指為裝載全套SNG設備的專用車，被稱為「衛星新聞採訪車」。其實質上是一個移動式發射站，電視台工作人員可隨時將所在現場的訊號透過人造衛星傳送到電視台，電視台再從衛星接收訊號播出。SNG的出現，大幅提高了電視新聞的即時性。

UNIT *11-3*
電視直播的優勢和侷限以及直播中的導播任務

圖解電視節目編導

一、電視直播的優勢和侷限

1. 電視直播的優勢

（1）現場直播相對於其他轉播方式，有其獨特的優勢。首先，直播是時效性最強的轉播方式。過去人們想要最快地瞭解新聞，不是剛好在新聞發生現場，就是要看當日的新聞報紙。但電視直播使得人們可以在事件發生的同時就瞭解到新聞事件，這就大大改變了人們的新聞時效觀。

（2）其次，直播還增強了真實感。雖然在直播的過程中，也有鏡頭的切換、選擇，但由於直播的同時性和完整性，還是增強了直播的真實性。

（3）最後，在直播狀態下，觀眾的參與感也是最強的。直播在事件發生的同時，就把訊息傳送給觀眾了，這讓觀眾有身臨其境的感覺，「親眼目睹」事件的發生，讓觀眾有很強的參與感。

2. 電視直播的侷限

（1）訊號中斷：直播節目由於在事件發生的同時就把訊號傳送給觀眾，所以製作者對訊息的操控也是最小的。我們常常在直播節目中看到前方記者和攝影棚主持人之間出現答非所問的情況，也常常出現由於訊號中斷而使得節目不夠流暢的現象，而這在錄播節目中是不會出現的。同樣由於現場直播要根據事件的發展來展開節目，因此有些沒用的訊息也只能傳送給觀眾，也因為單位時間訊息不夠飽滿，甚至會出現傳送重複訊息的情況，這就造成了一定的浪費。

（2）內容不適合：現場直播節目，特別是新聞的現場直播，要有適合自己的獨特內容，有一些內容可能並不適合現場直播。比如：新聞的深度報導、新聞事件的調查等事件內容可能並不適合由直播出現在電視螢幕上。一般來說，電視直播適合表現那些具有很強的動態性，充滿懸念的、不可再次發生的事件。在確定是否採用直播的時候，編導要根據實際狀況來決定。

二、直播中的導播任務

在電視直播中，導播任務主要是編寫劇本並分鏡頭：這項工作，對於事先掌握節目進行程序、充分把握將會發生什麼情況的節目是很有意義的。對於無法預計全部情況的新聞事件，則應盡可能擬定分工計畫，劃定重要的拍攝據點，機動地拍攝鏡頭，並由編導即興切換畫面。

1. **調機**：即調動攝影機。編輯（導播）坐鎮在導演控制室（或轉播車）裡，透過對講機把命令傳送到攝影師頭戴的耳機，攝影師根據這些指令調動攝影機位置、調整景別、取景或作特技攝影，並指示音響工作人員調節音響效果、播放音樂。

2. **切換畫面**：也就是操作切換器。把選中的畫面傳送出去，還可以附加上各種技巧，如疊化、淡出、淡入、間隔、重影、合成圖像等等。

3. **現場監督**：外國又稱「場地經理」（Floor manager）或「場記」（Stand by）。這項工作的具體任務是導播用手語向演播人員傳送編號授予的指令，使演播人員能更精確地配合攝影和錄音工作，符合導播的要求。

微波轉播作業圖

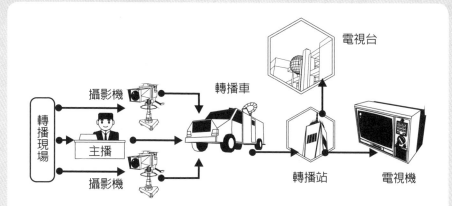

攝影機將現場畫面和聲音以同軸電纜傳回轉播車，無線攝影機和直升機上
的攝影機也可以利用小型的微波發射器，將聲訊和視訊信號傳回轉播車，
轉播車這時可視距離的遠近及是否有阻隔，決定用同軸電纜或微波將訊號
傳回公司，或採先傳轉播站再傳公司的作法，最後由公司決定現製作方
式（如開闢第二現場等）後，再經轉播站播出。

衛星轉播作業圖

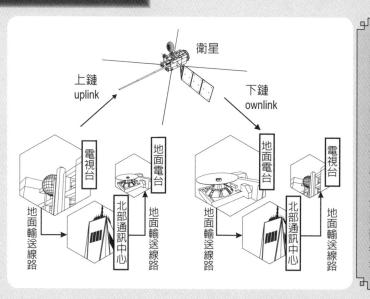

目前國內電視台的衛星
轉播作業包括傳送和接
收兩種。過去在接收方
面，透過國外微波網
路及當地地面電台的協
助，可將畫面和聲音上
鏈衛星，再下鏈至我國
地面電台、北部通信中
心，最後再傳到我國電
視台，作立即播出或錄
影播出。在傳送方面，
則循相反程序，透過外
國地面電台、外國國內
微波網路，送到外國電
視公司。

UNIT 11-4
電視雙單機、多機與單機攝錄影作業

一、雙單機作業

1. 定義：就是一次同時使用兩部攝影機，做單機攝影的拍攝工作。

2. 特點

（1）雙單機作業，可以同時擁有多機作業與單機作業的優點，卻不需花費多機作業的龐大人力，就可以在同一個場景中，同時拍到兩個不同角度的畫面。

（2）雙單機作業與多機作業不同，並非由導播在現場、利用畫面切換器選擇畫面；雙單機作業，必須事先溝通協調彼此所拍攝的角度與構圖，以免拍攝到重複的構圖，或是同時漏掉重要的畫面。

（3）一般的雙單機作業，可以採取其中一部機器以拍攝全景為主，即所謂的安全畫面；另一部攝影機則負責拍攝特寫或中景。

（4）拍攝重要活動、或是音樂性質的節目時，雙單機攝影必須事先協調如何錯開彼此換錄影帶的時間，以免漏掉重要的畫面、或聲音的完整性。並在換好錄影帶之後，做持續性的錄影，讓事後的剪輯工作能夠順利進行。

（5）雙單機的另一個特點，其中一部攝影機為主畫面，另一部攝影機則擔任補充畫面，或是安全畫面。例如在一個演講的會場，除了拍攝演講者以外，另一部機器可以拍攝會場的全景、或是聽眾的反應表情。或是一個活動典禮為掌握難得的畫面，第二部攝影機可補充不同角度的畫面。

除雙單機外，電視節目在拍攝的過程，還有多機作業以及單機作業，簡介如後：

二、多機攝影作業

1. 定義：所謂多機作業就是多部攝影機在同一個場景中，從不同角度同時拍攝，藉由畫面切換機（Switcher），導播可以瞬間選擇他所想要的畫面。

2. 優點：這樣的拍攝方式優點，就是可以不打斷演員在表演時的戲劇表現，並可以維持演員的情緒，與動作的一致性。或是可以完整的記錄現場活動的進行，並可以同一時間獲得幾個不同角度的畫面，因而省去後製過程中大量的剪輯時間。

三、單機作業

1. 定義：單機作業類似電影的拍攝方式，它的特點就是一個鏡頭一個鏡頭的拍攝，對節目的品質，比較容易獲得掌控。

2. 優點：最主要是，導演可以隨時與演員溝通，演員也不需要將整場的台詞背得滾瓜爛熟，就可以上場演出。

多機錄影示意

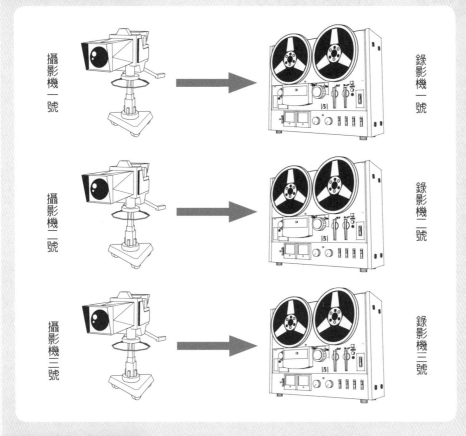

攝影機一號 → 錄影機一號

攝影機二號 → 錄影機二號

攝影機三號 → 錄影機三號

單機錄影示意

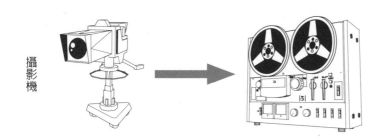

攝影機 → 錄影機

UNIT 11-5
電視影片製作方式

有關電視影片的基本構造，是由0.01～0.03mm 厚的影片乳劑感光層與 0.13mm 之片基結合而成。感光乳劑層的膜層中塗上鹵化銀，此鹵化銀只要有極少的光線即起變化，此乃影片記錄影像之基本原理，影片在未感光之前仍保持原狀，此時稱為「生影片」。

電影攝製的方式與技術，被廣泛地應用於電視新聞報導與電視劇等。電影用之影片為長條捲式，這些影片之單側或兩側，留一小空間以做為片孔，供走片用。今日所實用之影片規格除 35 釐米之外，另有 70 釐米、16 釐米、8 釐米。底片愈寬，影片則愈重且愈貴，大多數情況下也具有較好的品質。

即便是在錄影技術已經普及的今天，電視影片製作方式仍有獨特的價值。電影影片的某些優越性仍然是錄影達不到的。所以，電視台在攝製一些大型節目時，往往仍用電影製作方式。換言之，電視影片製作方式，可採取三種提供播放的途徑：

一、全影片系統

即直接用影片經過放映機提供訊息來源，再經過電視傳送系統播放。我們可以使用普通電影放映機把畫面投放到螢幕上，再用攝影機拍攝下來，同時進行廣播或透過閉路電視系統播放。

這種方法，可以利用手頭現有的設備，但須注意以下幾點：（1）室內光線要暗，螢幕圖像才能清晰。（2）電影放映機和攝影機離螢幕距離愈近，圖像品質愈好。（3）放映機、攝影機角度盡可能接近。（4）應採用高反光率螢幕。（5）當色調不理想時，宜採用彩色補償濾光器。（6）放映機的音頻輸出可以採用線路傳送，不必透過擴音喇叭，以免失真。

另外還可以採用螢幕後放映法，即利用投影設備來傳達電影畫面。這種方法的好處是放映機、攝影機的角度幾乎相同。一般電視台都採用電視電影放映機，即增加一個電視電影轉換附加器，把放映機和攝影機直接連接起來，可以提高圖像的品質。

應當說明，全影片系統可以利用正片（拷貝片）播放，還可以利用底片波放出正像來。當然，需要附加裝置。目前，我國和其他許多國家的一些電台仍採用這些辦法，播放電視節目或獲取影視資料。

二、影片錄影系統

即將影片上的畫面和音響訊息收錄到錄像磁帶上，整部影片可以翻成影像播出，影片原始素材也可以翻成錄影後再編輯，無需先編成影片的完成片，再翻到錄影帶上。目前，有許多電視台播出過程已經全用影像系統了。把影片翻到磁帶上，就可以同其他錄影報導編到一條磁帶上供連續播放。

影片資料翻成錄影帶，也可以和其他用錄影拍成的素材一起混和編輯成完整的錄影節目，或者在錄影節目（新聞專題報導、記錄、科教節目）中隨心所欲地插用從影片翻錄來的資料。

三、影片與寫實物、圖版、實況轉播、錄影混用的綜合系統

這種方法，是把影片的聲、畫訊息和攝影機拍攝的實物、圖版（圖表、繪畫、字幕）主持人或演員、教師的播放、表演以及錄影機輸出的訊息交織在一起，直接播放或錄影保存。這種方法，經常為電視教育節目和知識性節目所運用。它能充分發揮各類形象資料的作用，使節目格外活潑、生動。

全影片系統

直接用影片經過放映機，提供訊息來源，再經過電視傳送系統播放。

影片錄像系統

將影片上的畫面和音響訊息收錄到錄影磁帶上播出。

影片與寫實物、圖版、實況轉播、錄影混用的綜合系統

將影片的聲、畫訊息和相同資訊，交織在一起，直接播放或錄影保存，供電視教學節目所運用。

UNIT **11-6**
電視劇的拍攝或錄影方式

電視劇的拍攝或錄影製作方式，可分為 ENG（電視新聞採集）方式、EFP（電視現場製作）方式及 ESP（電視攝影棚製作）方式三種，分別說明如下：

一、電視新聞採集或單機拍攝（ENG 方式或電影式拍攝方式）

電視新聞採集或單機拍攝方式，又稱 ENG 方式。ENG 是英文 Electronic news gathering 的縮寫，意思是電子新聞採集。由於單機拍攝，是以電影式拍攝方式。下面我們就看一看在拍攝現場，導演是如何指揮單機進行工作的。

化好妝的演員來到現場，攝影師指揮人在架設移動車的軌道，把攝影機架起來，錄音師將吊桿話筒架高高地支起來，燈光師將聚光燈放在表演區外，導演把演員召喚到攝影機前，彼此交談幾句，哪個地方表演還不行，哪個地方要把劇本上的台詞改一下。然後轉身對攝影交談了兩句之後，大聲對攝製組人員說：「各就各位，準備開拍！」大凡一個電視劇和電視文藝節目的攝製組，一開始都是這樣。

二、電視現場製作或多機拍攝（EFP 方式）

電視現場製作或電視多機拍攝，稱為 EFP 方式，EFP 是英文 Electronic field production 的縮寫，意為電子現場製作，也可以稱電子外景製作。主要採用電視錄影車和電視轉播車到外景進行現場拍攝和製作，也可以進行實況直播，它主要用於文藝、體育和大型會議的專門或專題性報導。轉播車系統要配備 3 至 4 台高檔攝影機，並配備了導演特技台、調音台、字幕機等多種設備。轉播車方式可以跟事件同步進行，同時錄製，同時播出，故被稱為現場直播。有時一部分節目現場錄製，而以後播出，稱為現場錄影。這種播出方式被稱為錄播。

多機拍攝過程中，導播要事先分好鏡頭，要設計好總角度和分切角度，同時要注意在拍攝過程中機位的調度。例如：攝影機只能在觀眾席這邊的扇面上，不能貼近演員主體（近景、特寫只能用長焦鏡頭），主要是避免影像突然進入導演直播時的畫面。室內劇則不受這個影響，既可以用改變光軸來改變焦距，變換景別，也可以在個別特別需要的鏡頭上，將攝影機移近拍攝主體（當然這時就不能再馬上切全景鏡頭了），在角度切換上，有更多的選擇餘地。

三、電視直播方式（ESP 方式）

電視直播的方式，被稱為 ESP 方式。ESP 是英文 Electronic studio production 的縮寫，意為電視內景即攝影棚及其配套高檔電視設備的節目製作，它由攝影棚、副控室和負責合成訊號直接播出的主控室三個主要環節組成，導播不在攝影棚現場，而是在副控室控制拍攝現場，將合成的電視圖像訊號和音訊訊號，同步送到負責訊號發射的主控室，主控室將訊號直接發射。這時攝影師可以舒適地長時間工作，而不像用 ENG 設備那樣，弓著腰、眼鏡必須緊貼著觀景窗，容易疲勞。

這些條件，為導播進行電視直播提供了良好的硬體條件。所以，ESP 方式運用得好，是會產生比電視轉播車方式更好、更精彩的藝術效果。

單機（電影式）拍攝方式

電視新聞採集（ENG）

多機拍攝方式

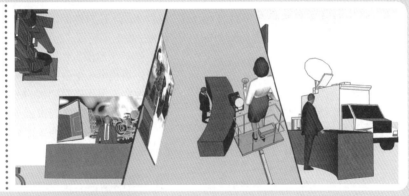

電視現場（EFP）

攝影棚內景拍攝方式

電視直播方式（ESP）

UNIT 11-7
導播在節目製播時應注意事項

一、棚外排演

在排戲時，通常由導播依據他預先編寫好的分鏡劇本，安排演員走位。演員在這個時候通常台詞尚未記熟，所以手中拿著劇本，照劇本上的台詞念，照導播的提示做進場、退場、坐下、起來、向前或向後等動作。然而一齣戲要花多少時間排演並不一定，當中包括演員的經驗以及戲劇的屬性為何。

在排演場內排戲，導播交給助理導播的重要工作之一就是時間控制，在每場排演以後，需告知導播戲的長度是幾分幾秒。而導播控制戲的進行時間，通常不會輕易變動某一場戲整體的節奏。

二、景排鏡排

電視台為充分運用攝影棚，通常實施24小時制，也就是在前一個節目半夜三更收棚以後，由另一批人進棚拆景和搭景。然而搭完景後，在導播進棚之前，燈光人員必須先到場設定主光位置。景排不僅讓演員景區內道具相關位置與燈光定點以外，也是讓布景和燈光工作人員確定設計是否符合劇情與演員活動需要。景排的方式可分為一集戲一口氣排完和分場分景分段排演兩種，這些需端看劇情和各個作業小組的習慣而定。

鏡排開始，導播進副控制室後，攝影棚內的活動情形，需透過攝影機傳送的畫面才看的見，同時他不方便指導演員，要透過現場指導，才能叫演員作動作。因此一個有經驗的導播，總是在離開攝影棚以前，先檢查關係攝影角度變化靈活的攝影機設定位置是否確定。

三、掌握節奏

有人把導播比作廚師，專管配佐料和下廚炒菜。當景排鏡排完畢，接下來就是進行錄影或播出，要看一位導播的火侯如何，只要看他掌握節奏的功力就知道了。以往研習電影使用單機作業的時候，在把兩個鏡頭連接起來之前，去找一個順暢而符合節奏的接點，可以留在剪接台使用充裕的時間，經過試驗再做最後選擇與決定，但這和電視傳統的攝影棚使用多機完全不同，他是分景、分場連續若干的鏡頭錄製完成，沒有時間給導播考慮，他必須當機立斷，即時做成功切換鏡頭的決定。

雖然，前兩者在排演或錄影當時，導播可以用預令、指令或其他方法來掌握或支配他們，但那總是間接的，只有鏡頭的切換，是百分百操之在導播本人，所以人們評定導播的功力如何，總是看他的節奏感，來做為評論的依據。

四、臨機應變

做為一位導演，不一定永久作戲劇節目，隨時有可能被派任社教或音樂綜藝節目的工作，即使是專作戲劇，也有可能在一齣新的連續劇中，有新聞訪談或音樂欣賞的情節，那總不能讓別人幫他 Take 吧！

一個以演戲為專職的演員，如果因為他戲演的出色而提拔他做為主持人，但是卻未替他寫好台詞就推他上台，勢必會使他出糗，因為做慣演員的人總是依靠劇本的台詞張口，跟主持人隨機應變說話是兩回事。

導播在節目製播時應注意事項

節目製播方式	圖　示	導播應注意事項
棚外排演		導播要控制戲的進行時間。
景排排演	 A先生　　B先生 二號攝影機　二號攝影機 A　B 三號攝影機 一號攝影機	先檢查攝影機設定位置是否正確。
掌握節奏		再把兩個鏡頭連接起來之前，去找一個順暢而符合節奏的接點。
臨機應變		演員總是依靠劇本的台詞張口。

第 **12** 章

場面調度

UNIT 12-1
場面調度的定義及導演的立場

一、何謂「場面調度」？

場面調度，是導演使用的基本手段之一。

場面調度就是導演根據劇本中所提供的人物性格與心理活動、人物之間的矛盾糾葛、人物與環境的關係等，加上自己對劇本的理解來控制演員及攝影機的移動，更精準地向觀眾表達內容和傳遞情感。

場面調度這個詞，源於法文 Miseenscene，它的詞義是「擺放在適當的位置」，起初指的是在戲劇（尤其指舞台劇）中「將演員置於舞台上適合的位置」。意思是導演根據劇本的思想內容、故事情節、人物性格、氣氛、節奏等，結合自己的藝術構思，運用場面調度，表達給觀眾的一種方法。

當電影和電視技術相繼被發明之後，場面調度這個概念也隨之被引入到電影和電視的拍攝中。

電影和電視的場面調度源自戲劇的場面調度，但卻與之有很大的區別。主要表現在三個方面：

1. 首先，電影和電視的視野和景深是可以隨意變化的，而戲劇會受到舞台固定的場景和邊框的影響。

2. 其次，戲劇會受到時間和空間上的限制，而電影和電視可以透過場面調度和剪輯，隨意切換空間和時間。

3. 再次，戲劇導演主要控制的是演員的調度，而在電影和電視中，導演要完成演員調度和鏡頭調度兩個方面的工作。

二、電視節目與電影導演的「場面調度」有何不同？

然而，電視節目製作不等同於電影的拍攝，導演的場面調度也不同於電影導演的場面調度，甚至有導演感覺有紀錄片的「現場」意義。

紀錄片應該呈現現場，當鏡頭對準所拍攝的對象時，這位導演理解這個時候產生的「現場」，如同警察對事件發生現場的職責，只能保護現場。攝製人員身於現場，但只是局外人，所以只能保持觀察和目擊，就算有自己的觀點和愛恨情緒，也應該隱蔽而不是直露。因為紀錄片是在講求客觀，當然純粹的客觀是無法達到的，從選擇題材到選擇角度，從使用鏡頭到剪輯畫面就已經把拍攝人推到一個「面對什麼」的立場，但可以在一種相對客觀的角度上，做到盡可能的讓呈現出來的「現場」來表達自己。

在電視節目製作中，「現場」是個嚴肅的、核心的概念。導演在著手進行場面的調度時，首先必須從內心深處去尊重「現場」，盡最大努力去保護「現場」，以積極耐心去呈現「現場」。只有站在這個基本的立場上，編導才有可能恰當地展開對現場的各種調度與安排。

場面調度的定義

導演的立場

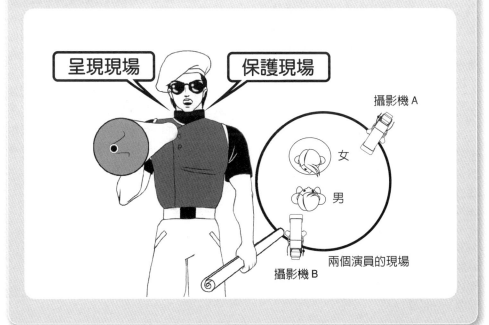

UNIT 12-2
電視與電影「場面調度」的區別

電視導演的現場調度與電影導演的場面調度有相似之處，也是實現對拍攝現場各要素的控制與指揮，完成現場拍攝的任務，但在人物、場景、攝影機的調度上，二者之間仍然相當的區別。

一、人物

在電視節目中，對人物的調度也不同於演員的調度。因為不存在人物的戲劇衝突，也不存在人物的性格和內心的複雜表現，編導自然不需要給節目中的人物去「說戲」，去指揮他從哪裡走到哪裡，去設計什麼表情與動作。人物也不能像演員那樣表演，他只能呈現他自己，而且是真實生活中的自己。

在現場拍攝中，因為攝影機進入環境和各種器材設備的放置空間，這難免會打斷人物的日常生活，破壞人物的生活真實感，也因為一般的情況下，人物不習慣於在鏡頭前呈現自己，這更容易增強紀錄的真實效果，但也必須設法去解決人物對攝影機感到不自在的問題。

二、場景

一般來說，電視導演基本上不存在調度場景的問題。在電影的場面調度中，因為常常要搭景、置景甚至移動場景，難免要對電影導演提出如何調度的問題。但是在電視節目的製作中，場景卻是無須調度或不能調度的，因為紀實是電視節目的一個要求。現場是怎樣的一種場景，導演就只能根據場景原本的規定性去拍攝。電視節目中的場景只存在選擇的問題，而不存在調度的問題。

三、攝影機

有關電視與電影的攝影機調度也有不同，一般來說沒有太多的機械設備可以利用，不存在大幅度、複雜多變的運動方式，而只有「推、拉、搖、移」等最基本的鏡頭控制。對攝影機的調度更多的是關於機位、鏡頭景別等方面的設計與安排。

機位問題是導演對攝影機加以調度時考慮的基本問題，也就是把攝影機擺在哪裡的問題。設置攝影機的機位，從導演的立場來看，就是解決把攝影機擺哪裡可以拍攝出理想的畫面，取得最佳效果的問題。表面來看，這是把攝影機擺在什麼位置上的問題，實際上，這個位置被選擇，卻與未來節目中的畫面構圖、鏡頭運動、光影效果等有著直接的關係。

確定攝影機的機位，對導演來說，是一個需要想像力的工作，也就是說，導演不是根據他所觀察到的場景，而是根據他所想像的未來畫面效果，去決定攝影機的機位。說穿了這是一種逆向的思維，導演首先想到的是需要獲得怎樣的一個畫面效果，再去想像要獲得這樣的畫面效果，那麼必須把機位擺在哪裡？所以，機位問題並不單單只是位置的問題，它還包含著導演對攝影機控制的一系列操作。

電視與電影「場面調度」的區別

攝影機與人物

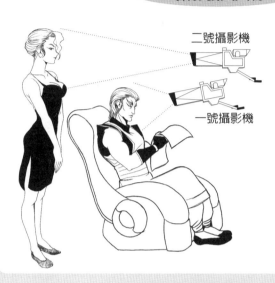

二號攝影機

一號攝影機

一號畫面

二號畫面

攝影機與場景

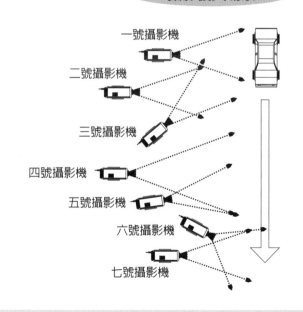

一號攝影機

二號攝影機

三號攝影機

四號攝影機

五號攝影機

六號攝影機

七號攝影機

以幾個攝影機拍下的連續動作，要求這些攝影機都在移動對象所經過路線的同一側拍攝。

第12章 場面調度

181

UNIT 12-3
場面調度的作用

場面調度除了構成影視的畫面，傳遞富於表現力的形式美之外，在刻劃人物性格、揭示人物的內心活動、渲染環境氣氛、表達哲理思想等方面，都可以產生積極的作用。處理得當的場面調度能增強藝術的感染能力，活躍和推動觀眾的聯想，進而滿足觀眾的審美享受。其作用的發揮主要是靠演員的精彩表演、攝影與美術的造型以及蒙太奇的技巧等各種藝術元素的綜合。

下面我們結合具體實例來說明場面調度在影視創作中所發揮的多種作用。

一、透過場面調度刻劃人物的性格

在影視創作中，刻劃人物的性格是最重要的。場面調度有助於刻劃人物性格、展示人物的內心活動。在電影場面調度中，場面調度擔負著傳達劇情、刻劃人物性格、提示人物內心活動的任務。同樣地，在電視劇、電視小品等節目中，場面調度同樣能夠為表現人物性格特點、突顯人物心理活動服務。由於影響人物個性環境的千變萬化和人物性格本身的千差萬別，導演在處理場面調度時，必須尋找到能夠準確揭示人物性格特徵中富有表現力的形式。

對於重要的人物，如影片《水滸傳》，無不把他們放在矛盾戰爭中，透過矛盾的發生、發展和解決，顯示人物自身的性格。而對一般的小人物，也常常使用這種方法。

二、透過場面調度揭示人物的心理活動

人物的心理活動是非常複雜的，也是多層次的。一般來說，動機與行為是統一的，但有時內心活動與外在行為並不一致，這就構成了心理活動與外在行為的矛盾。

在《與狼共舞》中，主人公鄧巴中尉向對方射擊，本來幾秒鐘的時間被拉長至一分多鐘，主人公舉槍、扣板機，與對方表情狀態反應來回對切，恰如其分地表達了人物當時的情感狀態和不忍下手的矛盾心態。

三、透過場面調度渲染環境氣氛

渲染環境氣氛，指透過場面調度創造特定的情境和藝術效果。電視畫面是透過視覺形式來傳遞訊息、表達情感並感染觀眾的，而場面調度可以運用多種造型技巧組織畫面形象，使其構成一定的情緒化效果。透過鏡頭運動和畫面形象，來外化和營造特定的情緒和氛圍。環境氣氛通常是指對自然景物的描寫，同時也和人物活動的瞬間（時間），及季節、早晨、白天和晚上密切聯繫著。在現實生活中，人必然要在一定的社會環境中活動。周圍的自然景物也必然要反射或注入人物的精神生活中去。

四、透過場面調度豐富畫面語言和造型形式

電視場面調度的鏡頭調度是畫面造型的重要環節之一，透過攝製者有意識、有目的的鏡頭調度，能夠豐富畫面形象的表現形式，增強電視畫面的概括力和藝術表現力。

場面調度的作用

《水滸傳》英雄好漢

人物性格突顯

魯智深　　楊志　　武松

《與狼共舞》鄧巴中尉

- 一群美國西部騎馬牛仔（正面）

- 同群人馬呼嘯而過（背影）

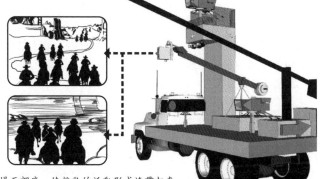

利用升降攝影機場面調度，使雜亂的活動形式連貫起來。

UNIT **12-4**
場面調度的技巧（上）：演員調度

影視視聽語言中的場面調度基本上包含兩個層次：演員調度與鏡頭調度。有關場面調度的技巧：演員調度說明如下：

一、演員調度的定義

演員調度是指編導透過演員的移動方向、所處位置的變動，以及演員與演員之間發生交流時的動態與靜態的變化進行的調度。演員調度的目的，不僅僅是爲了保持演員與他所處環境的空間關係在構圖上的完美，更主要是反映人物性格，並讓觀眾注意到他們應該注意的人。

二、演員的調度形式

演員的調度方式有以下幾種基本形式：

1. 橫向調度：演員從鏡頭畫面的左方或右方做橫向運動。

2. 正向或背向調度：演員正向或背向鏡頭運動。

3. 斜向調度：演員向鏡頭的斜角方向作正向或背向運動。

4. 向上或向下調度：演員從鏡頭畫面上方或下方作反方向運動。

5. 斜向上或斜向下調度：演員在鏡頭畫面中向斜角方向作上升或下降運動。

6. 環形調度：演員在鏡頭前面作環形運動或圍繞鏡頭位置作環形運動。

7. 不定形或不規則調度：人物無一定運動方向和位置變化，無規則可循的調度。

8. 綜合調度：包含上述兩種以上的調度形式融於一個鏡頭之內的調度。這幾種演員調度都是在一個鏡頭內的調度。在實際的運用中，要結合整個場景來進行設計單個鏡頭內的調度，亦即單個鏡頭的調度要服從整個場景的調度。若某一單個鏡頭內的調度放到整個場景中，與上下鏡頭顯得不夠協調，就應該調度這個鏡頭。

三、無定形調度

演員在鏡頭前面作自由運動。多個演員出場時各自的主次、相互關係的調度也是演員調度的一個方面。電影、電視中的演員往往不只一個，多個演員出現時需要更精心的調度設計，以使得主次分明而又恰當體現人物關係。畫面中是由穩定的正三角構圖轉成非穩定的倒三角構圖，還是多個人物均勻地分布在場景中運動？人物調度是暗示人物關係非常重要的一環，這一點若您看過《教父》第一部中的教父在房中接見其他人時的情景，便不難理解。

四、小結

影視場面調度不但要在三度空間內，對人和物進行布置、安排、處理，還要同時考慮到這樣的三度空間，將由動態的不斷變化內容的二度空間影像圖像呈現出來，而且是在非常有限的矩形畫框內反映現實的三度空間場面調度。所以影視領域的場面調度所需要考慮的因素更多，場面調度本身也更加複雜。

具體地說，影視場面調度是導演引導觀眾不同觀點、距離和角度，去觀察眼前展開的生活，它幾乎不給觀眾留有選擇的餘地，它把演員調度和鏡頭調度兩者作爲不可分割的創作手段，統一起來加以運用，使觀眾透過電影畫面，從各種不同觀點、距離和角度，看演員的表演和情節的進展，以及周圍的環境氣氛。

横向調度

正向或反向調度

斜向調度

向上或向下調度

降落傘由天而下

直升機垂直搖攝划船

環形調度

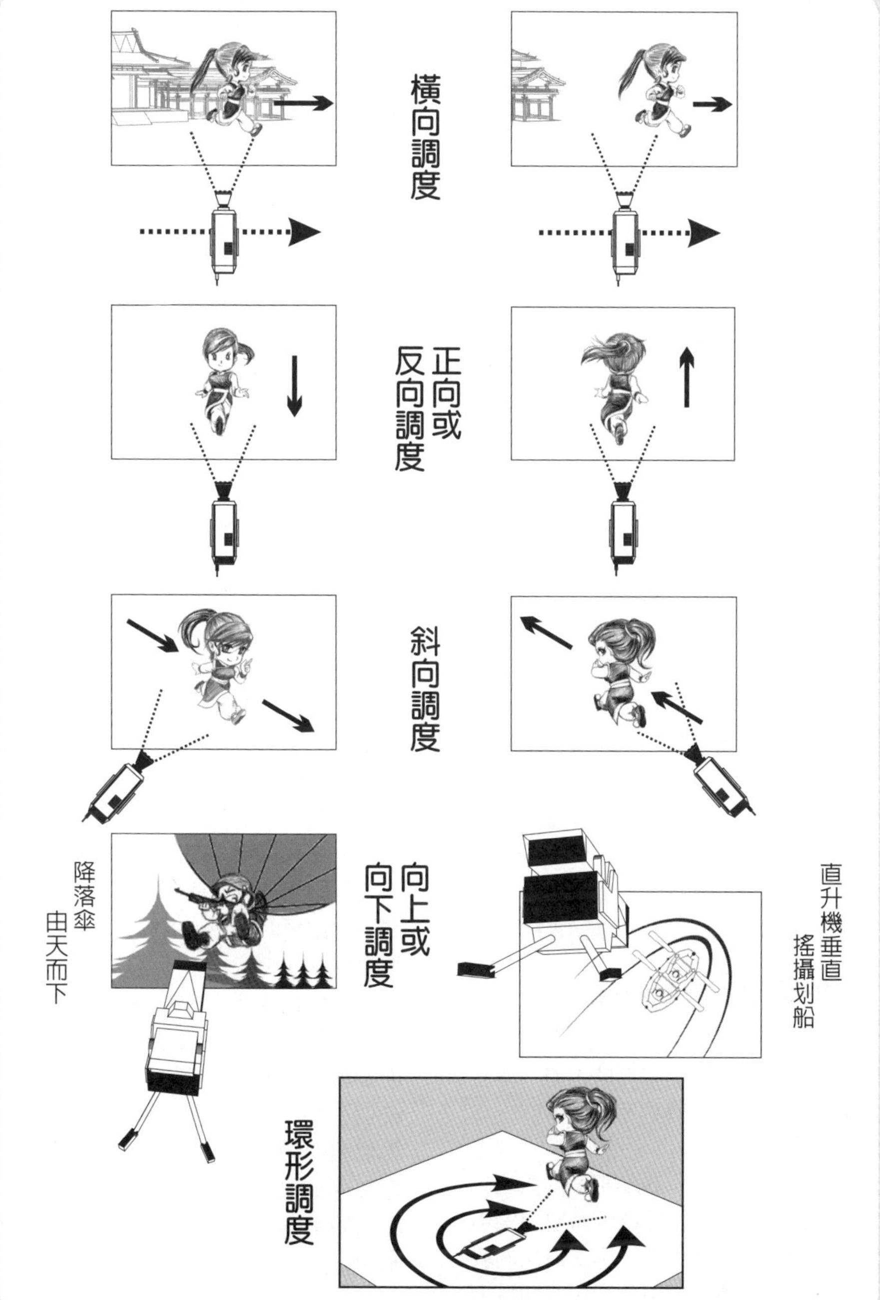

UNIT **12-5**
場面調度的技巧（下）：鏡頭調度

有關鏡頭調度的技巧：鏡頭調度，介紹如下：

一、固定畫面及運動鏡頭

固定畫面即在機位不變、焦距不變時拍出來的畫面。除非特殊效果，一般在影視作品裡極為常見。而且據統計，影視畫面中70%是固定畫面，可見其重要性。許多學習影視攝影的人先從靜態攝影和拍固定畫面學起，這是很有道理而且十分必要的。

運動鏡頭有五種主要的鏡頭運動方式：推、拉、搖、移、跟。

拍攝運動鏡頭需要注意的是：首先，避免無意義的推拉，因為「推」、「拉」、「搖」、「移」、「跟」不僅僅是一種隨意的運動方式，更是一種有意義的內容表達方式；其次，學習拍攝之初要努力已拍好固定畫面為主要目標，走穩了再跑也不遲，除非追求某種特殊效果，不然晃動不安的畫面馬上就會扼殺觀眾繼續看下去的想法。需要注意的是，跟拍是常常有的事，這種情況下，一定要注意腳步與主體的同步，否則即便是自動聚集也會時虛時實。

二、鏡頭調度的具體內容

鏡頭的調度實際上可以分兩個層面，一個層面是對單個鏡頭的調度，另一個層面則是對整場戲的整體調度。調度內容包括兩類：

1. 確定拍攝機位：包括拍攝的角度、景別、視點等方面。拍攝機位需要與劇中人物的運動軌跡密切配合，尋求最佳的表現人物行為、情緒及環境氛圍、空間特徵的拍攝方位。在有較多人物的情況下，必須牢牢將視點鎖定在主要表現對象上。所謂「橫看成嶺側成峰」，機位的確定對於鏡頭調度是重要的一環。

2. 選擇合適焦距：廣角和長焦的表現力是明顯不同的。廣角適合表現大環境大場景，介紹空間關係。而長焦則可借助它在景深上的特點而突出主體或者強化畫面物體之間的距離關係。

三、演員調度與鏡頭調度結合

演員調度與鏡頭調度的有機結合及相輔相成，都以劇情發展、人物性格和人物關係所決定的人物行為邏輯為依據。這兩種調度的結合，通常有以下三種方式：

1. 縱身調度：即在多層次的空間中配合演員位置的變化，充分運用攝影機的多種運動形式。例如跟拍一個人物從某個房間走到遠處的另外一個房間，這種調度利用透視關係使人和景的形態獲得較強的造型表現力，加強三度空間感。

2. 重複調度：在同一部影片中，相同或近似的演員調度或鏡頭調度重複出現，會引起觀眾的聯想，領會其內在的聯繫，增強感染力。

3. 對比調度：調度上的動與靜、快與慢，再配以音響的強弱、光影的明暗，則會使氣氛更為強烈。場面調度與蒙太奇並不相悖，這兩種特殊的表現手段如果能夠有效地相互結合，會使電影具有更強的感染力和說服力。隨著電影技術的不斷發展，場面調度的技巧和形式愈來愈豐富多彩。

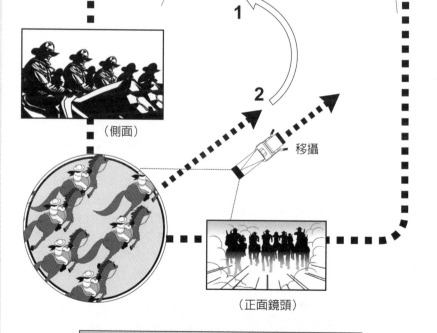

搖攝

3

1

1

2

（側面）

移攝

（正面鏡頭）

說明：
從不同角度拍攝一個簡單的場面調度平面圖。

電視導演對於演員的調度方式

圖解電視節目編導

電視的場面調度分兩個意思。一是攝影機的調度，二是被拍攝主體，其中包括演員和被拍攝採訪對象在攝影機前位置的移動，即包括舞台上的橫向移動，也包括縱深移動。

一、沿水平線橫軸調度（簡稱橫向調度）

戲劇表演在舞台上基本是以橫向調度為主的。被拍攝主體這時的移動方向與攝影機呈90度角，這種水平橫軸的調度就像戲劇中的上台和下台，常表現為入畫和出畫。

導演在調度過程中有三種方式可供選擇：

1. 穿越式的橫向調度：被拍攝主體沿畫面水平軸穿越畫面。電影《阿甘正傳》中，阿甘長跑穿越美國，有一個滿天晚霞的大遠景寫鏡頭，阿甘獨自一人在曠野中跑，富有詩情畫意，表現了阿甘不屈不饒、不達目的誓不罷休的性格。

2. 具有突出被拍攝主體的橫向調度：被拍攝主體從畫面左右兩側入畫後，在畫面中停頓，電影《戰爭與和平》中，先是畫面中只有法國將軍，一個影子移進畫面，隨後一個軍官從畫外走到將軍身邊。這有點像舞台劇中演員上台。

3. 被拍攝主體的往返式橫向調度：被拍攝主體入畫後，沿水平軸運動後轉向後向相反方向運動。我們常在舞台上見過這種演員調度方式，要不是拉什麼東西，要不就是有件未了的事放心不下，所以會瞻前顧後。

二、沿縱軸的景深調度（簡稱縱深調度）

這種調度是影視區別舞台戲劇調度的最主要形式，縱深調度包含縱深的演員調度，以及縱深的攝影機的調度。就縱深的演員調度來講，有三種方式：

1. 穿越式的縱深調度：在電影和電視劇中，有一種稱之為擋黑鏡頭的演員調度方式，即被拍攝主體向鏡頭走來，擋住鏡頭的光線，這個鏡頭還有一個和它對應的鏡頭，同一個或不同的拍攝主體，從鏡頭前向前走去，鏡頭由黑到亮，兩個鏡頭連接在一起主要用做轉場，和這類似的鏡頭像汽車等交通工具向攝影鏡頭駛來，並在頭頂上疾駛而過。

2. 具有突出被拍攝主體的縱深調度：被拍攝主體從景深深處向鏡頭運動，然後停在鏡頭前。《阿甘正傳》中，阿甘從遠處向鏡頭前跑，跑著、跑著，他突然停住了，後面跟著跑的人也站住了，阿甘轉過身，對身後跟跑的人群說：「我該回家了。」這時，在阿甘身後有一大群追隨者，其中一個問：「那我們怎麼辦？」

3. 被拍攝主體的往返式縱深調度：被拍攝主體從鏡頭前向景深深處運動，然後停住，向反方向運動，或者和這種形式完全相反。電影《阿甘正傳》中，阿甘從美國大陸一頭跑到另一頭，到了海邊上一個在水中搭建的小屋的小木橋上，沒了路，又折返向回跑。這種往返式縱深調度，往往喻示著故事將發生某種形式和內容的轉折，為他後面要回家做鋪路。

電視導演對於演員的調度方向

沿水平線橫軸調度（橫向調度）

被攝主體的往返式橫向調度

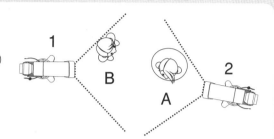

往返式橫向調度：離去的演員在兩個鏡頭中，以相反的方向走出畫面。
這是利用反拍機位拍攝的。

1.沿縱軸的景深調度（簡稱縱深調度）。
2.具有突出被攝主體的縱深調度。

《阿甘正傳》阿甘從遠處向鏡頭跑，
跑著跑著他突然停住了，後面跟著跑
的人也站住了。

阿甘轉過頭，對身後跟跑的人群說：
「我要回家了。」

UNIT 12-7
電視編導現場調度的基礎性工作

一、創造意境

所謂意境，主要指透過電視螢幕形象，所表現出來的情調與境界。電視場面調度中，可以運用多種造型手段和造型技巧，組織畫面形象，使其構成一定的情緒化效果，同時，經由鏡頭運動和畫面形象，來營造特定的情緒、氛圍和意境。例如：人們常以遠景、全景景別的畫面，來交待客觀環境、渲染環境氛圍。

二、實現節目構思

進入現場時，編導的任務當然是完成現場的拍攝，而現場的拍攝當然是由一個個鏡頭的拍攝來組成的。

三、觀察、推測與想像

編導進行現場的調度和軍事指揮員在戰場上的狀態差不多。需要隨時關注全局，更關注事件的進展和隨時發生的變化。

四、控制與指揮

在電視節目製作中，儘管現場調度涉及到人物、場景和攝影機這三個基本要素，但在場景空間已經被明確規定的情況下，現場調度調就依靠對兩個基本要素的控制和運用了——這就是人物和攝影機。

五、團隊工作

在基本上完成了預定的工作後，編導便能「胸有成竹」，與攝製組其他工作人員一起進去拍攝現場。他們要透過緊密的合作去完成一個電視節目的拍攝任務。此時中心工作就是拍攝而不是別的。表面上，鏡頭拍攝是由攝影師實際操作的，編導並不參與實際拍攝，但編導在拍攝現場仍然是不可或缺的。

六、時間與空間的把握

在拍攝現場，對編導來說，最重要、基礎性的工作就是特定場景的時間與空間的把握。電視節目報導，基本上來說都帶有一定程度的記述性。一個被選定的拍攝現場，毫無疑問是節目內容中某個部分的呈現方式：有一個被規定的時間段落與一個被規定的空間範圍。

某個部分的述事內容，會展開在相應的空間之中。為人所理解的紀錄片，第一要素的時間。「時間」在紀錄片裡的體現就是一個完整時間單元的呈現，時間體現在過程裡，這是「現場」的實際體現，也是「紀錄」這個詞的具體體現，亦即所謂「過程」是從一點到另一點之間的過程，或是被拍攝者某個行為的一個完整過程。

其次，對空間的把握更是編導進入現場時一個重要準備工作。場景的空間不僅與敘事內容的展開密切相關，而且對鏡頭畫面的造型表現有著關鍵性的作用。在這點上，編導需要考慮兩個基本問題：其一，這是一個怎樣的場景空間，如何在這個場景中表現這一段敘事內容。其二，是語言造型如何透過有意識、有目的的鏡頭調度，能夠極大地豐富畫面形象的表現形式。這兩個基本問題是相關聯著的。

由於現場調度及多方面的運動及運動的組合，有時候也借助於空間的可能性、空間的表現力。這時編導所致力去探索的，是某個特定的場景中空間的利用、轉換和連接，是多種調度手段所帶來的運動組合可能產生的畫面效果。

電視編導現場調度的基礎性工作

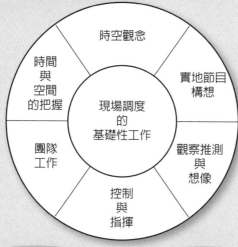

現場調度的基礎性工作

- 時空觀念
- 實地節目構想
- 觀察推測與想像
- 控制與指揮
- 團隊工作
- 時間與空間的把握

現場調度
時間的壓縮

現場調度
主導的三角形空間

避免車內兄長的對話

1

男女主角面對多位次要演員

切入一個主觀視線的鏡頭（一棟豪宅）

2

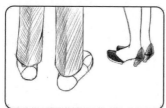

刪掉無關片段，壓縮時間

攝影機1

攝影機2

攝影機2鎖定主導三角形空間

第 **13** 章

成音與剪輯

UNIT 13-1
電視節目收錄音應注意的原則

一、現場保持安靜

一個節目如為現場收音，特別注意到是否有其他雜音介入，例如戲劇節目，演戲時只有演員說話的聲音，一定要現場指導（Field Director, FD）控制整個現場，不得有與劇情不相干的聲音出現，例如其他人員的說話聲，或工作時發出的聲響……。

二、音量不可忽大忽小

例如戲劇節目的收音，多半都只有一個邦麥克風或高吊麥克風（boom mike）執行，所以演員的音量大小不宜相差太多，否則當演員聲音較大時，就得將音量關小些。若是臨時發生的情況，導播也應立即指示成音工程師（Audio Engineer, AE）調整音量。

三、音量過大會造成失真破裂

一般而言，將音量分為三等分，其指針保持在中間三分之一的部分為佳，指針不到這個部分則音量太小，不能清晰的聽見，超過了中間三分之一的部分，即紅線部分，則聲音過大，聲音聽起來會有破裂失真的感覺，但聲音總是有高低大小，偶爾超過亦是正常的現象。只是電視是深入家庭與觀眾面對面，儘量要表現真實，所以演員的聲音，只要像平常說話大小即可。

四、大聲喊叫與悄悄話

演員不必大聲喊叫，只要把音調拉高，達到大聲喊叫的那種味道即可，悄悄話也不必真的讓人聽不到，如果真的不讓觀眾聽見的話，那麼戲該怎麼進行呢？所以只要把音調壓低就行了。

五、正式開始前要先試看

在節目正式開始之前，導播不要忘了要演員先試音，例如一個節目主持人，讓他先說幾句話，好讓 AE 能預知他的聲音大小，以便音量的控制，如果不先試音的話，那麼可能會在一開始時，音量過大或不足，而造成「難聽」。

六、聲音來源太分散時應增加麥克風

導播要注意高吊麥克風的位置及麥克風所及的範圍，聲音來源太分散時，如果只有一個麥克風收音可能無法兼顧，就必須分別架設麥克風，這樣就可以依照需要分別調整音量，而不致產生喇叭蓋過提琴聲等類似的問題，較遠處或較小的聲音都能清晰地聽到。

七、聲音的美化

一個聲音進入麥克風之後，我們便可以在成音控制器上調整使更美化，例如歌唱，一般除了有共鳴迴響的效果，還加以回音效果，使歌唱者的聲音透過麥克風及修飾之後，可以呈現出更悅耳動聽的聲音。

八、要告訴成音工程師（AE）何時開（關）麥克風

AE 可能對節目並不瞭解，節目的進行，何時要開麥克風、何時要關麥克風，導播要事先告知 AE，以便 AE 配合，例如：提醒 AE，在主持人唱完歌後不要忘記將回音效果關掉。

九、共鳴與回音的應用

共鳴與回音可以修飾唱歌的聲音，也可有其他的效果與用途，例如在山谷中說話等。也可增加說話的氣勢，比如：對廣大的人群演講，或恐怖人物的說話等。

十、注意不要讓高吊麥克風穿幫

高吊麥克風是不應進入畫面中的，尤其在寬鬆的畫面較易發生這種情形。

電視節目收錄音應注意事項

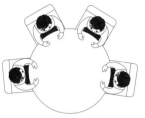

針對一位表演者的台式麥克風放置方法

用於多項錄音的區域麥克風

多重麥克風結構

麥克風的種類

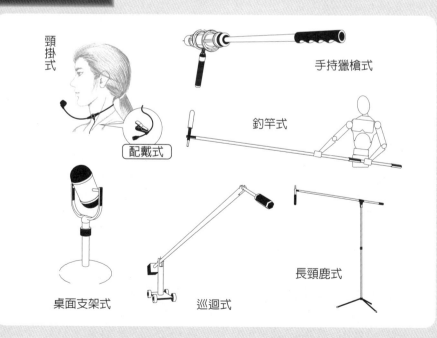

頸掛式

配戴式

手持獵槍式

釣竿式

桌面支架式

巡迴式

長頸鹿式

第 13 章　成音與剪輯

UNIT **13-2**
運用各種音樂或音效配合畫面的原則

導播除了注意畫面與聲音外,也要注意音效的重要性,如果能運用各種音樂或音效來配合畫面,就更能夠表現出主題與內容。

一、運用音效表現人、時、地、物

例如一個新人物登場,我們除了要對這個人物予以畫面介紹,再運用音效就更能有效刻劃人物,假如他是一個丑角,那麼配以滑稽的音樂,就能將人物的個性或所扮演的角色刻劃出來。

二、片頭音樂要與節目相符

片頭音樂即節目的代表,如果節目(或某一場)的氣氛是非常快樂,非常活潑,而所選用的片頭音樂卻是憂傷的悲調,那麼就與情節或節目內容不相連貫,所以片頭音樂的選擇不僅要與節目氣氛相符,且要注意與節目內容儘量配合,才有吸引力。

三、音樂配樂可以表現在各種氣氛

尤其在戲劇節目中,在某種情節配以適當的音樂,更可以襯托氣氛,觀眾在無形中會被音樂帶進劇中的情況,例如:緊張、快樂、悲傷等。

四、配樂要與劇情及畫面密切配合

例如:節目一開始的畫面就是淡入,聲音也應是以淡入的方式進入,如果畫面是淡入,音樂卻突然出現了,就與畫面產生了不協調的感覺。一些特殊音響的製作,導播更要事先告訴 SE,要他注意畫面或注意演員的動作,比如槍聲。

五、考慮什麼地方該配以音效

一個節目該配以音效時,如能適切的配合,就能製造更好的效果,如果無目的

亂用,不但毫無意義,而且使得重要的地方無法發揮最大的效果,例如戲劇節目,所配的音樂雖然要跟著劇情的變化而走,但並不是從頭到尾都需要音樂的配合,什麼地方該加強表現,才在什麼地方配以音效。

六、注意襯底音樂不要太強

有時節目的表演或主持人說話等配以襯底音樂,可以增加氣氛,而不致使節目平板無趣。但導播要特別注意演員或人物說話的聲音,是否被襯底音樂蓋過,造成喧賓奪主的現象,反而破壞了原來的用意。襯底音樂的音量也不能太弱,太弱雖然不會喧賓奪主,但是卻不能達成效果。襯底音樂的音量基本是依狀況而定,總之,一個原則即是要讓它能清楚的聽到,但卻不應讓觀眾明顯的感覺到。

七、利用音樂連貫節目

例如片頭即將結束時,所配的音樂也將跟著結束,那麼應該在音樂還未結束之前就將畫面轉換到現場中,然後音樂再漸漸淡出,現場的表演在音樂淡出之際銜接,這樣就不會太生硬且不連貫了。

八、運用音樂描寫表現心理

音樂可以把演員所扮演的心理表現出來,使觀眾聽了能產生與戲中人一樣的心理狀態,我們常可以看到一場戲或一段衝突結束後,只剩下一個演員在場表演內心戲,這時襯底音樂往往會加強變為主要表現的音樂,以表示演員的心理狀況。

九、運用音效暗示情節的發展

例如滴答的鐘響可以暗示時間的緊迫。教堂的鐘聲可以暗示死亡、結束、嚴肅。烏鴉的叫聲可以暗示不祥、不吉利。

運用各種音樂或音效配合畫面的原則

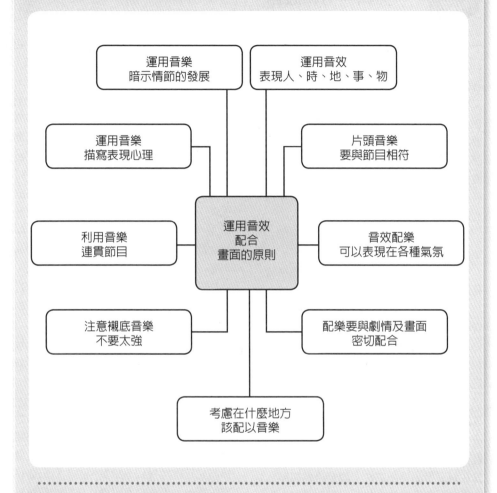

運用音樂
暗示情節的發展

運用音效
表現人、時、地、事、物

運用音樂
描寫表現心理

片頭音樂
要與節目相符

利用音樂
連貫節目

運用音效
配合
畫面的原則

音效配樂
可以表現在各種氣氛

注意襯底音樂
不要太強

配樂要與劇情及畫面
密切配合

考慮在什麼地方
該配以音樂

知識補充站

★影視音樂或音效的創作

　　影視音樂或音效的創作，是要根據畫面的情節、情緒、氣氛、主題、敘事需要等來確定，因此觀眾往往根據畫面的內容來感受音樂或音效。對音樂或音效的體會與情節、主題的表達緊密聯繫，會產生相對明確和具體的感受和理解。總之，影視音樂或音效的特徵，就是它具有片段性、不連續性和非獨立性。

UNIT 13-3
剪輯與剪輯設備

一、剪輯的定義

係指節目在拍攝完成之後，各鏡頭、各段落、與各種視聽訊號之間的組合及加工問題。除了現場立即播出的節目以外，絕大多數的節目，或因故無法順錄，或因要求精緻錦上添花，於是在棚內和棚外把節目內容素材分別拍攝錄影之後，多少都需要再另外加工修飾組合。這項工作就叫剪接，或稱剪輯（editing），剪接的主要目的有四：

1. 按照劇本順序，將各片段組合成完整流暢的節目。

2. 按照規定長度，修剪成符合標準時長的節目。

3. 按照編審規則和技術標準，修補聲音和畫面上的任何失誤。

4. 按照藝術構想，錦上添花，增加特殊聲光效果，務求賞心悅目，提升節目品質。

一般簡單的剪接作業，多在錄影室或專設的剪接室進行，使用兩部錄影機，一放一錄實行所謂對剪或轉拷。先從各自的監視器上尋找畫面或聲音的剪接點，然後就在錄影帶的控制磁軌上設定接點訊號，錄影機開動後，就會依照設定的訊號，自動剪接或轉拷。

二、剪輯設備

基礎的剪輯設備包括放影機、錄影機、監看器、剪輯機，其所司功能如下：

1. **放影機**：播放用錄放影機（playback VCR），也叫視訊來源機（source VCR），或簡稱放影機（VCR），是輸送原始待剪影帶的機組。在待剪錄影帶上所錄製的原始影音訊號，稱為來源影帶或原始拍攝影帶。這些影音訊號可能是在不同地點、不同時間所拍攝、所錄製的一個鏡頭、一個場景，或任何一個段落，也可能是先前剪輯好的某些個別片段或來自別的來源資料。影音訊號由此傳送剪輯機，剪出新的版本後，在放影機的影音訊號來源仍保持原貌。

2. **錄影機**：剪輯用錄放影機（edit VCR），簡稱錄影機（VCR），是將原始影帶所輸入的內容，做到格（frame）與格之間乾淨剪輯的機組。它必須準備剪輯母帶，將來自放影機的音視訊息錄下來，此一某種序列剪輯音視訊號至完成的錄影帶，即為剪輯母帶，也就是第一代版本的節目母帶。

3. **監看器**：剪輯過程中，放影機及錄影機必須至少各有一台監看器，以使兩端的音訊及視訊都能監看、監聽得到。

4. **控制機**：剪輯控制機（editor controller）或剪輯機（control unit）是一個連結了剪輯用的放影機和錄影機，並能同時控制輸出、輸入來源的設備或系統，這個機制能正確地找到剪接點，做出精確而穩定的剪輯。專業的剪輯機具有設定剪輯模式的功能，能將剪輯錄影機設定到鑲剪剪輯、接剪剪輯、視訊鑲剪、或音訊鑲剪等不同模式。

後製方法與作業流程

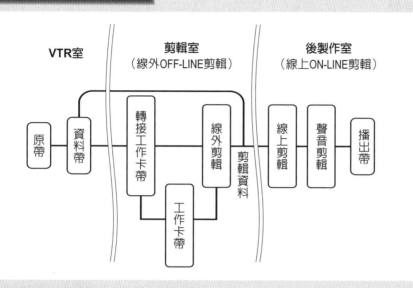

VTR室

剪輯室
（線外OFF-LINE剪輯）

後製作室
（線上ON-LINE剪輯）

原帶 → 資料帶 → 轉接工作卡帶 → 線外剪輯 → 剪輯資料 → 線上剪輯 → 聲音剪輯 → 播出帶

工作卡帶

簡便型對剪

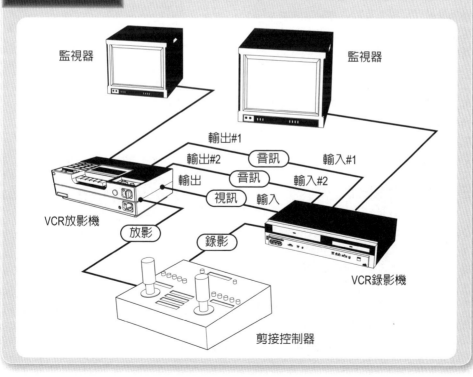

監視器

監視器

輸出#1

輸出#2　音訊　輸入#1

輸出　音訊　輸入#2

視訊　輸入

VCR放影機

放影　錄影

VCR錄影機

剪接控制器

UNIT 13-4
畫面剪輯工作的任務

電腦能控制多部 VCP/VCR，並擴充介面，使得一部個人電腦能夠執行像答錄機、視訊切換器、特效機、剪輯控制機般的功能，而且所有機組結合在一體。電腦容許剪輯者剪、貼、任意鑲剪、組織，並自由地操作長短；同時也能產製文本、圖文，以及特效，並將之融入完成的節目當中。

對畫面剪輯工作的任務有五，敘述如下：

一、保證螢幕形象的恰當

在電視傳播的過程中，有著很多的把關人，記者、編輯、主持人、編輯部門的各級領導都是把關人。把關人的任務就是對訊息進行篩選，然後再傳達給觀眾。篩選訊息的過程中，有一項很重要的任務，就是要保證螢幕上形象的恰當。

二、解析被攝對象

這裡有一個很重要的任務是分解剖析被拍攝對象，可以從局部到全貌，也可以反過來。需要從不同的景別、不同的角度來完成這個任務。

三、分割場次或段落

段落、場景是一部電視節目或是一部影片基本的結構形式。攝影師的拍攝工作不一定按照事先擬定好的分鏡圖劇本去拍攝，他要考慮到現場的調度問題，無論是在外景還是內景、時間、季節、天氣、資金、場地等的條件限制。因此拿回來的素材很可能是雜亂無章的，而編輯的工作之一就是要把這些鏡頭素材重新整理。此外，段落之間的轉場手法，也是需要學習的。而分隔場次和段落是畫面剪輯非常重要的工作任務。

四、運用形象對列製造戲劇性效果

利用形象的對列，包括累積、對比、象徵、比喻、平行等蒙太奇製造戲劇性效果，使節目能夠達到抒情表意這麼一個目標。

五、掌握節奏

每個鏡頭的長短各自形成其節拍，將各個鏡頭銜接起來便創造出某個段落的節奏，段落跟彼此的關聯也能創造出整個節目的律動。

這五項任務，第一項是直接影響編輯首要任務的，是使節目獲得健康良好的社會效果一個必要的保證；第二、第三是解析被拍攝對象，分隔場次和段落，這兩項任務是指剪輯應當完成的敘事交代任務；第四項是運用形象，製造戲劇性效果，它就好像寫文章一樣，要講一點語法，而且還要講究修辭。第五項是剪輯可以透過這些鏡頭、段落、及節目整體，決定如何將時間壓縮或延長，這些選擇便影響一個節目的節奏，及觀眾對時間的認知。

鏡頭要合理的組接，就意味著合理的搭配，這種合理搭配對於剪接工作，不論是分隔場次段落的任務，還是要完成解析被拍攝對象的任務，或是完成用形象對列來製造戲劇性效果的任務，鏡頭的合理搭配無論如何都是最基本的要求。因此有必要瞭解它、掌握它。

畫面剪輯工作的任務

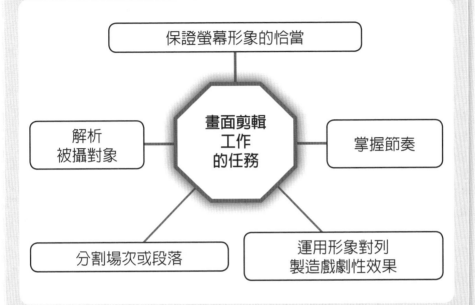

知識補充站

★畫面剪輯的轉場方式

　　影視作品中，要把時間和空間發生變化的鏡頭畫面，剪輯在一起，需要恰當地使用電視鏡頭剪輯的轉場方式：

　　1.**利用物體剪輯**：把同一物體、同類物體或外形相似的物體做為轉場銜接的因素。

　　2.**利用動作剪輯**：利用事物發展變化中的一些動作做為剪輯點。

　　3.**利用出入畫面剪輯**：例如：在表現被攝主體從甲處走到乙處時，為了省略從甲處到乙處的中間過程，可採用走出畫面與走進畫面的方法。

　　4.**利用因果關係剪輯**：利用觀眾希望看到某些原因引發出來的後果的這種心理，來連接鏡頭畫面。

　　5.**利用聲音剪輯**：指利用包括語言、音樂、音響在內的聲音，把兩個或多個鏡頭，有效地剪輯起來。

　　6.**利用空鏡頭剪輯**：以一個段落過渡到另外一個段落，可以利用空鏡頭剪輯。

UNIT **13-5**
畫面剪輯點的選擇規則

在選擇剪輯點時,通常要考慮幾個方面:內容、動作、情緒、節奏和聲音。

一、內容剪輯點

即以畫面內容的起、承、轉、合以及畫面內容的內在節奏,做為參照因素選擇剪接點。編輯時要考慮畫面內容是否已經交代清楚。如果內容已經能被觀眾感受到,畫面又沒有新的訊息可以展示,就是果斷地將鏡頭剪斷,否則會產生拖沓的感覺。

二、動作剪輯點

這在畫面編輯中是最為常見的情況。通常以畫面中人物(或動物)的形體動作為基礎,選擇主題動作的開始、或進行中、或是動作的結束點,以及動靜轉換、出畫入畫,或速度、方向改變的瞬間作為剪輯點。選擇動作剪接點,一般要求一個畫面的長度,能完整地表現人物某一動作的全部過程,或動作過程中一個相對完整的階段。

三、情緒剪輯點

情緒剪輯點,係以人物的心理情緒為基礎,選擇能表達喜、怒、哀、樂等外在表情的過程作為剪輯點。這是因為人物的動作為訊號,雖然停止了,但人物的心理活動仍在繼續,人物的情緒仍在延伸。畫面情緒剪輯點的確定,全憑編輯人員對影視情節內容和涵義的理解,以及對人物內心活動的心理感覺。情緒剪輯點處理是否得當,完全取決於一個編輯人員的藝術素養。

四、節奏剪輯點

節奏對於任何一部電視片來說,都是至關重要的。節奏的表現就是根據內容表達的情緒、氣氛以及畫面造型特徵,來靈活地處理鏡頭的長度,透過運用鏡頭的不同長度,來創造舒緩自如或緊張激烈的節奏。節奏的形成可透過如下方式實現,包括情節的發展、人物心理變化、形體動作、影像造型、色彩組合、鏡頭運動速度和鏡頭長度、景別的變換、語言及音樂的運用等。

五、聲音剪輯點

電視片中的聲音包括語言(解說、對白、旁白、獨白)、音樂和音響三個大類。各種聲音都有自身規律,但又必須結合畫面內容、情緒、節奏等來選擇剪輯點,才能使聲音轉換自然流暢。聲音剪輯點是根據畫面中聲音的出現與終止以及聲音的抑、揚、頓、挫來選擇的剪輯點,它首先要考慮的是聲音的真實感和完整、自然,其次是聲音的處理,是否符合內容與情緒的表達和節奏的把握的需要。

剪輯點的選擇是很精確的,可以說,每一個剪輯點都只是在「哪一個合適的點」,哪怕只差了幾幅畫面,都有「失之毫釐,差之千里」的可能,然而選擇剪輯點的時候又不能忽視創造性,這樣才可能創作出新穎的,乃至於優秀的節目。

基本的非線性編輯系統

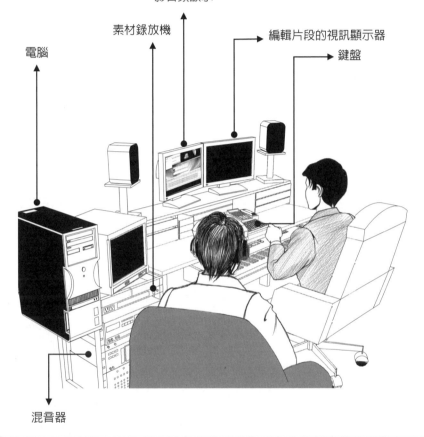

MEDIA-100非線性剪輯系統
影音頻顯示

素材錄放機

編輯片段的視訊顯示器

鍵盤

電腦

混音器

★非線性編輯共用網路資源

　　由於非線性編輯系統的數位特性，以及系統的易擴充性，非線性
編輯更容易實現資源共用。如果建立了非線性編輯網路，在一個影視
製作中心，甚至可以和國內、外的影視製作部門之間，推動很多影視
素材的共用，製作人員和製作技術也可以進行跨區域合作。

知識補充站

UNIT 13-6
線性、非線性剪輯方式

一、線性、非線性剪輯方式的主要不同點

線性剪輯乃是一步一步以直接的模式處理。直接用錄影機及剪輯控制器來執行剪輯，不透過電腦，即是典型的線性剪輯。

非線性剪輯（Nonlinear editing, NLE）的過程加入了電腦的運作，藉由裝配了能數位化視訊及音訊的個人電腦，能讓影帶訊號在被非線性剪輯剪接至母帶之前，先予選擇並將之儲存在電腦磁碟的軟硬體。雖然利用電腦也能進行線性剪輯，但是非線性剪輯顯然才是電腦所帶來的特定功能。

二、非線性剪輯如何運用電腦來操作？

1. 將拍攝帶複製到電腦。2. 編輯出剪輯定點表。3. 進入剪輯模式編排剪輯段落。4. 修改剪輯。5. 存錄剪輯母帶。

三、非線性剪輯的優越性

1. 素材採集：允許大量採集素材，做到一次性上載，可以靈活地調度大量素材中的任何段落的鏡頭或序列進行組接。有的非線性剪輯系統還有壓縮採集功能，支持在採集素材中的同時標記多個切入點、切出點，形成了多段的「子素材」。在採集同時設定素材的標記點，這樣會方便後期剪輯時查找、選用適當場景。在採集音頻時對音量大小作適時的調整，不必等到後期製作時再做處理。在採集同時也應當對畫面的顏色、色調做適時的處理，例如：增紅、增黑、加亮。對畫面的某些瑕疵點做局部修正，例如斑痕、汙點。

2. 素材管理：非線性剪輯系統，不僅是為了方便完成特定的某個節目的後期編輯，它的意義還在於有效、科學的管理視頻、音頻素材的使用效率。素材管理最有價值的是可以和網路相連接，做到特定區域內（電視台、節目部、學院、科系）的資源共享，以滿足節目編輯的需要。

3. 剪輯功能：支持多視頻軌道、多音頻軌道的剪輯，可進行素材與分鏡表之間的三點剪輯操作、甚至四點對剪。對音訊做出淡入、淡出、疊畫的特技；無限軌音頻合成、多軌音頻混和對音訊和視訊作單頁處理，特技操作可達 1 千種以上。

4. 字幕製作：多任務、無限層面字幕同時映現。多層字幕編輯，支持多個圖元、多個動畫、多個唱詞同螢幕播出。字幕本身有多種處理：凹凸、立體、光感效果等藝術字幕。多樣的字幕停留處理：球光、波動、閃爍。

四、非線性剪輯軟體

1. United Media Studio Pro：該軟體是由著名的 Ulead 公司出品的一款視訊製作軟體，包含採集、編輯、音訊、電腦繪圖（CG）、選單、拷錄及播放等功能。

2. Adobe Premiere Pro：該軟體是目前最流行的專業視訊編輯軟體，也是數位視訊編輯的強大工具。它的應用範圍非常廣泛，兼顧廣大視訊用戶不同的需求。

3. Sonic Fpundry Vegas：該軟體的畫質特效與聲音編輯功能為人稱道，字幕功能強大，具備調色拷像等功能，提供 3D 立體動畫編輯功能，字幕功能強大。

4. Canopus Edius：該軟體將繪圖、動畫、編輯和 3D 合成等所有功能都融入其中，還擁有強大的栗子系統、電影級的高級拷像和顏色校正等功能。

5. Adivd Liquid Edition：該軟體能實現真正三度空間處理、層級關係處理，3D 動態畫中畫更為逼真，字幕效果更為突出。

非線性剪輯的構成方塊圖

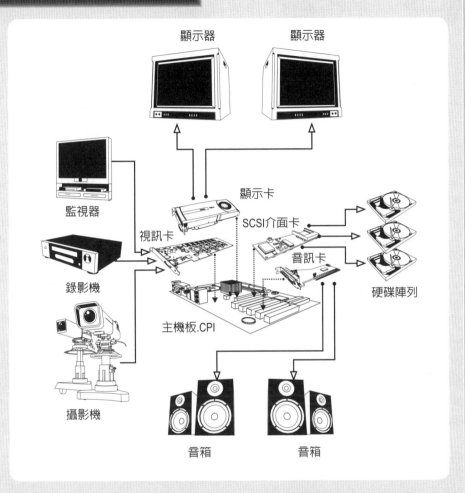

顯示器　　　顯示器

監視器

視訊卡

顯示卡

SCSI介面卡

音訊卡

錄影機

主機板.CPI

硬碟陣列

攝影機

音箱　　　音箱

知識補充站

★數位設計者與軟體技術

　　由於數位的影像是透過0與1的數字來呈現，而執行編碼的人卻往往不是藝術家，而是熟悉電腦科技的人來寫相關的程式，進而發展出軟硬體設備。當技術凌駕於藝術之上時，後現代數位設計者，如何掌控創作的主導權？首先，設計者應先瞭解軟體的技術，再決定如何應用軟體的指令來展開創意。接著，可以結合平面、互動、3D、影音等電腦軟體，從事跨平台、多媒體的設計。

圖解電視節目編導

UNIT **13-7**
非線性編輯工作流程

我們以常用的非線性編輯軟體 Premiere pro cs3 為例,講解工作流程如下:

一、劇本策劃

在開始利用非線性編輯軟體進行創作之前,首先應該清楚要表達什麼意思,用什麼做,要加入什麼效果才能突出主題,如何配上聲音等問題,也就是人們平常所說的劇本策劃,或者叫創意。劇本策劃一般包括以下幾個步驟:(1)確定主題和表現方式。(2)蒐集素材。(3)素材採集與變換。(4)視頻編輯處理。

二、素材的採集與輸入

大量的原始視頻與音訊素材都來自於真實世界,需要用某種方式將其記錄(攝影機)並儲存(錄影帶)下來,但是這些資料並不能直接應用於電腦編輯,而是需要將其輸入到電腦中,並以視頻與音訊編輯軟體可以編輯的方式進行儲存,實現上述功能的方式便是採集。

三、創建專案工程

在 Premiere Pro 中,要編輯製作的節目叫專案。Premiere Pro 不僅能夠製作視頻作品,還負責作品的資源管理,如創造和保存字幕、轉場過渡及其他效果,工作的物件實際上是一個專案。

創建專案工程後,還可進行專案參數設置。在將視 / 音訊導入和編輯操作之前,必須先設定好專案的視頻、音訊的配置參數。

四、導入素材

Premiere 是一個視頻與音訊後期編輯軟體,在開始製作節目之前,將所需要編輯的素材檔匯入到專案中。在 Premiere Pro 的專案中,可以編輯多種格式的視頻、音訊和靜態影像檔。所有的原始素材和剪輯都必須保存到硬碟中,即使是數碼攝影機中的視頻,也需要轉存到硬碟中。

五、編輯和調整素材

導入素材後,就可以著手進行節目的編輯工作了。素材編輯就是設置素材的入點和出點,以選擇最合適的部分,然後按時間順序組接不同素材的過程。而素材的編輯和調整是節目編輯的開始工作,編輯是指排放素材在時間線視窗的先後順序和疊放位置。

六、添加特技效果和字幕製作

對於視頻素材,特技處理包括轉場特效、運動特效、合成疊加、視頻濾鏡等;對於音訊素材,特技處理包括轉場、特效。令人震撼的畫面效果,就是在這一過程中產生的,往往也是體現在這方面。配合某些硬體,Premiere Pro 還能夠事先作特技播放。

字幕是節目中非常重要的部分,它包括文字和圖形兩個方面。Premiere Pro 中製作字幕很方便,有豐富的效果實現,並且還有大量的範本可以選擇。

七、輸出與生成

用 Premiere Pro 進行節目的編輯製作,最終會生成一個合成好的影片檔案。節目編輯完成後,就可以輸出到錄影帶上;也可以匯出成影片檔,並可以發布到網路上,甚至可以燒錄成 DVD 或藍光影片等等,輸出所需要的時間與電腦硬體的性能設備有關,設備性能愈好,輸出所需的時間愈快。

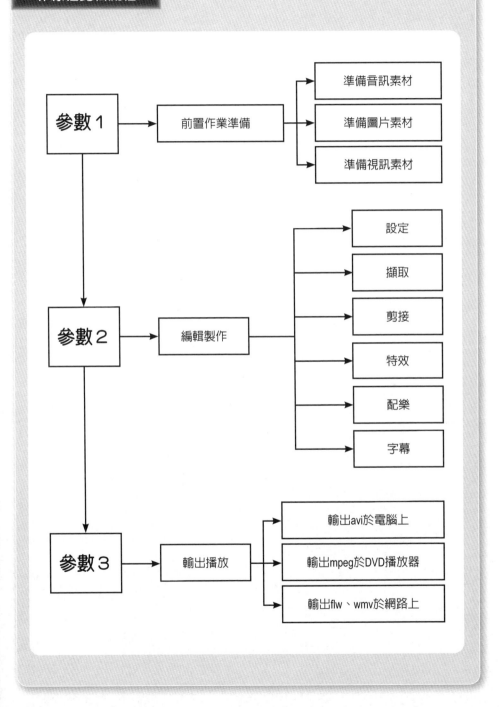

第 **14** 章

各類節目編導實務

· · · · · · · · · · · · · · · · 章節體系結構 ▼

UNIT 14-1
電視新聞節目內容

圖解電視節目編導

一、電視新聞的主要內容

電視新聞報導內容應該是十分廣闊、十分豐富的，內容可以包括：

1. 全國性的重大政治新聞，例如：執政黨和政府發布的重要指令、決策、法令和重要會議以及重要的人事安排等等。

2. 全國經濟、文化、國防、科學研究等方面具有重要成就的相關報導，對經濟建設具有推廣價值的新技術、新經驗的介紹等。

3. 重大國際事件的報導。

4. 社會上發生人民群眾普遍關心的新鮮事物之報導。

5. 與人民群眾生活有密切關係的事件之報導。

6. 和社會安定有關的重大刑事案件和違法亂紀事件之報導。

7. 重要氣象、重大災情的報導。

8. 全國性或國際性的文藝體育新聞。

9. 有關批評之報導，觀眾對於這些報導的反應很強烈。

10. 帶有知識性的奇聞、珍聞，既有知識性又有趣味性，人們都愛看。

二、電視新聞的類型

以形式上來看，電視新聞可以分為四種類型，分述如下：

1. 現場報導：此種報導方式是現場性最強的，記者必須現身說法，告知觀眾發生什麼事。記者要集中精神在採訪新聞事實與背景上，並在現場進行口頭播報或向受訪者提問。觀眾看到的會是記者親臨現場，直接從現場發出的消息，最具有權威性。

2. 旁白報導：記者不出現在螢幕上，以旁白解說新聞畫面。主要用在外地、國外送來的新聞處理上。因為不是本台記者親自採訪，所以還必須經過翻譯才能讓觀眾明白。

3. 口播新聞：由播報員讀新聞稿，背景配上幻燈片、新聞照片等。適用於更次要的消息，以及剛剛收到的最新消息，往往來不及拍攝，就要用口播。

4. 純畫面報導：純粹依靠影片或圖像而無旁白，或只有幾句旁白、字幕配合，讓觀眾一目了然。適用於富有人情趣味的新聞。

三、電視新聞的特點

電視新聞的長處是它的現場性。透過現代化的電子化傳播工具，或是透過人造衛星，能夠立刻讓觀眾看到新聞現場發生的一切，使人有身歷其境的感受。重大新聞的現場直播，更能夠把報導在時效性以及空間方面達到最佳地步。

但是電視新聞也有侷限，首先，最大的困難是時間的限制。電視新聞不能冗長，絕大部分電視新聞只能是達到提綱挈領的作用。

第二是電視新聞採訪製作時間緊迫。因電視新聞要盡快向觀眾提供現場的消息，因此電視記者要能夠及時處理新聞素材，當場歸納分析，將新聞重點準確掌握，即時傳達出去。

第三則是觀眾收看的隨意性。電視觀眾是被動的接收電視訊息，在收看電視新聞時，往往和不同人談話或做其他事，因此電視新聞記者在編輯時要能夠抓住觀眾注意力，吸引他們繼續觀看。

簡單的電子新聞編輯系統

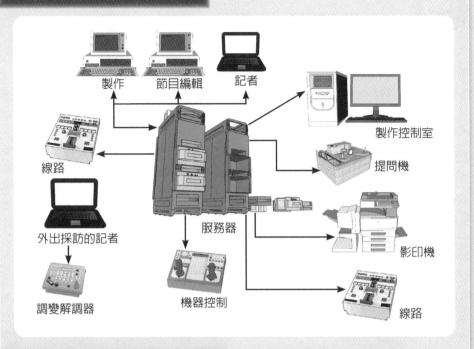

製作　　節目編輯　　記者

線路

外出採訪的記者

調變解調器

服務器

機器控制

製作控制室

提問機

影印機

線路

電視新聞的類型：現場報導

記者現身說法，告知觀眾發生什麼事情

UNIT **14-2**

電視新聞節目編導

一個好的電視新聞節目編導，必須要充分運用電視的各種優勢，儘量彌補電視傳播的不足。具體來說，好的電視新聞節目，要求下面兩個優勢，包括形象性與現場感：

一、合理選擇節目形式與製作方式

電視新聞的獨特優勢就是具有很強的形象性和現場感。毫無疑問，那些適合拍攝圖像新聞的，顯然不適合口播，否則就放棄了電視自身的優勢，放棄了應該取得的傳播效果。那麼，究竟如何處理才比較合理呢？一般來說，形象生動且能拍到圖像的題材，可以拍片或錄影，就不要輕易處理為口播；新聞價值重大，具有形象性，但來不及或暫時無法拍攝現場圖像的新聞，適宜口播；缺乏形象但新聞意義重大的，可以口播。不管哪種內容，在口播的同時要儘量避免單純口播，而是要運用各種多媒體手段來豐富畫面，比如運用圖畫、圖表等方式配合解說詞，讓口播新聞也能生動起來。

總之，要根據新聞價值的不同、新聞發生情況的不同，有些新聞可以採取現場報導和現場直播的方式，而有些新聞則需要以新聞評論的方式進行。

二、處理好新聞畫面

在選定新聞報導的方式後，就需要考慮新聞製作了。電視新聞與其他新聞最大的區別就在於它的可視性，因為製作電視新聞的時候，首先要考慮的是新聞畫面的拍攝與處理。

首先，新聞畫面不能漏掉新聞發生的重要資訊，這需要記者仔細觀察、精心捕捉與新聞事件相關的典型畫面。畫面對於電視新聞的重要意義，是不言而喻的。它能讓觀眾產生強烈的現場感，能加強觀眾對新聞的認可，即便是簡明新聞也是如此。所以，簡明新聞也需要記者多動腦筋，用好畫面，特別是那些具有代表性、說服力、最能體現新聞事實本質的細節畫面。

其次，在處理畫面時要做到點面結合、全貌與細節結合。景物成像較小，觀眾不易看清局部和個別，令人印象不深。所以，對全景等拍攝要精心選擇機位、角度，控制鏡頭個數。一旦能反映出新聞事實、事件所處的地點、環境狀況後，就儘量多選擇一些典型的「點」，及新穎有力的表現角度，多用特寫、近景等景別小、景物成像大的畫面，來表現新聞事物。由於特寫、近景等視覺感強，同一單位時間給觀眾的衝擊力、印象感也強，無形中就加深了觀眾對新聞的印象，再加上鏡頭變換頻率增高，畫面就豐富多彩，觀眾能看到較大容量的畫面，也就能接受更多的新聞資訊。

第三，注意拍攝章法，力求做到拍攝的畫面能充分利用。在直播中做到拍攝的畫面具有衝擊力，在錄影播出的新聞節目中做到畫面的「無剪輯」。我們知道，新聞的發生常常具有突然性和不可重複性，而作為觀眾都想在最短的時間裡瞭解新聞，所以在拍攝的時候，就需要充分考慮到這一特點。

現場直播

新聞評論

UNIT 14-3
電視文藝節目編導

一、綜藝類、遊戲類、益智類節目的策劃與編導

1. 綜合文藝節目：又稱綜藝節目。與純文藝形態節目相對而言，它是將多種文藝形式和遊戲形式，如音樂、照明、戲劇小品、相聲、曲藝以及猜謎、問答、笑話、故事、觀眾表演編制在一起的節目樣式。根據這一定義，不難看出，這類節目最大的特點就是透過明星的表演來達到娛樂的目的，可以說它是舞台文藝的電視版。

我們在製作的時候，所要做的就是要將這種舞台化表演「電視化」。這就相當於舞台節目的轉播。作為綜藝節目的電視編導，所要做的就是瞭解每一個節目，特別是要瞭解演員的表演，並根據不同表演，設計演員在舞台上的位置，設計攝影機的位置。

2. 遊戲類文藝節目：指的是設置一定的遊戲環節，請明星或者觀眾參加節目，並製成娛樂節目的一種樣式。目前很多電視節目，就是請一些有意願尋找另一半的男性和女性共同參加節目，在節目中圍繞婚姻和愛情，設計一些有趣的遊戲讓他們參加，並最終為他們配對。這種遊戲節目最關鍵的是設計好遊戲環節，節目的製作則一般是在攝影棚內完成。

3. 益智類綜藝節目：是指在節目中設置一些智力類的問題，並把幾十位觀眾分組成競爭對手參加節目，獲勝者給予一定的獎勵。毫無疑問，知識性是益智類節目最大的特點。在策劃這類節目時，對問題的選擇就成了節目能否成功的重要因素。問題不能太困難、太專業，否則選手全都答不出來，節目也就不會獲得成功。同樣，問題也不能太容易，否則節目的益智性也就得不到體現了。如何去把握這種難度是編導所要考慮的重要問題。另一方面，如何透過這些問題的設計傳達出編導所要提倡的社會道德、文化傳統，也是編導要仔細考慮的。

二、真人秀文藝節目的策劃與編導

這種綜合各種娛樂元素的真人秀節目，愈來愈成為各國電視綜藝娛樂節目的主要導向了。由於真人秀節目具備了強烈的敘事性，它不同於電視劇，這一敘事並非完全的虛構，而是混雜著主辦方規定的虛構情節與參與者的真實敘事。正是這一獨特的特點，讓真人秀節目迅速地占領了各國的電視螢幕。編導在策劃與製作真人秀節目時，要緊扣這一特點著手進行。

三、避免文藝節目低俗化

如何在娛樂大眾的同時，避免庸俗，是每一個文藝節目編導要時刻牢記在心的。

首先，作為一名電視從業人員，要從觀念上重視這一問題，不斷強化宣傳紀律，嚴格自律。只有從主觀上強化意識，提高精神境界，才能做到不媚俗、不庸俗，自覺抵制低俗。

其次，要從自身素質入手，提升文化品位。良好的文化根基和深厚的知識底蘊，是一個優秀的電視編導所應該具備的基本條件。因此，身為編導，要不斷地努力學習，提高自身修養。唯有如此，製作出來的電視節目才有責任感，才會遠離低俗。

遊戲類節目

拍攝戶外遊戲節目，在日本、歐美電視台盛行

真人秀文藝節目

自2005年的「超級女生」開始，中國大陸掀起了一股選秀的熱潮，2010年《中國好聲音》等新型選秀節目，打破傳統一致獲得大眾的好評，自主創新成為了選秀節目的新口號

UNIT **14-4**
電視談話性節目編導

訪談型談話節目是指主持人和來賓就某些問題進行一對一的交流，採訪對象是節目中的主要講述者，其所有的講述都圍繞在主持人的問話來展開。

對於談話節目編導來說，節目成功與否，最為重要的兩個因素是節目的話題與節目的嘉賓。因此在節目的策劃與製作方面要著重以下兩個方面來入手考慮：

一、話題

在選擇話題的時候，可以選擇老百姓都關注的人和事。通常，明星、名人以及他們的事情能吸引一般觀眾的注意力，但邀請明星的節目，也不一定能吸引到足夠的收視率。要真正做到透過明星來提高收視率，還必須根據節目、專欄的定位，對明星有所選擇，而且更為重要的是，邀請他們談的話題要符合一般觀眾的口味。

在選擇話題的時候，可以考慮以當前發生的新聞事件和新聞人物為主。這類的話題具有很強的時效性，是很多電視談話節目，特別是新聞類談話節目，所常常選擇的話題。

在選擇話題的時候，還應當以社會的焦點、焦點事件為重點。例如：每當 6 月份的時候，大批大學生從學校畢業，但在人浮於事的現實社會下，大學生就業就成了社會的焦點話題。

二、來賓

毫無疑問，電視談話節目對來賓有一定的要求，並不是任何人都能成為談話節目的來賓。整體來說，電視談話節目來賓要具有符合電視節目要求的素質。第一，

來賓要有個人魅力。第二，來賓要有很強的表達能力。其中，來賓的表達能力還表現在來賓對人情世故要有基本的瞭解，說話要得體。再次，來賓的表達能力還要求來賓在談話能夠充分展現自身的性格魅力，說話風趣幽默，說理深入淺出。

反之，在選擇來賓時，我們應當力求避免以下這樣的人選：第一，沒有自己的語言。第二，言行矯揉造作。第三，不善於傾聽。第四，缺乏禮貌。

選擇來賓以後，我們還要根據節目對來賓作一定的設計。一般來說，來賓設計包含以下幾個方面：

1. 來賓的數量：談話節目嘉賓的數量不是固定的，節目編導可以根據節目的需要決定來賓的人數。一般而言，談話節目的來賓數量在 1 到 3 個之間較為合適。過多的來賓會使主景區變得擁擠不堪，機位的設置就很複雜。

2. 來賓的搭配：在節目中，我們還要對邀請的來賓做必要的搭配。如果來賓之間配合巧妙，不僅能使節目流暢進行，還能充分促進來賓之間的情感交流，活絡談話氣氛。另外，來賓的搭配還應當考慮到現場談話中不同觀點、立場的平衡。

3. 對來賓進行特殊的設計：除了就以上兩個方面，對來賓進行設計之外，必要的時候，還要對嘉賓作一些特殊的設計，這樣才能充分激發每一位來賓的談話積極性，營造談話的氛圍。

新聞談話類節目要素互動示意圖

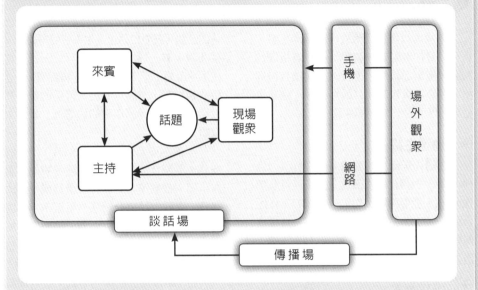

理想的來賓人選

1.有個人魅力
2.很強的表達能力
3.說話要得體
4.說話風趣幽默

電視教育節目編導

圖解電視節目編導

電視可以做為教師教學的輔助工具，也可以替代老師實施教學；但以電視取代教師實施全部教學，仍有諸多缺憾有待解決。對於電視教育節目編導而言，應該要注意到以下的工作及原則：

一、遴選主講人

主講人是節目的靈魂，應具有下列條件：（1）對擔任電視節目主講工作具有熱忱。（2）能與節目製作人有良好的工作配合關係。（3）對所要講述的內容具有專精的學識或經驗。（4）五官端正、語意正確、語調自然、表情生動。

二、撰寫劇本

1. 撰寫劇本要段落分明各有重點：教育節目的講稿，就是戲劇節目的對話劇本。劇本描述劇情，劇情大致可分為起引、發展和結局三段。法國名作家小仲馬說過，劇情頭一幕要清楚，末一幕要短，劇中要有趣味。引用到教育節目上，原則可分為引起動機、節目本身和結語三段。引起動機包括敘明本節目（講次）的目標及節目內容題要；節目內容除講述之外，並安排必要的討論；結語則對本節目內容要點整理總結。

2. 要有畫面設計的觀念：教學節目的基本畫面就是主講人，但太多的主講人畫面，節目就顯得缺少變化。畫面設計就是要變化畫面，減少主講人出現在鏡頭上。當然，撰寫腳本要有畫面設計的觀念，並不表示整個節目都要設計成沒有主講人出現，還是要根據教材內容、學生特質和製作條件來決定。

3. 講詞要口語話：講詞就是講解人將講解的內容，告知觀眾的話語。既然是口述的話語，就要口語化，才不會覺得繞舌。譬如說，有一段文摘：「簡言之，行為之產生與改變，受環境之影響，既深且巨。」撰成講稿時，「簡單的說，行為的產生和改變，深深的受到環境的影響。」講起來就順口多了。

4. 數字要適中：撰寫講稿時，字數的多寡，要符合節目的時長。除了實驗、動作示範、戲劇等方式之外，講稿或座談的部分，大致上是每分鐘為一百五十字。完稿後，主講人最好試講一遍，檢視所撰的文稿，是否適合節目時長，也順便調整自己講述的速度。

5. 「小段落」的撰寫方式：為方便設計畫面，導播註記鏡頭和主講人看稿，講稿要儘量撰寫成小段落，讓主講人看稿就比較清晰，畫面設計和導播的註記也比較簡明。

6. 標示或書寫字幕：撰寫講稿後，要標示出講稿中的重要話語，並在影部寫上「字幕」，或直接將需要呈現的字幕畫在影部，俾使節目製作人員製作字幕，在錄製時疊映使用。

三、稿子的視覺化設計

前述撰寫腳本講稿的人，要有畫面設計的概念，這是指當撰稿人撰寫講稿時，同時進行畫面的初步設計，這樣可以使畫面和講詞密切配合、相輔相成。腳本的初步設計，是進一步細部設計的基礎。細部設計由導播來完成。細部設計用來補充初步設計的不足，也用來潤飾初步設計，必要時也修正初步設計，但最好要徵得撰稿人的同意。腳本完成，視覺化設計就完成了節目企劃的工作了。

電視劇形成穩定的特徵金三角

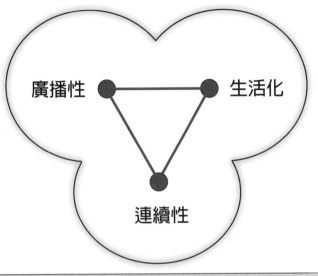

連續性、廣播性和生活化，構成非常穩定的電視劇特徵金三角。

電影和電視劇的時空結構圖

 時間軸　　 空間場

電視劇是以時間為軸的空間運動
電影則是以空間為軸的時間運動

電影：
空間場上的
時間軸

電影

電視劇：
時間軸上的
空間場

電視劇

UNIT **14-6**

電視 MTV（MV）編導

MTV 的製作者必須在一首很短的 3 至 5 分鐘的歌曲裡，以最準確而飽滿的歌唱，來表現主體，那是十分不容易的。3 至 5 分鐘的歌曲，畫面所能容納的鏡頭，頂多不會超過 3、50 個。因此短小是 MTV 的長處。

一、理解歌曲，把握主題

MTV 演示主題是帶有主觀性的，編導總是根據自己的理解把握主題，進行構思，並充分運用畫面與色彩的特性，而 MTV 編導必須具備對音樂的敏銳性，通常在拍攝一首歌之前，編導必須先分析歌曲的節奏、以及歌詞的內容，並掌握歌手本身的特性，再綜合所有因素為一首歌曲做分鏡上的編排。因此，無論是表現人物或景物，都要看編導對歌曲的理解和認識而定。

二、分鏡安排，配合節奏

有些歌曲必須搭配舞蹈，所以編導必須事先熟知舞蹈的內容，再依照節拍、動作做不同的分鏡安排。

在 MTV 的作品中，必須根據歌曲的主題與旋律，設計出不斷變化的節奏和畫面內容，來配合歌曲，並以完美的形象表達，以吸引和感染觀眾。這種作品的時空變化，不必像影視劇，它可以不用遵循生活邏輯，節奏的快慢也可隨時變化，但有一點是必須牢記的，那就是時空的變化和歌曲的節奏處理，一定要配合歌曲的節奏。

因此，影音協調、節奏統一，是 MTV 創作最起碼、最基本的要求。

三、戲劇表現，故事敘述

有些歌曲必須搭配故事的安排，所以編導也必須事先根據歌詞意境，安排戲劇的表現及故事的敘述。

尤其在 MTV 中的演員表演，不同於戲劇和影視劇中演員的表演，MTV 中的演員表演，基本上是一種造型。因為這些演員絕大多數是歌星或歌唱家，他們沒有接受過表演訓練，再者，除了少數歌曲是敘述性的，有故事、有情節外，大多數的歌曲，只是表達一種情緒、一種意象，或者一種意境，並沒有具體的情節，所以 MTV 的演員表演，就必須以造型為主，造型的姿態多種多樣，但基本上只有兩種，一種是以動襯歌，以強勁的或柔軟肢體，襯托歌曲的旋律與意境；另一種是以靜襯歌，以靜態的畫面表達一種表情，襯托歌曲內容。

不管哪一種，都要跟隨歌曲的整體節奏，以及歌曲的整體情緒。對明快的歌曲，演員不能一動不動，板著臉孔，故做深沈。相反地，一首舒緩深沈的歌曲，演員也不能笑容可掬，胡亂動作。這是最起碼的常識。當然在 MTV 當中，也有表演式的演唱，前提是歌曲要有人物或故事，演員是會表演的影視演員。他們在演唱時，並不是以歌手的身分出現，而是在扮演角色，飾演。

Wonder Girls換上以懷舊的髮型及舞衣,大玩復古形象,以一曲「Nobody」走紅於全亞洲,並掀起了全球模仿熱潮。

於2012年7月推出的韓國音樂作品「江南style」,由南韓歌手PSY主唱,於2012年12月21日成為首個衝破十億瀏覽人次的YouTube影片。

流行樂天王麥可傑克森2011年全新單曲「Hollywood Tonight」,MV故事敘述一名年輕女孩,從美國小鎮到好萊塢尋夢的故事。

UNIT 14-7
電視廣告編導

圖解電視節目編導

電視廣告的元素有三：圖像、聲音與字幕。電視廣告對觀眾最直接的效果，就是畫面上的圖像，它在視覺上的表現力和衝擊力，是其他任何廣告模式都無可比擬的。這正是電視廣告的優勢。

廣告的定位是指要確立商品與眾不同的特殊個性，並盡力突出它，尤其是突出其在同類商品中的獨特性。廣告的目的是為了明確這三點：(1) 廣告主要講的是什麼？(2) 又是對誰講？(3) 用什麼方式去講？

因此，對於廣告編導而言，他最重要的職責，便是既要構思出好的廣告創意，同時還要撰寫好的廣告內容，其中的廣告 Slogan（主題語）和廣告文稿（解說詞）是最重要的。有的廣告只需要一句主題語，有的則是解說詞在前，後面跟著一句主題語。另外，有的則是主題語在前，解說詞在後，具體情況，具體對待。當然，更有的廣告是，連主題語和解說詞都統統沒有，只有畫面和音響，而這種廣告，往往是佳作連連。一般而言，廣告主題語最難寫，它要求概括性，還要有形象性、有韻味、有內涵。相對而言，解說詞好寫，一般是解釋說明產品的用途和特點。

廣告主題語必須表現三個功能：

1. 表現商品的獨特性：比如某個推銷巧克力的廣告主題語是「只溶在口，不溶在手」，一般巧克力沾手的，它不沾。這就是獨特性。

2. 標語（slogan）的第二個功能，就是每當新產品推出時，就要為它打開銷路，創造品牌：標語貴在通俗易記，能讓觀眾朗朗上口。一旦該產品成為市場明牌時，接下來的主要工作，就是占領市場，壓倒其他產品。

3. 滿足消費者的心理：比如鑽石珠寶，主題語當然不能用「經濟實用」之類的詞語，而是「鑽石恆久遠，一顆永留傳」。

至於解說詞，寫法也多種多樣，不拘一格，又旁白解說的、有畫面內人物內心獨白的、有人物之間對話的，也有人物直接對觀眾說的。因為廣告時間很短，所以解說詞一定要語言精煉、語句簡短、朗朗上口，觀眾才能記得住。

其次，對於廣告導演而言，由於廣告製作經費較一般影片高，有些客戶喜歡名人做代言，有些則喜歡故事的創意。

同樣地，有些導演注重故事的安排；有些導演則喜歡表現炫目的聲光效果，或明快的節奏。所以，一樣的題材在不同導演的表現之下，會產生不同的風格。

由於廣告片大多以 Film 拍攝製作，所以廣告導演大多由電影導演，或是由一些具有 Film 製作經驗的導演擔任。

總而言之，不管採取哪一種表現型態，能吸引觀眾的、能讓觀眾震撼的、能讓觀眾記住的，都是好廣告。這便是廣告拍攝時所應追求的。

喜歡代言

喜歡故事創意

宜由具有Film經驗的
導演擔任

知名導演

第 **15** 章

紀錄片編導

· · · · · · · · · · · · · · · 章節體系結構 ▼

UNIT 15-1
何謂電視紀錄片

一、何謂紀錄片

　　紀錄片是指描寫、記錄或者研究實際世界的電影。與紀錄片相對的是故事片。紀錄片「在大多數情況下」不需要演員來表演。在紀錄片中表現的人、地點、情況應該與實際情況一致。

　　紀錄片的範圍極廣，從盡可能完全紀實的片子開始，也包括真實肥皂劇，甚至寫實劇。在這裡的紀錄片也可以包括表演的內容，比如用來表現某個情節發生的過程或者可能發生的過程。即使如此，觀眾依然會感受到這些表演的內容非常真實。

二、紀錄片的開始

　　從技術上來說，最早的電影幾乎全部是紀錄片。因為最早的電影大多數是直接拍攝生活中的一段情景，比如一列開入火車站的火車，或下班的工人等。1901 至 1906 年，奧地利民俗學家魯道夫 · 普契（Rudolf Pöch）拍攝了新幾內亞土著居民的生活，可以被視為是真正的紀錄片的先驅。

　　一般來說，觀眾對一部紀錄片的期待是它寫實，但實際上僅僅鏡頭和拍攝人的在場這個事實，就可以影響被記錄的情況。嚴謹的紀錄片同時也記錄下拍攝過程對被記錄的情況的影響，來讓觀眾獲得一個比較客觀的印象。被記錄的情況的代表性也影響到一部紀錄片是否寫實。比如許多描寫動物的紀錄片在裁剪時，往往更加願意選擇帶有戲劇性的鏡頭，而這些鏡頭並不一定是這些動物典型的生活習慣。紀錄片的拍攝者的個人觀點和他的評論，也可能影響一部紀錄片的寫實性。比如許多描寫動物的紀錄片中評論者，喜歡用擬人的語句來描寫一個動物的行為，而實際上，動物的行為與擬人的描寫可能毫不相關。

　　正因為觀眾往往認為紀錄片中表達的是事實，因此紀錄片可以由於不謹慎或者蓄意造成非常大的誤解，紀錄片也因此往往被用作政治宣傳工具。

　　一個反面的例子，是 1958 年獲得奧斯卡金像獎的迪士尼動物紀錄片《白色曠野》，在這部片子中，觀眾看到旅鼠落下懸崖的景象，因此至今為止，依然有許多人以為旅鼠會集體自殺。實際上這個鏡頭，是在工作室內一個布置為冰天雪地的桌子上拍的，而電影裡的旅鼠，也不是落入海中，而是落到桌子下。而真正的旅鼠雖然偶爾會集體遷徙，但實際上並不進行集體自殺。

三、紀錄片式節目

　　紀錄片，從它的屬性來講，屬於「非虛構性的影片」，其涵蓋範圍極廣，有人類學、文化、宗教、歷史、人物傳記、旅遊、訊息、介紹、促銷、培訓、公共事務、商業、新聞、宣傳、工業（包括科學與醫學）、科普、藝術等類。在所有的非虛構類影片中，紀錄片是在藝術表現方面最接近故事的影片，因而稱為對現實的創作性描述。就非虛構的影片領域而言，劇作家有大量的創機會，但紀錄片情況卻大相逕庭。在美國，紀錄片的主要播放通道是兩大電視網，他們採取的政策是發展自己的紀錄片，而很少採納電視網以外的劇本。另外，新紀錄片的製作人還常常不以劇本為基礎，進行即興影片製作。

紀錄片的開始

1906年，考古學家魯道夫・普契（Rudolf Pöch）拍攝了新幾內亞的土居民的生活——《Audio Phonograph》，可以被視為是紀錄片的先驅。

◀ 魯道夫本人圖像（1870～1921）

知識補充站

★紀錄片的類型

依照美國電影理論學者比爾・尼克爾斯（Bill Nichols）的觀點，紀錄片可以分為如下六種類型：

1.詩意型紀錄片（Poetic Documentary）：詩意紀錄片出現於20世紀20年代。這種類型的紀錄片著力於節奏的創造，不同空間的並置，目的在於情緒、情調的傳達。

2.闡釋型紀錄片（Expository Documentary）：闡述型紀錄片也出現於20世紀20年代。這種紀錄片宣傳意圖明確，創造者倚重解說詞的力量說服觀眾接受自己的觀點。

3.觀察型紀錄片（Observational Documentary）：觀察型紀錄片出現於20世紀60年代。這種紀錄片長於現實世界的表達，但對於歷史題材卻難以處理。其缺點是影像的表達很容易流於冗長而沉悶。

4.參與型紀錄片（Participatory Documentary）：參與型紀錄片出現於20世紀60年代。這種類型的紀錄片不掩蓋導演的在場，相反，刻意強調導演與被拍攝對象的互動。

5.反射型紀錄片（Reflexive Documentary）：反射型紀錄片出現於20世紀80年代。這種類型的紀錄片的顯著特徵在於對紀錄片呈現社會歷史過程本身的反思。其缺點是抽象，難以理解。

6.表述行為型紀錄片（PerformativeDocumentary）：這種類型紀錄片把真實的事件進行主觀的放大，背離現實主義的風格，同時強調創作者主觀的表述，與先鋒電影（avant-garde）很接近。

UNIT 15-2
紀錄片的傳播特性

有關電視專欄紀錄片創作的特性研究，說明如下：

一、符合紀錄片的傳播特性

1. **碎片式建構影像真實**：真實性是紀錄片的本質屬性，理論界對紀錄片真實性的解釋是：真實是一個變數，是人介入現實存在的結果，從哲學意義上講，真實是人們對物質存在的內涵判定，從美學意義上講，真實是一個關於現實的神話。

2. **滲透主客體的人文性**：客體的人文性指的是紀錄片的鏡頭視角一定是對準具體的具有生命的存在，這種生命可以是具體的社會的人，也可以是自然存在的生命或具有生命力的自然現象，但其必須是具有思維的承載力與視覺的號召力，能夠吸引觀眾產生由此及彼的聯想，能夠啟動解讀現實的弦外之音，能夠折射出人類自身的一種生存的境遇。

二、符合電視節目類型的特性

1. **全知觀點架構影像權威**：專欄紀錄片全知觀點的創作有點類似於故事片作者的全知全能，儘管在紀錄片的創作中，是取材於現實生活，具有相對的被動，但也可以採取各種敘事視角，如第一人稱、第三人稱等，但這都只是創作手段與敘述策略的問題，專欄紀錄片對現實生活的建構、現實素材的意義選擇、安排生活的節奏與結構，始終都是在導演的掌控之中。

2. **客體的社會化、故事化與階級化**：專欄紀錄片首先是一個電視專欄，而不是純粹意義上的紀錄片，它是採用了紀錄片的創作方式，以一種平等的態度、平視的觀點、客觀記錄的手法完成對受眾的傳播行為，但貫穿於專欄紀錄片始終的功能性和引導性是明顯的，而且這

種勸服過程是遵從傳統觀眾對電影語言的理解的，即採用的是觀眾熟悉的電影語言方式，講故事。

三、聲跡優先法則

所謂紀錄片的聲跡，主要包括解說、同期聲、現場環境聲、音樂和動畫效果。聲跡優先法則是針對紀錄片結構的創作來說的，「它強調，唯有語言，才能使得紀錄片從累贅的字幕和解釋性畫面解脫出來，而這些畫面，乃是為了說明情節而必不可缺少的。」這時所說的聲跡，主要是指導演在創作中，發揮解說、同期聲和現場聲三者的敘事功能，可以很精簡有效地呈現紀錄片敘事的輕快與流暢。

四、電視化：專欄紀錄片的商業伎倆

專欄紀錄片依託於媒介生存，從大眾傳播的角度考慮，它必須保證訊息符合傳播的通暢，於是，紀錄片必須面臨電視化的處理過程，這也就是為何紀錄片得被改成 30 分鐘才能在電視台播出的原因，當然這種改編對於紀錄片本身的耗損則是另一層面的問題。

五、抗拒作者的類型化生產特性

隨著具有現代產業組織原理，在該節目類型製作上的應用，專欄紀錄片作者的藝術創作，已不僅僅受制於對原生態現實生活的紀錄，還需要臣服於節目類型化生產過程中，紀錄片的定位要求、目標觀眾的審美偏好、節目生產的播出週期和時長要求等等，而且電視工業集體合作的工作性質，也相應淡化了作品中導演絕對權威的美學地位，從這角度來看，專欄紀錄片的作者已不復存在了。

紀錄片的傳播特性

```
電視專欄紀錄片創作的特色
├── 符合紀錄片的傳播特性
│   ├── 滲透主客體和人文性
│   └── 碎片式建構影片真實
└── 符合電視傳播專欄的特性
    ├── 抗拒作者的類型化生產特性
    ├── 聲跡優先法則
    ├── 客體和社會化，故事化與階級化
    └── 全知觀點架構影像權威
```

★電視專欄紀錄片的製作流程

　　電視專欄紀錄片的製作流程頗為繁雜，是一項包含著巨大勞務和智慧的工作。整體來說，電視專欄紀錄片的創作流程，可以分為前期拍攝和後期編輯兩個階段。前期拍攝包括選題、採訪、構思、編寫題綱、製作拍攝計畫，以及素材的拍攝。後期編輯分為準備、剪輯階段和檢查階段。

UNIT 15-3
電視紀錄片的類型

電視專欄紀錄片是紀錄片為適應自身的生存發展需要，以電視專欄為依託的一種新興的電視專欄類型，它不同於傳統意義上的紀錄片，也不同於一般意義的電視專欄，它是適應觀看者的需要和電視專欄的影響方式，跨越了電影藝術與電視傳播藝術兩個不同表現形式的新型影視表現形式。

一、時事寫真型

以新聞事件為載體，具有自身特有的紀錄片本體屬性的新節目形態，利用影像為現在描述歷史。此類紀錄片是要進一步探尋新聞事件之間的內部聯繫——所謂的事件真相，使得新聞素材具有歷史的價值。

二、歷史題材型

宣揚主流歷史哲學，以當代主流意識型態的歷史觀來詮釋歷史，包括對歷史熱門題材、歷史事件和歷史人物的表現與詮釋。要求選題一定是立足於找到與現實具有良好的撞擊點為前提，以產生文獻價值與意義。其中可分為四類：

1. 口述歷史片：（1）以靠強大的策劃力量完成全片的立意、前期調查、設計採訪提綱和拍攝文案的寫作，編導只是執行預定的前期拍攝。（2）依靠訪談來講述歷史。（3）無需絕對依靠對生活的紀實來結構影片。

2. 文獻紀錄片。

3. 具有歷史文獻意義和審美價值的文化類紀錄片：包括七項基本原則：學術性、通俗性、系統性、人物選擇、事件選擇、社會現象選擇和細節選擇。

4. 歷史真實再現：遙遠的歷史往事，缺乏照片、文獻與影像，歷史真實再現的紀錄片，即用電視手段搬演一個時代與生活與其間的人物，重現發生的歷史事件。

三、問題調查型

指對已經發生的內情尚未公布的現實社會問題的調查紀錄。它完全根據媒體社會公益的需要與紀錄影像的實證潛在力量而產生。它也強調調查者的直接主觀介入，以記者調查採訪取證的過程，作為獲取問題真實所在的結構因素。

四、常態生活型

記錄老百姓常態的生活的主流類型，尋找公共話語夾縫之中的民間話語表達，一直是紀錄片的獨立品格與優良傳統。記錄他們的生活作為節目體，以反映與表現他們的心聲。反映常態生活的紀錄片可分為：（1）客觀紀錄型，（2）自我映射型，（3）虛擬情境型。

五、民族誌

以民族誌的田野工作方式展開人類學調查，並配以謹慎記錄的攝影機，客觀觀察現實生活。民族誌紀錄片建構的是一種純粹的異族文化景觀，其局外人的觀點與記錄人際交往的過程。

六、科學題材紀錄片

以科學理性的眼光，用真實自然界萬事萬物和人的自然特質，為拍攝對象的紀錄片。除了記錄社會的人和人的社會關係，包括人的物理和化學的存在、動物、植物以及風雨雷電等自然現象。它是一種服務特定傳播目標，滿足特定受眾收視需求的紀錄片節目型態。

電視紀錄片的類型

 時事寫真型
（苗栗大埔拆遷案）

 歷史題材型
（鄭成功治台史）

 問題調查型
（台北萬華區街友）

 常態生活型
（台灣漁民生活記錄）

 民族志
（泰雅族部落）

 科學題材紀錄片
（台灣蝴蝶王國）

UNIT 15-4
紀錄片的導演

一、紀錄片

　　由於紀錄片拍攝製作的時間很長，為節省製作經費與人事開銷，通常工作人員必須身兼數職，所以經常可以見到導演兼任攝影師，或是兼任剪輯師的例子，甚至有時得自己負責剪輯腳本（後製腳本）的編輯工作。

　　田野調查是紀錄片相當重要的工作之一，所以導演拍攝之前，會先作好資料的蒐集工作，並判斷發生的事件是否有拍攝的價值。

　　紀錄片的特色，在於每一個事件，都有發展另一個事件的可能，所以經常會遇到一些狀況，也就是「拍了一堆用不到的，或是一些關鍵的議題沒拍到」的窘境。

　　有些導演在拍攝記錄一連串的事件之後，會花一段很長的時間來整理拍攝帶，包括做事後場記，或是訪談的聽打工作，再將場記及聽打的文字內容彙整成剪輯腳本。有些導演則是先拍攝記錄一些事件，再整理事件的議題，做為事後補充訪問當事人或相關人物的參考依據。

　　紀錄片除了拍攝的時間很長以外，整理拍攝帶也是一件相當費時的工作。所以在拍攝時，盡可能養成隨手記下拍攝內容的習慣，讓後製工作更輕鬆。

二、紀錄片的導演

　　1. 導演是具體領導：一部影片拍攝工作展開的核心人物，他必須對影片最後成品的品質和意義負有創作上的全部責任。首先，工作複雜，人員眾多：一個劇組幾十個人不在少見。其次，設備齊全：運送攝影機、燈光、道具、服裝等，要出動龐大的車隊。第三，遷移頻繁：在各個拍攝景點間往返，耗時耗力耗錢。那麼，作為一個紀錄片的導演，他的工作性質和一個故事片導演有什麼不同？他至少有兩種選擇：在現場採取自己動手方式；或是與專業團隊共同完成一部影片。

　　2. 紀錄片工作者：自己動手。他們在現場同樣都要全面負責思考影像和聲音的素材品質，但對一個紀錄片導演來說，在拍攝現場他往往還需要親自動手去完成很多具體工作。這不光是因為在現代紀錄片的拍攝中，為了做到盡量地不干擾所跟蹤事件的自發進程，一般來說不適合在拍攝現場維持一個礙手礙腳的龐大攝製組，而且也為了盡可能貼切地實現導演本人的創作意圖——在紀錄片的拍攝現場，情況時常瞬息萬變。面對一些事先難以預料的突發事變，導演往往來不及把自己的指令傳遞給其他創意人員，大家只好各自為政地去設法應對。

　　3. 組織者——與團隊磨合：仍有很多導演不打算在現場採取這種由自己直接動手的拍片方式，而偏向於和一個稍具規模的專業班子一起來共同完成一部影片——把具體的操作交給專門人員來完成，自己則騰出精力，集中把握拍攝的方向性問題，給影片以更加周全的整體性考慮。這樣做的好處是，整個的拍攝過程，可以按部就班地展開得比較規範，使得素材的整體技術品質，能夠有一定的專業保證，但應對突發事變不那麼靈活，對鮮活的創作激情，也會有不同程度的磨損，比較適合風格比較穩健、並有相當組織能力的導演。

紀錄片

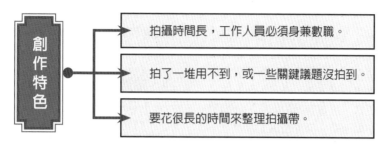

創作特色
- 拍攝時間長，工作人員必須身兼數職。
- 拍了一堆用不到，或一些關鍵議題沒拍到。
- 要花很長的時間來整理拍攝帶。

紀錄片的導演

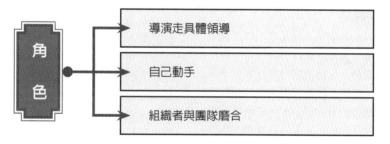

角色
- 導演走具體領導
- 自己動手
- 組織者與團隊磨合

知識補充站

★紀錄片的創作過程

　　紀錄片的創作過程，可以分為兩個部分，即主觀部分和客觀部分。創作者的主觀意識滲透在整個過程中，從拍攝對象的選擇、鏡頭的構思，到素材選擇和剪輯。紀錄片的客觀則是指拍攝的過程中，對拍攝對象不虛構、不打斷、不導演生活的態度。這些以客觀的態度和方法所拍攝出來的素材，就是創作者表達主觀的素材。總之，紀錄片的創作中，主觀表達是客觀記錄的前提，而客觀記錄則是紀錄片能夠獨立存在的根本。紀錄片就是客觀地記錄與主觀地表達。

UNIT 15-5
紀錄片拍攝的前期準備

和任何一部影片的拍攝一樣，一部紀錄片開拍前的準備工作，包括了一系列的決定和安排：題材的選擇和分析研究、前期調查、確定拍攝方向、決定工作方式、組成攝製班底、選擇合適的器材、計劃預算、預測拍攝週期、落實拍攝進度等等一切細節。

一、題材的選擇

紀錄片的題材來源很廣泛，可以來自各種報章雜誌或其他平面媒體，也可以是本人的親身經歷，或生活周邊耳濡目染的種種見聞，關鍵是你要有一雙善於發現的眼睛。

二、前期採訪

前期採訪的對象，應比實拍時有更大的搜索範圍，以留有餘地。很多新手往往在前期採訪時，只是把精力放在和對方的交談上，一味地急於想從對方的口裡挖到自己想要獲得的有關訊息，而忽略了把對方視為一個存在的人，來進行觀察。也許這本身就是一部影片的好題材，關鍵在於你如何去尋找切入點。

三、尋找切入點

前期採訪的主要目的之一，就是為將要開拍的影片尋找一個恰當的切入點。一個比較好的切入點，對影片主題的揭示可有四兩撥千斤的作用。一個老生常談的簡單道理是，我們的影片是拍給人看的，所以只有當我們影片中表現的東西和人們的現實生存經驗，建立起一種比較有機的聯繫時，我們的影片才能打動他們。有的影片之所以不動人，是因為它們的著眼點往往停留在事件過程本身，而忽略了與事件有關的人在其中鮮活的具體存在。

四、拍攝場地勘察

1. 技術因素

（1）光線：每個拍攝地點的照明條件都不一樣。許多新手剛上來沒有獲得較完善的燈光照明設備，所以就更加依賴拍攝現場原有的資源條件。

（2）聲音：拍攝現場附近有沒有嘈雜的聲源？若有，就要想好應對的措施，譬如拍攝時間錯開喧鬧的高峰時間等等。

（3）電源：如拍電影，通常必須考慮電壓的問題。如果在偏遠的貧窮地區進行拍攝，一定要事先弄清楚拍攝地點有沒有通電，如沒有，儘量設法備好足夠的電池。

2. 美學因素

根據現場的照明條件，從造型的角度就如何突顯影片的主題對拍攝場地進行多方位地考察，以對攝影機擺放的位置、運動的路線、取景的角度、人物和背景的關係、光線的安排……諸如此類的問題做出通盤的構想。音響也是現代紀錄片一個重要表現手段。

3. 公關與安全

因為紀錄片的工作現場不是專業的攝影棚，所以這個問題應在場地勘探時瞭解清楚：需要什麼樣的證件？得到哪方面的許可？拍攝場地存在什麼樣的安全問題？等等。

五、擬定工作計畫

在做完上述準備以後，嘗試來擬定一個具體的工作計畫，檢驗一下你在哪些方面尚未考慮周全。

導演在前期製作中的職責

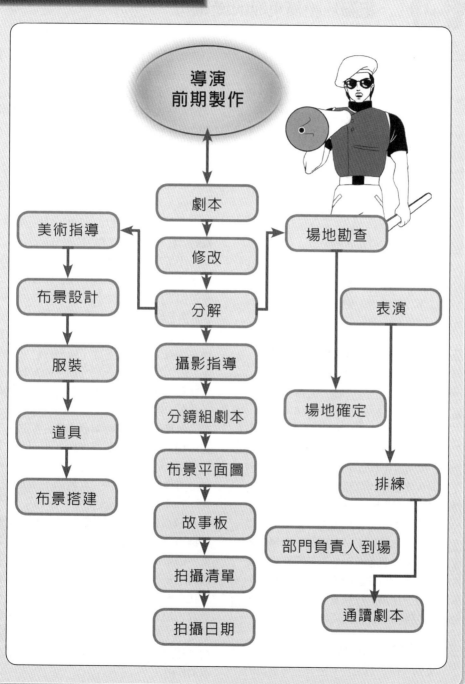

導演
前期製作

劇本

美術指導 ← 修改 → 場地勘查

布景設計 分解 表演

服裝 攝影指導 場地確定

道具 分鏡組劇本

布景搭建 布景平面圖 排練

故事板 部門負責人到場

拍攝清單 通讀劇本

拍攝日期

UNIT **15-6**
紀錄片拍攝現場的操作

一、攝影機的操作形式

紀錄片攝影機的操作形式大致可以分爲兩類：架上攝影與手持攝影。

1. 架上攝影：可以使畫面穩定，運動平順，轉換有度，可以比較從容地去經營講究的畫面構圖。因此比較適合來營造一種靜態、大度、凝重的氛圍，常用來表現一種從容不迫的敘事節奏，傳遞一些平和、冷靜的觀察結果，表達若干深思。

2. 手持攝影：一般在習慣上把靠人體支撐機械來進行操作的攝影形式，都統稱爲手持攝影。這一操作形式通常是由攝影師把攝影機扛在肩上進行拍攝，因此攝影師可以隨心所欲地、長時間地隨著拍攝對象的動作變化進行搖拍或跟拍。

二、攝影機的機位設置

攝影機位安置不當，是許多新手在拍攝時常犯的失誤之一，往往因爲大意或經驗不足，造成了最終的災難性後果。

因爲影片所呈現的其實是一些現實世界的碎片，依靠觀眾的知覺作用，把它們整合爲一個相對完整的時 / 空連續體——四個從不同角度攝取的房間局部和某一個人的視線相接，就可得出一個完整房間的印象。一部影片是否具有實際效果，有很大的程度是取決於它如何來引起觀眾的這種知覺能力。如果一個導演不是出於特定的創作目的，故意地想打亂觀眾的這一知覺程序，那麼就得在拍攝過程順應某些空間規律，爲的是使觀眾不至於在看影片時暈頭轉向。

三、攝影機的現場操作

來到一個拍攝現場，你首先要解決的一個問題是：你到這裡來的拍攝要點——在你所預想的影片當中，在這個場合裡將可能要發生的事、將要出現的人、以及與之相關的哪些方面的細節，將是你要重點關注的？在你要重點關注的對象中，你將爲他們建立起一種什麼樣的畫面關係？

在這個基礎上，你努力地把攝影機設想成爲一個具有感應能力的意識主體，讓它像一個人一樣地去感受在這樣一個特定場景中這些人和事，以此來想像攝影機所模擬的觀點，及相應的拍攝角度和運動方式。

不管現場發生了任何一種情況，你要儘量去設想：大多數觀眾在這種情形下比較能夠認同的觀點是誰的？觀眾在這個時候最渴望瞭解的訊息，哪個是主要的？

在紀錄片中，很多剪輯效果都是由攝影機在拍攝現場來決定的。攝影機位置的設定方式，可以改變一部分動作的意義，在近景和特寫中能夠使得兩個在同一空間的人分離。例如：將兩個單人的特寫或近景交叉剪接，就像是將兩個過肩近景剪在一起一樣，會產生性質不同的效果——前者的空間關係是割裂的，可以任由剪輯師處置；而後者則是把兩人具體的空間關係，在一個畫面裡作了一定的交代。

攝影機的位置恰當設定，還可以使得鏡頭的前後景之間形成一種有意味的互補。例如：在鏡頭的前景中出現一個坐著輪椅的殘疾人，而在後景的窗外則不時有人在戶外活動，透過這樣的構圖就可以不動聲色地進一步反襯出主要人物行動不便的逆境。最後，不同的角度、構圖、景別如果使用得當，都會對影片的內容產生強調的作用。

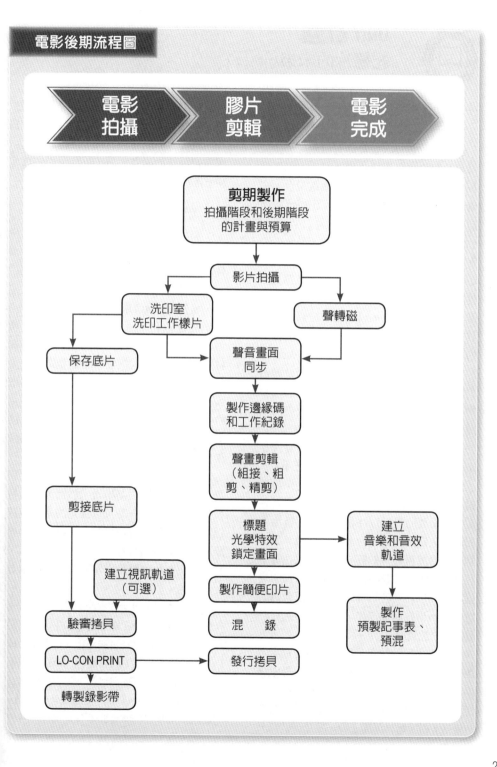

電影後期流程圖

電影拍攝　膠片剪輯　電影完成

剪期製作
拍攝階段和後期階段
的計畫與預算

影片拍攝

洗印室
洗印工作樣片

聲轉磁

保存底片

聲音畫面
同步

製作邊緣碼
和工作紀錄

聲畫剪輯
（組接、粗
剪、精剪）

剪接底片

標題
光學特效
鎖定畫面

建立
音樂和音效
軌道

建立視訊軌道
（可選）

製作簡便印片

驗審拷貝

混　錄

製作
預製記事表、
預混

LO-CON PRINT

發行拷貝

轉製錄影帶

UNIT 15-7
紀錄片的未來

一、中國大陸與台灣影片（含紀錄片）的區別

紀錄片是投入較高的影像產品，如果沒有足夠的來自市場的資金注入，創作就很難穩步上升，往往紀錄片在電視台，總處於邊緣的境地。目前紀錄片也慢慢得邁向中國市場。

中國大陸與台灣的紀錄片，最大差別在於體制內外的不同。台灣的紀錄片為了市場需求，都以劇情片為主軸，強調故事性的發展，題材也較爭議且聚焦於同志、亂倫等主題，因此拍攝出來的紀錄片容易被框架所侷限。相較之下，中國大陸拍攝的紀錄片選用的題材較廣而宏觀，以普遍的中國歷史、社會等主題為主，因此題材更豐富多元。中國紀錄片內容以具體的事物表達抽象的問題，讓人看完有思考的空間，但在台灣的作品中卻鮮少見到。

雖然台灣自製電影不景氣，但近年來，像「海角七號」、「賽德克·巴萊」、「艋舺」……等，卻創下了不錯的票房佳績，至於其他國片的未來是否就前景看好呢？最重要的是，以往在台灣並不受重視的製片人制度開始被台灣影壇採用。製片制度在台灣電影業的確立，改變以往導演必須自理籌資、設備調控等拍片庶務的窘境，而製片人制度的導入，也促使台灣的電影開始走向商業操作，讓電影作品在好看之外也能賣座。

近年來紀錄片有了票房成績的肯定，題材更走向多元化，讓觀眾擺脫了對紀錄片的刻板印象。由於目前台灣的紀錄片工作者年紀較輕，沒有任何政治或歷史環境的包袱，即使題材選擇上少一點社會批判，可能卻相對多了社會關懷，這也是紀錄片在台灣得以百花齊放的最大契機。台灣紀錄片的發展之所以逐漸成長，應可歸因於台灣電視製作的素質太差，以及電影觀眾也願意進戲院看紀錄片，因此市場逐漸擴大。

二、紀錄片發展潛力

台灣電視紀錄片可以發展的兩個軸線——跨媒體與國際化；也期待在這兩個軸線上，能夠促進上層建築與下層建築的交流互動，進而可以健全台灣的文化產業，並有助於釐清未來台灣的發展方向。

1. 數位化：以數位攝影機攝影、數位相機照相、數位錄音機錄音所得的素材，可用數位方式捕捉入筆記型電腦內進行非線性剪輯，再將影像與聲音壓縮成 Streaming 的規格，燒到光碟上，然後經由 FTP（File transfer protocol，檔案傳輸協定）的方式傳送出去。這對紀錄片（甚至是新聞）工作者將是多麼方便的一種製作模式。

2. 網路化：網路傳輸原始素材及紀錄片作品，已經開始出現。然而，無論科技如何發展，有一點可以確定的是，傳統線性紀錄片仍然會繼續存在，而且影片與錄影媒體仍會同時存在。但科技的發展，必定會使影片與錄影媒體的互換性愈趨方便、便宜。

至於專業（包括獨立）紀錄片工作者，一般相信將仍會是紀錄片創作的主流。但紀錄片播出的管道，將有網路化（在網路上播出或藉由網路交易）的可能性。傳統以電影院放映、電視（有線與無線、免費或付費）播映、錄影（卡帶、影碟、光碟或其他媒體）傳播的模式當然仍然會繼續存在。

中國大陸與台灣紀錄片的區別

兩地比較	
	台灣紀錄片慢慢邁向中國大陸。
	台灣紀錄片以劇情片為主軸,題材侷限在同志、亂倫。
	中國大陸以具體事物表達抽象問題。
	台灣紀錄片近年得到票房肯定,如賽德克‧巴萊等。

紀錄片發展潛力

特徵	
	數位化:以數位方式進行非線性剪輯,再經由FTP的方式播出。
	網路化:在網站上播出或藉由網路交易。

知識補充站

★紀錄片多媒體化

如何利用多媒體,包括電影院、廣播電視、社交網路、智慧手機和遊戲等形式,推廣紀錄片,培養公眾對紀錄片的興趣。如此,可以避免紀錄片僅僅只能透過電影院公映或電視台播出的侷限性,以便吸引更多的觀眾,關注這些非虛構的電影,並參與電影所提出的問題的討論中。

第 **16** 章

電視節目製作的法規與道德

· · · · · · · · · · · · · 章節體系結構 ▼

UNIT 16-1
廣播電視法的規定

一、廣播電視法有關節目的規定依據

我國政府對於廣播電視節目加以防範的法令有三：

1.1976 年（民國 65 年）1 月 8 日頒布，並於 100 年 6 月 29 日修正的「廣播電視法」。

2. 行政院新聞局於 1976 年 12 月 30 日發布、並於 2010 年 8 月 16 日由國家通訊傳播委員會最後修正的「廣播電視法施行細則」。

3. 行政院新聞局於 1977 年 9 月 20 日發布，並於 1995 年修正的「廣播電視節目規範」。前兩者都是原則性的規定，後者則屬細節性的規定。

二、廣播電視法有關節目的規定內容

廣播電視法中的第三章「節目管理」，從第 16 條到第 29 條，都是有關節目管理的規定。

1. 第 16 條規定廣播電視節目分為新聞及政令宣導、教育文化、公共服務與大眾娛樂等四類節目。

2. 第 17 條規定前三類節目之播放時間所占每週總時間，廣播電台不得少於 45%。

3. 第 19 條規定電台自製節目不得少於 70%。

4. 第 20 條原定電台對國內廣播語言應以國語為主，方言應逐年減少；其所應占比率，由新聞局視實際需要訂之。惟國內自解嚴以後，政府認為已無必要對方言節目予以限制，故刪除。

5. 第 21 條列舉節目內容不得違反的六項禁忌，應由各電台節目製作及主持人等所遵守：

（1）損害國家利益或民族尊嚴。

（2）違背反共復國國策或政府法令。

（3）煽惑他人犯罪或違背法令。

（4）傷害兒童身心健康。

（5）妨害公共秩序或善良風俗。

（6）散布謠言、邪說或混淆視聽。

6. 第 24 條規定，廣播評論涉及他人或機關、團體，致損害其權益時，被評論者，如要求給予相等之答辯機會，不得拒絕。

7. 第 25 條規定電台播送節目，除新聞外，主管機關均得審查。

8. 第 26 條規定，主管機關得指定各公、民營電台，聯合或分別播送新聞及政令宣導節目。

9. 第 26 之一條規定，主管機關應依電視節目內容予以分級，限制觀看之年齡、條件；其分級處理辦法，由主管機關定之。電視事業應依處理辦法播送節目。主管機關得指定時段，播送特定節目。

10. 第 27 條規定，電台應將其節目時間表，事前檢送主管機關核備；變更節目時亦同。

11. 第 28 及 29 條規定，節目輸入輸出均應經主管機關許可。

以上規定，若有違反，則依該法中罰則之條文，處分電台。

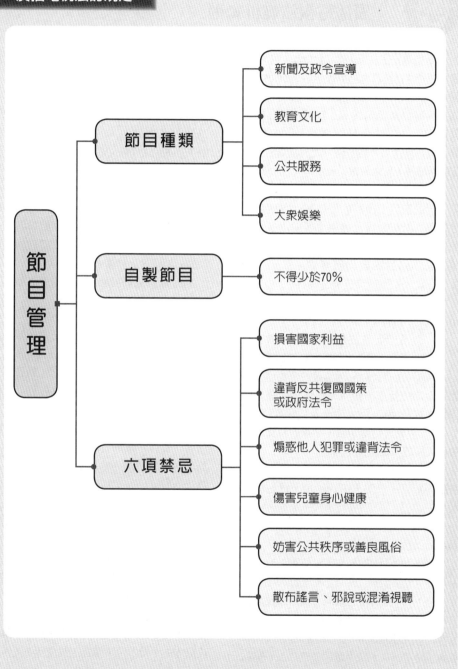

廣播電視法的規定

節目管理
├─ 節目種類
│ ├─ 新聞及政令宣導
│ ├─ 教育文化
│ ├─ 公共服務
│ └─ 大眾娛樂
├─ 自製節目
│ └─ 不得少於70%
└─ 六項禁忌
   ├─ 損害國家利益
   ├─ 違背反共復國國策或政府法令
   ├─ 煽惑他人犯罪或違背法令
   ├─ 傷害兒童身心健康
   ├─ 妨害公共秩序或善良風俗
   └─ 散布謠言、邪說或混淆視聽

UNIT 16-2
廣播電視法施行細則

廣播電視法施行細則（2010 年 8 月 16 日國家通訊傳播委員會通傳營字第 09941053730 號令修正發布第 11 條條文）中與節目有關的條文為第 22 條至第 29 條；與節目製作關係最密切者，為第 13 條至第 16 條，有關新聞、教育文化、公共服務、大眾娛樂節目的定義與標準，可供製作人及主持人之參考。

1. 第 23 條針對該法第 16 條第一款所謂「新聞節目」所訂的標準為「包括新聞之報導、分析及實況轉播；所稱政令宣導節目，係指有關政府措施與成果之介紹事項。前項節目內容均應客觀、公正、確實、完整，並不得具有廣告性質。」

2. 第 23 條針對該法第 16 條第二款的規定所稱之「教育文化節目」訂定標準如下：

（1）配合社會需要增進國民知識。

（2）闡揚科學新知，指導各種職業技能。

（3）介紹有關生活素養、公共道德、體育、衛生及家事知識，宣導法令觀念和禮讓精神，以協助生活教育及倫理教育。

（4）充實史地知識，闡揚固有文化，激發民族精神及國家意識。

（5）評介文學、音樂、美術、戲劇與舞蹈等節目，以陶冶國民性情，提高鑑賞能力。

（6）依教育法令之規定，製作空中教學或輔助教學。

3. 第 24 條針對該法第 16 條第三款規定所稱之「公共服務性節目」訂定標準如下：

（1）以義務播送原則，並對涉及公益之重大問題，予以圓滿答覆。

（2）在播送時間內，每四小時至少報告氣象、時刻一次，電視電台並應於每一整點報時一次，均以主管機關所提供之資料為準。

（3）遇有天然災害、緊急事故時，應隨時插播，並報導必要之應變措施。

4. 第 25 條則針對該法第 16 條第四款規定所稱之「大眾娛樂節目」，係指前述三類以外之節目，包括唱歌、音樂、戲劇、小說、故事、笑話、猜謎、舞蹈、技藝、綜藝及其他以娛樂為內容的表演。

5. 第 28 條規定，具有特種任務或為專業性之電台所播送特種或專業節目之時間；應占 60% 以上，其他各類節目時間之比率，由電台自行訂定後，附具詳細理由及施行期限，送請本會核定後實施。

6. 第 29 條對於節目審查的規定。

廣播電視節目內容管制類型

由前述廣播電視法施行細則相關規定得知，國家通訊傳播委員會（NCC）依法對於廣播電視節目內容加以管制，其管制類型括：1. 內容類型比例：就內容訴求及題材依特定範疇概念加以區分，並予以不同處理。2. 製作者或產製處所比例：就播出內容、製作者或內容產製處所加以區別，並予以不同處理。3. 刊播技術：就內容刊播時的聲音、畫面或印工等要求具有一定技術形式。其次，在審查規範方面，無線電視節目的事前與事後審查規定，並沒有明顯改變；只有在送審的期限上，進行了小幅度的放寬，因此並沒有太大的實質修訂。例如：無線電視台的節目表仍須事前送主管機關核備，只是在時間上從原本的 10 天以前、延後到 5 天以前。再例如事後審查的部分，節目變更後的內容及原因，由原本的 1 天內送請備查、放寬到 2 天內。

廣播電視法施行細則

1 # 新聞節目的標準

- 新聞節目：新聞報導、分析及實況轉播
- 政令宣導：政府措施與成長介紹

2 # 大眾娛樂節目的標準

- 增進國民知識
- 闡揚科學新知
- 介紹生活素養
- 闡揚固有文化

3 # 公共服務節目的標準

- 提供氣象、報導
- 天然災害、緊急事故隨時轉播

4 # 教育文化節目的標準

- 歌唱、音樂、戲劇、小說、故事……

UNIT 16-3
電視節目製作規範

廣播節目製作規範（行政院新聞局1995年2月14日修訂）裡面的每一條規定，都與廣播節目的製作有密切的關係，製作人必須特別注意。

一、第一章節目製作的一般原則

1. 主題與內容

（1）不違背國策，不觸犯法令。

（2）不傳播危害國家安全或社會安定之內容。

（3）不影響民心士氣或國內外同胞之團結。

（4）不煽動群眾從事非法活動。

（5）不強調種族歧視、性別歧視、宗教歧視、地域觀念、貧富對立。

（6）不妨害公序良俗，不渲染社會黑暗面。

（7）對各種犯罪過程不做細節描述。

（8）對人格職業之尊嚴應給予尊重，不可故意戲弄、歧視或汙衊。

（9）不故意貶抑或嘲笑殘障者或精神病患。

（10）不侵犯無關社會公益之個人隱私。

（11）涉及性關係之情節，應避免低俗誨淫。

（12）節目內容涉及真實事件應確實查證，以避免誤導。

（13）模仿播送新聞或號外之內容，應避免引起讀者誤會或虛驚。

2. 節目與廣告

（1）電台所播送的廣告，應與節目明顯分開。

（2）節目名稱及主持人姓名（藝名），不得與提供廣告之廠商名稱、產品名稱或廠商負責人姓名有任何連帶關係。

3. 贈獎方式與獎品：節目主持人宣布贈獎的方式或獎品時，不強調其特性功能及價格。

二、第二章關於節目製作的特定原則

針對教育文化、公共服務、醫療衛生、兒童、戲劇、綜藝、競賽與智益，以及現場電話直播節目等等八種，茲引述其中三種爭議性較大的節目，加以說明：

1. **醫療衛生節目**：過去，國內一般民營電台最引人詬病的，即是在節目中播送大量的醫藥廣告，甚至有「節目廣告化」的現象，其方式為主持人常以服務電話送藥的方式，為廠商宣傳藥物廣告，並為達到宣傳效果，常在節目進行當中，不知不覺得扯到廣告的內容，致使節目與廣告未能明顯分開。因此本規範規定：（1）節目涉及醫療衛生者，應以普及國民醫療衛生常識為主導，其內容應有醫學根據。（2）節目中述及醫療衛生者，其主講人應具有相關醫事人員資格，並不得提示用藥之具體建議及處方。（3）節目內容中不得販賣藥品。（4）節目進行中述及醫療衛生者，不得依聽眾來信、電話等等方式直接進行診斷治療。

2. **競賽、益智節目**：節目中之競賽遊戲不得以投機取巧的方式處理，以免養成聽眾不勞而獲的僥倖心理，因此贈獎之對象為：（1）遊戲獲勝者；（2）猜謎答中者；（3）問答答對者；（4）比賽優勝者。其次，藥品、菸酒不得做為贈品或獎品。

3. **現場電話直播節目**：此類節目為國內近年廣播頻道開放後新興熱門節目，尤其每逢選舉期間，因討論政治性議題，而曾產生鼓動群眾，主持人與打電話進來之聽眾吵架……等等之情形，本規範規定：（1）對於消息來源應確實查證，以避免誤導或鼓動群眾。（2）節目中應避免造成毀謗、人身攻擊及侵害個人隱私權。（3）節目中不得口出穢言。（4）節目中不得有性暗示用語，應避免造成性騷擾。

電視節目製作規範

主題內容

- 不違背國策、不觸犯法令
- 不煽動群眾從事非法行動
- 不強調種族、性別、宗教歧視
- 對人格職業之尊重應給予尊重
- 應避免低俗晦淫
- 節目內容涉及真實事件應予查證

節目廣告

- 廣告應與節目明顯分開
- 節目名稱、主持人姓名（藝名）不得與提供廣告商之名稱等有任何連帶關係

贈獎方式與獎品

- 不強調獎品的特性與價格
- 爭議性較大之節目應予特別規範
  - 醫療衛生類
  - 競賽、益智節目
  - 現場電話直播節目

UNIT **16-4**
兒童及少年法對於情色資訊的管制

一、《兒童及少年性交易防制條例》的規定

我國《兒童及少年性交易防制條例》關於情色資訊的禁止與處分，主要規定在該法第 29 條與第 33 條。前者處罰業者，後者則處罰傳播媒體。

第 29 條：「以廣告物、出版品、廣播、電視、電子訊號、電腦網路或其他媒體，散布、播送或刊登足以引誘、媒介、暗示或其他促使人為性交易之訊息者，處五年以下有期徒刑，得併科新台幣一百萬元以下罰金。」

從前述條文可知，業者登載性交易訊息如遭查獲，除了可能被判處五年以下的徒刑，還可能要繳交罰金。

第 33 條則規定：「廣告物、出版品、廣播、電視、電子訊號、電腦網路或其他媒體，散布、播送或刊登足以引誘、媒介、暗示或其他促使人為性交易之訊息者，由各目的事業主管機關處以新台幣五萬元以上六十萬元以下罰鍰。」

《兒童及少年性交易防制條例》針對可能促使性交易的情色資訊，明文禁止其出現在傳播媒體，進而針對未成年的兒童及少年加以保護，這主要體現在該法的第 27 條與第 28 條，對於兒童及少年的性交易與猥褻影像與圖片，給予最周延的保護，包括拍攝、製作、散布、買賣、持有未成年人的性交或威脅行為的影像與圖片，都將遭到處罰，藉此讓兒童及少年不會受到色情的剝削。

在網路盛行的當代，任何人在下載影音資訊都要更加留意，以免不小心下載了前述資料，觸犯法條；如果順手把這些資料轉傳給其他網友，更會招來徒刑與高額罰金；萬一下載後自行剪輯並燒錄成光碟，則刑責更重。

二、《兒童及少年福利與權益保障法》的規定

立法院 2011 年 11 月 10 日三讀修正通過《兒童及少年福利與權益保障法》，明定媒體不可報導、記載親權事件當事人及關係人的姓名，違者最高可罰新台幣 30 萬元。這項規定是依據《兒童及少年福利法》第 41 條第 1 項之規定：「宣傳品、出版品、廣播電視、電腦網路或其他媒體不得報導或記載遭受第 30 條或第 36 條第 1 項各款行為兒童及少年之姓名或其他足以識別身分之資訊。」因此電視新聞提及具有這些身分的兒童時，要特別留意，除了不可標識其姓名之外，臉部還需要加上馬賽克，說話也需經變音處理，否則即有觸法之虞。

第 44 條規定平面媒體不得報導描述（繪）犯罪、施用毒品、自殺行為、暴力、血腥、色情、猥褻、強制性交細節之文字或圖片之條文，因涉及描述尺度，曾引發激烈討論。最後通過的條文規定，不得過度描述性交、猥褻、自殺、施用毒品、血腥與色情細節，但報導若為引用司法或行政機關公開文書，而為適當之處理者，不在此限。

至於「過度」與否，由報業商業同業公會訂定自律規範與機制，公會應於三個月之內作出處置，如不改善，最高可罰鍰 15 萬元。

《兒童及少年性交易防制條例》的規定

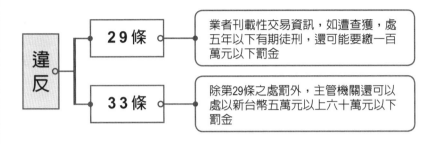

違反

29條 ── 業者刊載性交易資訊,如遭查獲,處五年以下有期徒刑,還可能要繳一百萬元以下罰金

33條 ── 除第29條之處罰外,主管機關還可以處以新台幣五萬元以上六十萬元以下罰金

《兒童及少年福利與權益保障法》的規定

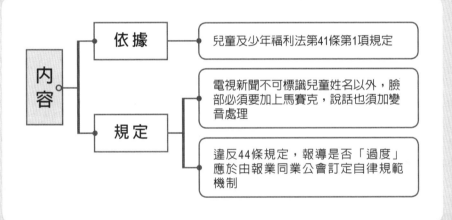

內容

依據 ── 兒童及少年福利法第41條第1項規定

規定 ── 電視新聞不可標識兒童姓名以外,臉部必須要加上馬賽克,說話也須加變音處理

違反44條規定,報導是否「過度」應於由報業同業公會訂定自律規範機制

知識補充站

　　《兒童及少年福利與權益保障法》第7條規定,……主管機關及目的事業主管機關均應辦理兒童及少年安全維護及事故傷害防制措施;其權責劃分如下:……九、新聞主管機關:主管兒童及少年閱聽權益之維護、出版品及錄影節目帶分級等相關事宜。十、通訊傳播主管機關:主管兒童及少年通訊傳播視聽權益之維護、內容分級之規劃及推動等相關事宜。……

UNIT 16-5
廣告播送及置入式行銷

一、廣告播送及比例相關規定

部分主張市場自由理論，認為廣告應任由市場決定，法律不應予規定。我國廣電法不採取此一說法，而對於廣告的播出方式、廣告時間長短、廣告內容的限制，均有規定。

為保障訂戶的收視、收聽權益，對於廣告播出時間的限制，為配合世界各國趨勢，規定我國無線廣播電視台不得超過播送總時間15%，而有線電視台則規定不得超過每一節目播送總時間六分之一。

《廣播電視法》相關規定如下：

1. 第30條規定，民營電台具有商業性質者，得播送廣告。其餘電台，非經主管機關許可，不得為之。

2. 第31條規定，電台播送廣告，不得超過播送總時間15%。有關新聞及政令宣導節目，播放之方式及內容，不得由委託播送廣告之廠商提供。廣告應於節目前後播出，不得於節目中間插播；但節目時間達半小時者，得插播一次或二次。廣告播送方式與每一時段中之數量分配，由主管機關定之。

3. 第33條規定，電台所播送之廣告，應與節目明顯分開；內容應依規定送請主管機關審查。經許可之廣告內容與聲音、畫面，不得變更。經許可之廣告，因客觀環境變遷者，主管機關得調回複審。廣告內容審查標準，由主管機關定之。

4. 第34條規定，廣告內容涉及藥品、食品、化妝品、醫療器材、醫療技術及醫療業務者，應先送經衛生主管機關核准，取得證明文件。

5. 第35條規定，廣播、電視事業之負責人或其他從業人員，不得將電台設備之全部或一部，交由委託播送廣告者直接使用。

二、置入式行銷

廣播、電視廣告必須與節目分開，法有明訂：《廣播電視法》第33條第1項：電台所播送之廣告，應與節目明顯分開。

《有線廣播電視法》第41條第1項、《衛星廣播電視法》第19條第1項：節目應維持完整性，並與廣告區別。

惟近年以來，由於政府置入式行銷，以肆無忌憚地出現在國內電視新聞置入式行銷的策略，遭到各界的批評，有鑑於此，2011年1月11日立法院朝野協商，除了認為有必要以立法禁止政府購買新聞，刊播時必須載明「廣告」，翌日（1月12日）立法院三讀通過「預算法」增訂第62條之1修正條文，內容如下：「政府各機關暨公營事業、政府捐助成立之法人及政府轉投資事業基於行政中立、維護新聞自由及人民權益，編製及執行政策宣傳預算時，不得以置入性行銷方式為之，亦不得進行含有政治性目的之置入性行銷行為。」

然而，為了放寬電視節目的置入性行銷，吸引資金投入傳播產業，國家通訊傳播委員會（NCC）乃於2012年10月15日決議通過實施「電視節目從事商業置入性行銷規範原則」及「電視節目贊助規範」兩項的規定，對於電視節的置入性行銷和贊助予以有條件鬆綁，但新聞和兒童節目仍在嚴格禁止之列。

廣告播送及比例相關規定

事業別	播送限制	廣告時間限制	標　示
無線電視事業廣播	民營廣播電台具有商業性質者，得播送廣告，其餘電台，非經NCC許可，不得為之（廣播電視法第30條）。應於節目前後播出，不得於節目中插播，但節目長達半小時者，得插播一次或兩次。	不得超過播送總時間百分之十五。	無
有線電視事業廣播	計次付費節目或付費頻道不得播送廣告。但同頻道之節目預告不在此限。	不得超過每一個節目播送總時間六分之一。但廣告頻道不受此限制。	單則廣告時間超過三分鐘或廣告以節目型態播送者，應於節目畫面上標示「廣告」兩字。
衛星電視事業廣播	服務經營者不得插播未經許可之境外衛星廣播電視事業之節目及廣告。	同上（服務經營者）	無

※資料來源：我國NCC相關法令，2006.3。

知識補充站

★禁止新聞置入性行銷

　　在媒體改革團體、新聞學術界以及民間團體的推動下，政府隨即修改相關法令，禁止新聞置入性行銷。2011年1月12日立法院三讀通過「預算法」，明令政府機關全面禁止置入性行銷（第62條之1）。同（2011）年3月24日行政院會通過之「衛星廣播電視法草案」（函請立法院審議）禁止新聞置入，「（衛星廣播事業）不得於新聞報導及兒童節目為置入性行銷」（第22條），且「不得播送受政府委託為置入性行銷之節目」（第10條）。

UNIT 16-6
新聞評議會自律規章

圖解電視節目編導

一、新聞自由與新聞自律

有鑑於 19 世紀末期美國新聞過於商業化，並演變成「黃色新聞」的泛濫，乃有「社會責任論」（Social Responsibility Theory）的產生。

「社會責任論」是 1947 年由美國「新聞自由委員會」首先提出的。它是基於自由報業的理論，但超出自由報業。舉例而言，它同意自由報業的理想（報業應享新聞自由）與自由報業的三大功能（提高人民文化水準，服務民主政治，保障人民權利），但不同意自由報業的哲學基礎（人為理性動物，性善心慈），亦不同意自由報業放任主義的方法。就實質而言，它是自由報業的改良，所以亦稱「新聞自由主義報業」（李瞻，1986：192）。

「社會責任論」由美國芝加哥大學校長霍金斯（Dr. Robert Mr. Hutchins）為主席，另有十二位委員組成的「新聞自由調查委員會」（Commission on Freedom of the Press）提出的一份總報告，各為自由而負責的新聞事業（A Free and Responsible Press）當中所倡導的。

「社會責任論」從基本哲學、報業功能、新聞自由與監督機構，指出人非完全理性動物；公共利益高於個人利益；新聞事業必須擔負社會責任，才能充分分享新聞自由；新聞事業如拒絕發揮報業之功能，擔負社會責任，則政府或社會公益團體得新聞經營新聞事業，或創訂法令，強迫其擔社會責任，藉以保持人民新聞與意見之充分流通，以及設立評議會。總之，社會責任論希望以新聞自律（道德規範）、公共監督（新聞評議會）、與政府責任（新聞規範），藉以阻止新聞事業過於商業化的趨勢，並充分發揮自由報業的功能。

二、大眾傳播事業紛紛成立自律組織

由於上述因素，促使各國大眾傳播事業紛紛成立自律組織。

1910 年，挪威成立「報業仲裁委員會」，1916 年，瑞典成立「報業榮譽法庭」，兩者均負責處理報業內部或報業與社會之間的糾紛。這兩個組織可說是近代新聞自律組織的先驅。

到了美國，新聞自由委員會提出社會責任的理論，曾引起國內新聞界的強烈反對，但奇怪的是，在英國卻得到熱烈的反應，因而促使英國下院於 1946 年通過決議，設立新聞自由「皇家委員會」，至 1953 年依其建議，成立了報業總評會（General Council of the Press），屬於真正英國報業本身的組織。美國則至 1967 年才成立「報業評議會」。

儘管美國較晚成立新聞自律組織，但自從 1947 年美國「新聞自由委員會」提出「自由而負責新聞事業」的觀念之後，到目前為止，已由二十幾個自由民主國家，包括瑞士、日本、加拿大、印度等，已由理論付諸實行，而且頗獲成效。由此說明，「社會責任論」已在各國新聞事業中建立基礎。其最重要的一點，是由於新聞自律的提倡，促使新聞事業創訂了「記者信條」，建構了新聞道德的基準。但無可諱言，社會責任論亦有其缺點，最主要的是，到目前為止，似乎仍然無法阻止新聞事業商業化的趨勢，亦無法徹底消除新聞事業商業化的流弊。

新聞評議會自律規章

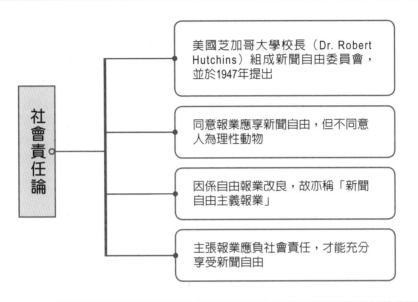

社會責任論

- 美國芝加哥大學校長（Dr. Robert Hutchins）組成新聞自由委員會，並於1947年提出
- 同意報業應享新聞自由，但不同意人為理性動物
- 因係自由報業改良，故亦稱「新聞自由主義報業」
- 主張報業應負社會責任，才能充分享受新聞自由

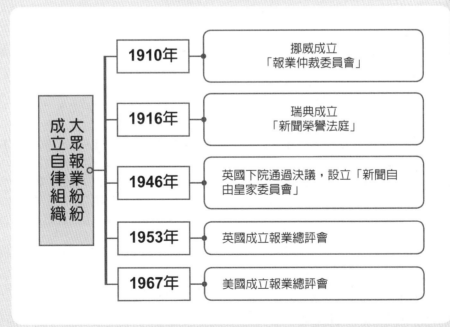

大眾報業紛紛成立自律組織

- 1910年　挪威成立「報業仲裁委員會」
- 1916年　瑞典成立「新聞榮譽法庭」
- 1946年　英國下院通過決議，設立「新聞自由皇家委員會」
- 1953年　英國成立報業總評會
- 1967年　美國成立報業總評會

圖解電視節目編導

UNIT 16-7
新聞倫理與道德

一、新聞倫理與新聞道德

何謂新聞倫理？何謂新聞道德？前二者又有何區別？

就字義而言，倫猶類，道也理也，理者，條理也。倫理者，猶人人當守其為人之規（劉申叔語）。在西方倫理的英文字是 Ethics，拉丁字是 Ethica，希臘字是 Ethos，原意指風俗習慣。廣義解釋包括社會的一切規範、慣例、制度、典章、行為標準、良知的表現與法律基礎（張岱年，1991：13）。在各種宗教的戒命與傳統文化思想中，即有道德規範如基督教「十誡」，佛教的「不可殺生」。倫理道德在消極面可使社會免於分裂，消除人類的痛苦；積極面可以提升人性與公平解決利益的衝突。

什麼是新聞倫理？馬驥申教授在其著《新聞倫理》一書中（頁 3）所下的定義是：「新聞倫理是新聞工作者在其專業領域中，對是非或適當與否的下判斷良心尺度。」新聞倫理有如新聞事業的交通規則，但要制定罰則，否則交通秩序易亂，也會重蹈美國諸多「道德規範」失敗之覆轍，甚至新聞評議會亦會無疾而終。例如美國「全國新聞評議會」（National News Concil）於 1984 年 3 月 20 日關閉，即為例證。

倫理與道德區別何在？今日「倫理」一詞，已經超脫中文最初所指「一切有條理，有脈絡可尋的事理」，而被引申為「人倫關係」，幾乎與「道德」通用（項退結編譯，1976：142）。英美通稱倫理學（Ethics）為道德、哲學，道德原則或道德規範，通常「倫理」與「道德」是相通的，沒有區別的。

如果一定要區分，李瞻教授在前述《新聞倫理》一書中的序文中指出，道德係重研究人類行為的「對」與「錯」，而倫理則著重於研究人類行為的「善」與「惡」，都是在研究人類行為的一種評序。對於新聞道德，李瞻教授亦在其所著的《新聞道德》一書中（頁 354 指出，「各種新聞道德規範，就是自律的專業標準；而評議會的具體制裁辦法，就是自律和紀律。」

因此，新聞道德是新聞工作人員從業的準繩，不僅提供了新聞工作人員的基本原則，也規範著新聞人員的倫理意識，換言之，新聞工作人員是根據這個準繩來判定對與錯、善與惡，以及負責任與不負責任的行為。

二、新聞道德規範的自律行為

有關新聞道德規範的自律行為，乃源自社會責任論的兩個重要的結論，成立新聞評議會與制定新聞倫理規範。

1908 年，著名美國新聞學者華特·威廉斯博士（Dr.Walter Willams）成立美國第一所新聞學院——密蘇里大學新聞學院。該學院與哥倫比亞大學新聞學院宗旨相同，主要在提高新聞道德，培養報業專業人才。1911 年威廉斯手訂「報人手則」（The Journalist`s Creed）八條，強調新聞工作者的責任與自創。

就前面所述，我國新聞從業人員有關應遵守的倫理規範，應屬完備，至於是否能真心誠意去履行，便有待事實來考驗了。

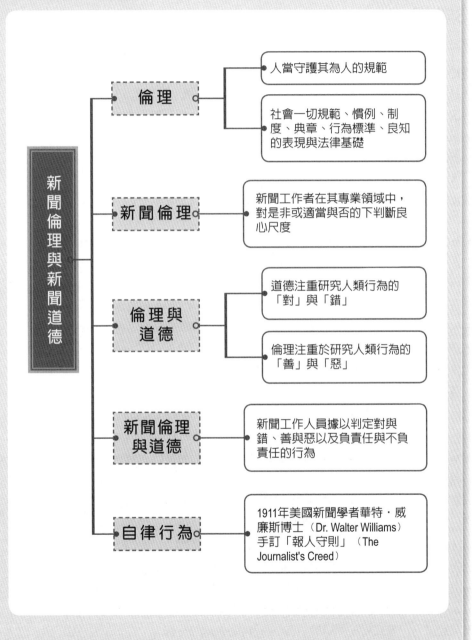

新聞倫理與新聞道德

- 倫理
  - 人當守護其為人的規範
  - 社會一切規範、慣例、制度、典章、行為標準、良知的表現與法律基礎
- 新聞倫理
  - 新聞工作者在其專業領域中，對是非或適當與否的下判斷良心尺度
- 倫理與道德
  - 道德注重研究人類行為的「對」與「錯」
  - 倫理注重於研究人類行為的「善」與「惡」
- 新聞倫理與道德
  - 新聞工作人員據以判定對與錯、善與惡以及負責任與不負責任的行為
- 自律行為
  - 1911年美國新聞學者華特·威廉斯博士（Dr. Walter Williams）手訂「報人守則」（The Journalist's Creed）

參考書目

中文書目

《電視製作手冊》翻譯小組（H. Zettle 著）（2004）。《電視製作手冊》。北京：北京廣播學院。

CC 動漫社（2012）。《最強動漫職人の分鏡構圖技》。台北：佳魁資訊。

于保泉、田麗虹（2007）。《影視欣賞》。北京：北京大學。

王志敏（2007）。《電影語言學》。北京：北京大學。

王麗娟（2006）。《視聽語言傳播藝術》。北京：中國廣播電視。

王旭鋒譯（Nicholas T. Proferes 著）（2009）。《電影導演方法——開拍前「看見」你的電影》。北京：人民郵電。

王旭鋒譯（Blake Snyde 著）（2011）。《救貓咪 II——經典電影劇本探秘》。杭州：浙江大學。第二次印刷。

王旭鋒譯（Blake Snyder 著）（2012）。《救貓咪——電影編劇寶典》。杭州：浙江大學。第三次印刷。

王旭鋒等人譯（RicVier 著）（2009）。《好萊塢音效創作及錄製技巧》。北京：世界圖書。

尹敬齊編著（2011）。《數子影像后期合成項目教程》。北京：機械工業。

井迎瑞譯（2012）（Steven D. Katz 著）（2009）。《電影分鏡概論》。台北：五南。二版四刷。

石川譯（W. Rea 著）（2009）。《影視短片的製片與導演》。北京：中國電影。

石長順（2005）。《當代電視實務教程》。上海：復旦大學。

史可楊（2011）。《影視傳播學》。廣州：中山大學。

邱錦榮（2000）。《DV 攝影自己來：從拍攝到剪輯完全應用》。台北：亞週多媒體。

丘錦榮等人（2011）。《全能製片家：攝像、燈光、編導、剪輯、導播一手搞定》。北京：清華大學。

朱光武、徐明（2011）。《舞台燈光設計教程》。上海：上海書店。

朱瑪、朱丹（2010）。《實用影視導演技巧：影視導演直通車》。北京：中國電影。

任遠（2008）。《電視編輯理念與技巧》。北京：中國廣播電視。修訂版。

任玲玲（2010）。《影視非線性編輯與製作》。上海：上海人民美術。

李娜譯（Ascher,S. & Pincus,E. 著）。《數字時代影劇製作人完全手冊》（The Filmmaker's Handbook: A Comprehensive Guide for the Digital Age）（全二冊）。北京：電子工業。（第三版）

李豔（2008）。《電視包裝與編排》。北京：中國國際廣播。

李念盧編（2012）。《影視技術基礎》。北京：世界圖書。（插圖修訂第三版）

李法寶（2008）。《影視受眾學》。廣州：中山大學。

李稚田（2004）。《影視語言教程》。北京：北京師範大學。

李燕臨（2011）。《電視編導藝術》。北京：國防工業。

邢益勛（2011）。《電視編導基礎教程》。北京：中國傳媒。第二次印刷。

邢北洌等人譯（Ronald J. Compesi）（2003）。《電視現場製作與編輯》。北京：中國傳媒大學。

周化忠、趙志久（1998）。《電視電影布光藝術》。北京：中國電影。第三次印刷。

周登富（1996）。《電影美術概論》。北京；中國電影。

周康梁（2010）。《作最牛的主持人 2. 解碼英國經典電視節目》。廣州：男方日報。

壯春雨（2001）。《電視節目學概要》。杭州：浙江大學。第三次印刷。

何丹主編（1999）。《電視文藝》。北京：中國廣播電視。

何清主編（2012）。《光色留影：當代電影照明創作實景》。北京：世界圖書。

何貽謀（1992）。《廣播與電視》。台北：三民。增訂三版。

肖平（2003）。《紀錄片編導：實踐理論》。上海：上海大學。

汪洋等人（2011）。《電視現場製作與導播》。南京：南京師範大學。

林世欽、施哲儒（2001）。《電視攝影機結構與拍攝》。台北：益群。

林旭東（2002）。《影視紀錄片創作》。北京：中國廣播電視。

林作堅等人譯（2001）（Alan Wurtzei 著）。《電視製作手冊》。北京：中國電影。第二次印刷。

孟群（2008）。《電視節目製作技術》。北京：中國廣播電視。

孟慶芳（1986）。《電視製作實務》。台北：國立藝專廣播電視學會。

吳聲品（2002）。《現帶電子媒介 ——廣播與電視析論》。台北：中視文化。

吳貽弓、李亦中（2008）。《影視藝術鑑賞》。北京：北京大學。第十次印刷。

姜燕（2008）。《影視聲音藝術與製作》。北京：中國傳媒。

柳葉挺譯。（〔意〕克里斯提亞諾編著）（2010）。《分鏡頭腳本設計教程》。北京：中國
　　青年。（第五次印刷）

邵佳陽、蘭淵琴譯（Jeff Foster 著）（2012）。《影視綠幕技術完全手冊：拍攝、攝像與合
　　成》。北京：人民郵電。

劭長波（2005）。《電視導演應用基礎》。北京：中國廣播電視。第三次印刷。

范鐘離、黃志敏譯（Peter Ward 著）（2006）。《電影電視畫面：鏡頭的語法》。北京：華夏。
　　第二次印刷。

莫林虎等人（2011）。《電視文化導論》。北京：清華大學。

周涌（2010）。《影視劇作元素與技巧》。北京：中國廣播電視。第三次印刷。

郎欲衡（1990）。《電視在革命 ——明日的電視世界》。台北：正中。

袁金戈、勞光輝主編（2010）。《影視視聽語言》。北京：北京大學。

胡智鋒（2006）。《電視節目策劃學》。上海：復旦大學。

韋佳、趙龍濤譯（M.Powell 著）（2012）。《表演聖經》。北京：電子工業。

徐培喜譯（Robert B. Musburger 著）（2006）。《單機拍攝與製作》。北京：中國傳媒大學。
第二次印刷。

徐雄雄、陳谷華、李欣譯（Harris Watts 著）（2006）。《開拍啦——怎樣製作電視節目》
（How to produce film and video）。北京：中國廣播電視。

徐鉅昌（1968）。《實用電視學》。台北：水牛。

徐鉅昌（1982）。《電視原理與實務》。台北：台北市記者公會。

徐鉅昌（1998）。《電視導播與製作》。台北：三民。三版。

徐帆、徐舫州（2009）。《電視策劃與寫作十講》。杭州：浙江大學。

孫宜君、陳家祥（2012）。《影視藝術概論》。北京：國防工業。

孫鋼軍（2012）。《攝影藝術圖解教程》。北京：北京大學。

梁明、李力（2009）。《影視攝影藝術學》。北京：中國傳媒大學。

高建隆（1985）。《電視美術》。台北：正文。

高曉紅、羅勇（2010）。《影視技藝教程》。上海：上海人民美術。

財信出版社（2010）。《視覺革命：換機潮大商機》。台北：財信。

陶濤（2005）。《電視紀錄片創作》。北京：中國電影。

高曉紅、羅勇（2012）。《影視技藝教程》。上海：上海人民美術。

陳強譯（Rea, P.K. & Irving, D.K. 著）(2013)。《影視短片製作與編輯》。北京：清華大學。

陳敏譯（Robert Edgar 著）（2012）。《國際經典影視製作教程：導演實踐》。北京：電子工業。

陳立強（2012）。《電視拒理論與編劇技巧》。北京：中國電影。

陳欣欣（2011）。《你就是 A 咖大導演：公民紀錄片實務 DIY 簡易入門》。台北：洪葉。

陳東園、郭良文（2010）。《數位傳播概論》。台北縣蘆洲市：國立空大。

陳珊珊譯（Chris Kenworthy 著）（2012）。《100 種電影拍攝手法》。台北：城邦。二版一刷。

陳清河（2011）。《電影製作》。台北：五南。初版四刷。

陳純均（2009）。《電視編導概論》。上海：上海三聯書店。

陳紹陽（2009）。《視聽語言》。北京：北京大學。

陳陽譯（Steven D. Katz 著）（2011）。《場面調度：影像的運動》。北京：世界圖書。

陳偉之等人（2009）。《虛擬攝影棚原理與實務》。台北：五南。

黃匡宇（2011）。《當代電視攝影製作》。上海：復旦大學。

黃匡宇等人（2006）。《電視節目編輯技巧》。北京：中國廣播電視。

黃裕成、劉志強譯（Bernard Mendiburu 著）（2011）。《電影製作：數字立體電影製作全流程》。北京：人民郵電。

萬道清（1987）。《電視節目製作與導播》。台北：水牛圖書。再版。

游飛（2011）。《導演藝術觀念》。北京：北京大學。

游念玲譯（西久保靖彥著）（2010）。《大顯示器疑問全攻略：液晶、電漿、OLED、電子紙等相關問題大解析》。台中：晨星。

朝陽堂編譯小組（1998）。《1998 就業現場：電視、廣播業》。台北：朝陽堂文化事業。

張卓（2011）。《影視編導》。武漢：華中科技大學。

張思恆（1971）。《電視節目製作法》。台北：私立輔仁大學視聽教育中心。

張銘譯（Jeremy Vineyard and Jose Cruz 合著）（2011）。《電影鏡頭入門》。北京：世界圖書。

張靜民（2010）。《電視節目創作與編導》。廣州：暨南大學。

張靜德（1984）。《電視工程實務》。台北：合記。

張仲年、趙武（2010）。《影視導演》。上海：上海人民。第二次印刷。

張成華、趙國慶（2004）。《電視：藝術與技術》。上海：復旦大學。

焦道利主編（2010）。《電視攝像與畫面編輯》。北京：國防工業。

蔡念中（2010）。《數位影音製作：新世代影音內容創作寶典》。台北：五南。

蔡念中等人（1996）。《電視節目製作》。台北：五南。

蔡俊康等人（1984）。《電視的制作與原理》。台北：黎明。

單禹譯（J. Barwell 著）（2012）。《國際經典影視製作教程：電影製作基礎》。北京：電子工業。

雷慰眞主編（Herbert Zettl 著）。《視頻基礎》。北京：中國人民大學。

楊尙鴻主編（2011）。《編與導：電視編導學原理》。北京：北京師範大學。

楊家麟（1998）。《電視節目製作——單機操作析論》。台中：新形象出版。

楊順天譯（〔法〕埃萊娜・杜奇尼著）（2006）。《電視與場面調度》。北京：中國電影。

楊淑津總編輯（2012）。《中華民國無線電視年鑑第十七集 2010-2011》。台北：中華民國電視學會。

朝陽堂文化事業股份有限公司（1998）。《1998 就業現場：廣播電視業》。台北：朝陽堂。

靳智偉（2010）。《電視受眾市場研究》。北京：北京師範大學。

詹成大（2003）。《電視媒體策劃》。北京：中國廣播電視出版社。

曾西霸（2011）。《電影劇本結構析論》。台北：五南。

曾西霸譯（Syd Field 著）（2011）。《實用電影編劇技巧》。台北：遠流。二版六刷。

鄒建、洪代星（2008）。《電視節目編導》。上海：華東師範。

熊大文（2011）。《DV拍攝情節電影的要訣——場面調度與鏡頭組接手冊》。北京：中國電影。

廣播與電視叢書編纂委員會（1987）。《電視新貌》。台北：中華民國廣播電視協會。

齊士龍（1998）。《電影戲劇中的表演藝術》。北京：中國電影。

黎炯宗（2012）。《電視現場實況轉播》。北京：中國廣播電視。

廖本榕（2012）。《影視燈光》。台北：五南。初版二刷。

賴明信主編（1977）。《電視實務》。台北：台灣時代。

趙耀（2001）。《電視導播的理念與實務：圖框世界》。台北市：志文。修訂版。

趙耀譯（Norman Medoff and Edward J. Fink 著）（2011）。《攜帶式影像：電子新聞採集與電子實景製作》。新北市：五洲。

趙巧等人（2012）。《分鏡頭設計》。北京：機械工業。

趙媽、梅葉挺譯（〔意〕喬瑟・克里斯提亞諾 / 編著）（2010）。《分鏡頭腳本設計教程》。北京：中國青年。第五次印刷。

歐陽宏生（2011）。《電視藝術學》。北京：北京大學。

劉東寧（2011）。《大學電影教程》。北京：清華大學。

劉信吾（1996）。《電視教育節目企畫與製作》。台北：黎明。

劉益君（2010）。《電視攝影教程》。成都：四川出版集團。第五次印刷。

劉福建（2010）。《電視製作技術》。北京：北京大學。第二次印刷。

劉新白等人（1996）。《廣播電視原理》。台北縣蘆洲鄉：國立空中大學。

劉新白等人（2009）。《電視節目概論》。台北縣蘆洲鄉：國立空中大學。初版四刷。

潘仁炎（2010）。《紀錄片創作》。合肥：合肥工業大學。

鄭國恩等（2009）。《影視攝影藝術》。北京：中國傳媒。修訂本。

盧蓉等人譯（Michael Ralager 著）。《影視導演技術與美學》。北京：北京廣播學院。

薛立新、闞先宏（2006）。《數碼影像編輯技術》。北京：中國水利水電。

廖祥雄譯（Herbert Zettle 著）（2004）。《映象藝術》。台北：志文。新版四刷。

廖澺蒼譯（Lynne S. Gross and Larry W. Ward 著）（2007）。《數位影片製作》。台北：五南。

廖澺蒼（2007）。《國際大型體育轉播研究：雪梨奧運電視轉播技術報告》。台北：五南。

廖澺蒼譯（2012）。（Herbert Zettle 著）。《影像製作》。台北：五南。

謝章富（1994）。《電視節目設計研究》。台北：國立藝專廣播電視學會。

謝章富（2003）。《電視映像美學析論——攝影的內涵與形式》。台北：國立藝術大學應用媒體藝術研究所。

藍凡（2009）。《電視藝術教程》。上海：復旦大學。

韓曉寧譯（Ivan Cury 著）（2013）。《電視節目導演與製作》。北京：清華大學。

韓偉岳（2011）。《影視學基礎》。北京：中國電影。

羅學濂譯（Josheph V. Mascelli 著）（2000）。《電影的語言》。台北：志文。

顏純均（2009）。《電視編導概論》。上海：上海三聯書店。

譚天、陳強（2011）。《紀錄片製作教程》。廣州：暨南大學。

顧潔譯（Rod Fairweather 著）（2004）。《演播室導演》。北京：中國傳媒。

英文書目

Ivan Cury. Directing and Production for Television: A Format Approach. 2007.UK: Focal Press
    publication. Third Edition.

日文書目

トムソン・カノープス（2009）。《映像製作ハンドブック》。東京：玄光社 MOOK。

デジタル映像製作ガイドブックプロジェクト（2004）。《デジタル映像製作ガイドブック》
    東京：WORKS CORPORATION。

網頁

http://www.boco.com.tw/newsdetail.aspx?bid=b20070117003979

http://www.showchina.org/zcr/kcpx/200909/t411976_5.htm

維基百科：台灣電影
    http://zh.wikipedia.org/wiki/%E5%8F%B0%E7%81%A3%E9%9B%BB%E5%BD%B1

維基百科（http://zh.wikipedia.org/wiki/%E7%B4%80%E9%8C%84%E7%89%87

http://www.zuiart.com/dsdylw/33798.html

國家圖書館出版品預行編目資料

圖解電視節目編導／莊克仁著.--二版.--臺北
市：五南圖書出版股份有限公司，2024.03
面；公分.

ISBN 978-626-393-067-4（平裝）

1.CST：電視節目製作　2.CST：電視編導

557.776　　　　　　　　　113001580

1ZEB

圖解電視節目編導

作　　　者 — 莊克仁（213.9）

發 行 人 — 楊榮川

總 經 理 — 楊士清

總 編 輯 — 楊秀麗

副總編輯 — 李貴年

責任編輯 — 李敏華、何富珊

內文插畫 — 蔡景時

封面設計 — 童安安、姚孝慈

出 版 者 — 五南圖書出版股份有限公司

地　　　址：106台北市大安區和平東路二段339號4樓

電　　　話：(02)2705-5066　　傳　　　真：(02)2706-6100

網　　　址：https://www.wunan.com.tw

電子郵件：wunan@wunan.com.tw

劃撥帳號：01068953

戶　　　名：五南圖書出版股份有限公司

法律顧問　林勝安律師

出版日期　2014年5月初版一刷（共四刷）
　　　　　2024年3月二版一刷

定　　　價　新臺幣400元

經典永恆・名著常在

五十週年的獻禮——經典名著文庫

五南，五十年了，半個世紀，人生旅程的一大半，走過來了。
思索著，邁向百年的未來歷程，能為知識界、文化學術界作些什麼？
在速食文化的生態下，有什麼值得讓人雋永品味的？

歷代經典・當今名著，經過時間的洗禮，千錘百鍊，流傳至今，光芒耀人；
不僅使我們能領悟前人的智慧，同時也增深加廣我們思考的深度與視野。
我們決心投入巨資，有計畫的系統梳選，成立「經典名著文庫」，
希望收入古今中外思想性的、充滿睿智與獨見的經典、名著。
這是一項理想性的、永續性的巨大出版工程。
不在意讀者的眾寡，只考慮它的學術價值，力求完整展現先哲思想的軌跡；
為知識界開啟一片智慧之窗，營造一座百花綻放的世界文明公園，
任君遨遊、取菁吸蜜、嘉惠學子！